入門
生産システム論

自動車企業の発展にみる生産革新

今田 治 [著]

INTRODUCTION TO PRODUCTION SYSTEM THEORY

ミネルヴァ書房

はしがき

　今日，日本の電器産業にみられるように機能的，品質的にも良い製品を効率的に開発・製造しても長期の利益が獲得できない，また一時的に成功した事業モデルが必ずしも長期に存続しえない状況が生じている。これまでの成功体験から，日本企業は，良いものは売れると高機能商品をつくり続けてきた。しかし成長市場は先進諸国から新興国に移り，市場の消費者の要求は変化しており，明確な事業モデルの確立，すなわち，提供する価値や目的に対する明確で一貫した戦略的なコンセプト，経営資源・活動の組み合わせによる利益確保の仕組みが，ますます重要になってきている。新興国も含め，グローバルに，競争環境，技術革新にどのように対応するか，これまでの技術の活用と新技術の獲得をいかにすすめるかなど，戦略的な技術経営による経営，生産の一層の革新が求められている。経済価値生産の中核である企業の生産領域の基本的重要性が見直され，また短期間に急速に変化する環境変化に対応するために，経営戦略と生産システムの結びつきが強化されている。グローバルな経営理念・戦略が問われるとともに，グローバルな経営管理体制，生産システムの確立といった点が，ますます競争の焦点となってきている。

　本書では企業の生産領域を，単に工場における生産諸要素の結合による生産活動（製造）だけでなく，水平的（開発，設計，生産準備，購買，製造），垂直的（戦略，全般的管理，生産コントロール）に有機的な統一性をもつ生産システムとして捉えている。そして，主に自動車企業を対象にして生産システム論を展開している。その特色は次の4点である。

　第1は，企業の生産活動の発展との関連で，システム的視点（集合性，関連性，目的追求性，合環境性）から生産システムとは何かを明確に規定し，生産システムを構成する諸要素とその連関を明確にしている。第2は，その構成要素の主な内容である，技術，管理，労働について，技術とは何か明確にしたうえ

で，技術発展，製品技術，製造技術の関連とそのイノベーションの視点から，企業組織との関連も含めて動態的な分析を行っている。第3に，生産システム全体の構造変化にかかわる経営環境の変化（グローバル化，新興国の台頭，急速な技術革新など）とそれに対する戦略的対応との関連で，生産システムの変化を解明している。第4に，とくに新技術開発と生産システムの関連について，価値創造，価値実現，利益獲得という事業モデルの視点から明らかにしている。

さらに，この特色に加えて，生産システムの考察を，主に日本自動車企業の生産領域を対象にして，1960年以降の大量生産の確立，輸出の急増，海外進出，今日にいたるグローバル化といった発展状況に沿って具体的に（世界自動車販売・生産の動向，経営・生産戦略，企業間連携，新技術開発，生産技術，生産方式，同時開発，開発・生産調達の現地化，人材の育成など）行っている。日本自動車企業がいかなる生産革新を行い，国際競争力を維持してきているかについて一定の所見を示すことができたと考えている。

本書は，この特色に沿って，教科書として大学での講義に使われることを意識して，全4部14章から構成されている。第Ⅰ部「生産システムと技術経営」，第Ⅱ部「自動車生産と生産システム」，第Ⅲ部「自動車企業のグローバル展開と生産システム」，第Ⅳ部「新技術開発と生産・事業革新」である。

第Ⅰ部の第1章～第2章では，生産システムの概念規定，生産システムと技術の関連，さらに技術経営，事業モデルの概略を示す。第Ⅱ部の第3章～第4章では，急成長期（1960～1980年代）の日本自動車企業における生産技術，管理・管理組織，生産方式，購買（調達）活動の展開を考察する。第Ⅲ部の第5章～第10章では，世界自動車販売・生産の動向を踏まえて，グローバル化に対応した日本自動車企業の経営・生産戦略，製品開発，生産準備，製造，部品調達の内容，さらに今日の東アジア自動車産業の概況と日本自動車企業の展開の状況を明らかにしている。第Ⅳ部の第11章～第14章では，新技術開発と生産・事業革新について，多車種混流生産技術，情報技術，低燃費技術の開発を素材に考察している。

本書は，これまでに発表してきた拙稿，さらに講義ノートの内容に大幅な加筆，訂正を加え，4つの特色に沿うように再構成したものである。本書は多く

はしがき

の実態調査に基づいている。調査にあたっては，当該企業，関係機関の方々には大変なご尽力をいただいた。ここにご支援いただいた方々に心よりお礼申し上げる。また，本書は文部科学省・科学研究費補助金はじめ多くの研究資金による研究成果の一部でもある。最後に刊行にあたって，ミネルヴァ書房編集部の梶谷修氏には，多くのアドバイスをいただいた。あわせて深く感謝申し上げたい。

　2016年1月

　　　　　　　　　　　　　　　　　　　　　　　　　　　　著　　者

入門 生産システム論
―― 自動車企業の発展にみる生産革新 ――

目　次

はしがき

第 I 部　生産システムと技術経営

第 1 章　生産活動・技術と生産システム……………………………3
　1　生産活動と水平的・垂直的拡大………………………………3
　2　生産システムと構成要素………………………………………4
　3　生産システムにおける技術把握………………………………7
　4　同時開発による製品技術，製造技術の革新…………………10
　5　今日の生産システム研究の課題………………………………14
　コラム1：「ものづくり（経営）」再考…16

第 2 章　技術経営と事業モデル……………………………………20
　1　技術経営の特色…………………………………………………20
　2　技術経営の対象領域……………………………………………24
　3　事業モデルとその確立の重要性………………………………26
　コラム2：イノベーションのジレンマ…28

第 II 部　自動車生産と生産システム

第 3 章　自動車生産の発展と生産システム………………………33
　1　自動車生産工程と生産技術の巨大化・自動化………………33
　2　本社による集中管理と ALC（アセンブリ・ラインコントロール）の展開……………………………………………………37
　3　トヨタ生産システムと生産の柔軟性…………………………43
　4　生産準備期間の短縮と管理・技術部門………………………48
　コラム3：トヨタ生産システムとトヨタ生産方式…49

第 4 章　完成車メーカーの購買（調達）活動と系列下請企業……53
　1　購買（調達）活動と購買組織…………………………………53

  2 完成車メーカーと協力会組織……………………………………56
  3 階層的企業間分業構造の形成…………………………………59
  4 総合的な購買管理の展開：系列下請企業への「かんばん」方式
   の導入……………………………………………………………61
  5 海外生産の急増と現地調達・グローバル調達の展開…………66
 コラム4：自動車の構成部品…68

第Ⅲ部 自動車企業のグローバル展開と生産システム

第5章 自動車企業のグローバル経営・生産……………………………75
  1 世界自動車販売・生産の動向と日本自動車企業………………75
  2 日産の経営計画とその展開……………………………………79
  3 多面的なグローバル製品開発・生産・販売……………………83
  4 グローバルな生産準備体制……………………………………86
  5 NPW（日産生産方式）のグローバル展開……………………90
 コラム5：柔軟性（フレキシビリティ）について…96

第6章 ルノーとのアライアンス（提携）と
    日産自動車の欧州展開……………………………………………99
  1 ルノーとの提携と生産システムに関連した取組み……………99
  2 欧州自動車市場の特色………………………………………103
  3 販売体制の合理化とブランド力の強化………………………104
  4 コスト管理の強化と同時開発・生産への動き…………………106
 コラム6：ルノー・日産アライアンスの成果…110

第7章 自動車企業のグローバル化と生産技術部門……………………113
  1 日本自動車企業の生産技術部門の特色………………………113
  2 日産における生産技術部門……………………………………115
  3 ルノーとのアライアンスと生産技術部門……………………120
 コラム7：自動車のプラットフォーム…123

第 8 章　グローバル化と生産システムの新動向 …………………… 126
　　　　　──多様化・共通化と柔軟な生産ラインの展開──
　　1　トヨタのグローバル展開 ……………………………………… 126
　　2　グローバル化と生産システムの課題 ………………………… 129
　　3　研究・開発体制の強化とプラットフォームの共通化 ……… 131
　　4　生産ラインの新たなフレキシビリティの確保：GBL の展開 …… 136
　　コラム 8：「トヨタウェイ 2001」…140

第 9 章　中国・ASEAN 諸国における日本自動車企業 …………… 142
　　1　東アジア諸国の自動車産業 …………………………………… 142
　　2　中国自動車産業の発展と日系企業 …………………………… 144
　　3　ASEAN 自動車産業の発展と日系企業 ……………………… 152
　　4　ASEAN 主要国の自動車産業の状況と日系企業 …………… 159
　　コラム 9：モータリゼーション…161

第10章　新興国（インドネシア）市場における新車開発と生産 … 165
　　　　　──ダイハツ・アイラの開発・生産──
　　1　インドネシア自動車市場概要 ………………………………… 165
　　2　ダイハツのインドネシア進出と新型車アイラ ……………… 170
　　3　開発の現地化と低燃費技術の活用 …………………………… 172
　　4　新型車・アイラの生産体制 …………………………………… 175
　　コラム 10：開発と調達の現地化…180

第Ⅳ部　新技術開発と生産・事業革新

第11章　多車種混流生産と開発プロセスの新たな展開 …………… 185
　　　　　──日産車体・湘南工場のフレキシブル生産──
　　1　日産車体の概要 ………………………………………………… 185
　　2　日産車体における多車種混流生産の特徴 …………………… 189
　　3　多車種混流生産のための技術と管理 ………………………… 193

4　SE（同時開発）の新たな展開：３D-CAD 化と開発プロセスの
　　　　変革……………………………………………………………………… 197
　コラム 11：今日の生産活動の課題…204

第12章　情報技術の新展開による生産革新……………………… 208
　　　　　――マツダ・デジタル・イノベーション（MDI）の展開――
　　1　自動車企業における情報技術活用の概要………………………… 208
　　2　バーチャル技術の活用……………………………………………… 210
　　3　SE（同時開発）の展開と情報技術（バーチャル化）…………… 212
　　4　マツダの MDI ………………………………………………………… 215
　　5　MDI 支援システム（MDI Support System）…………………… 222
　コラム 12：デジタルという用語とデジタル化…225

第13章　新技術開発と「モノ造り革新」………………………………… 228
　　　　　――マツダ・SKYACTIVE 技術開発――
　　1　マツダの経営計画…………………………………………………… 228
　　2　SKYACTIV 技術の開発と展開……………………………………… 231
　　3　開発・生産が一体となった改革：「モノ造り革新」……………… 234
　コラム 13：新たな開発手法の展開：「トヨタ TNGA」「日産 CMF」…238

第14章　新技術開発と事業モデル革新……………………………… 243
　　　　　――ダイハツ・イース技術開発――
　　1　ダイハツの事業展開と事業モデル………………………………… 243
　　2　新型軽自動車「ミライース」とイース技術の開発……………… 246
　　3　生産工場の SSC（Simple・Slim・Compact）化………………… 251
　　4　調達活動の革新……………………………………………………… 253
　　5　組織・マネジメントの改革………………………………………… 255
　コラム 14：次世代自動車と内燃機関自動車…259

索　　引……265

第Ⅰ部

生産システムと技術経営

第1章

生産活動・技術と生産システム

　本章では生産活動，技術，生産システムについて，最も基本的なことを学ぶために，生産活動とは何か，なぜ生産活動の発展が生産システムとして把握されるようになったのか，技術，生産システムはどのように規定されるのかを明確にしたうえで，生産システムの構造，生産システムと技術の関連，さらに第2章以降の展開につながる研究課題を明らかにします。

　Keywords：生産活動，生産要素，生産システム，技術，製品技術，製造技術

1　生産活動と水平的・垂直的拡大

　生産は，基本的には生産要素（労働対象，労働力，労働手段，生産方法）の結合のプロセスであり，それによって生産要素を有形（製品）・無形（サービス）といった産出物に変換し，価値を増殖し，効用をうみだす機能である。生産の過程は，労働者が労働手段をもって労働対象に働きかける労働の過程であり，同時に計画，実施，統制という作業の管理の過程でもある。

　労働手段の発達を基盤とする生産能力の発展は，社会の技術的・経済的連関の複雑化と多様化を促進し，これに伴って，生産過程における水平的・垂直的分業が進展する。生産のマネジメントは，コントロール・レベルの問題としての時間，数量，品質，原価のコントロールに加えて戦略，組織構造を含める垂直的職能を取り扱うとともに，研究開発，製品工程，設計，購買外注，アフターサービスなど水平的職能範囲も拡大してきている。

　労働手段の機械化，自動化，ME（Micro Electronics：極微細な電子部品，配線を用いて電子回路をつくり，利用する技術の総称）化，とりわけ ME 技術は，情報

系，制御系の技術革新を基礎として，従来の古典的機械技術を前提とした技術的与件に大幅な変更を迫り，分業とその統合レベルの高度化への途を開いた。機械工業では NC（Numerical Control Machining：数値制御）工作機械，マシニング・センター，自動搬送装置などから構成されるフレキシブル製造システム（FMS：Flexible Manufacturing System）による生産加工の自動化を主体として，設計の自動化，工程計画の自動化，そして，これらを統合するコンピュータ支援生産（CAM：Computer Aided Manufacturing）が開発された。さらに ME 技術を技術的基礎として，マーケティング，開発，製造，販売，物流といった各部門の統合化をはかりながら，生産リードタイムを短縮し，変動する市場のニーズに対応する，いわゆる CIM（Computer Integrated Manufacturing：コンピュータ統合生産）が，企業の経営戦略，生産戦略として展開されている。そして ME 技術複合を媒介とする，情報通信手段の発達とともに，経営戦略と生産過程をつなぐプロセス（経営戦略の生産戦略，生産計画への反映，販売，購買，財務，会計などの経営機能と生産機能のネットワーク化），さらに生産過程全体の効率化がすすめられている。

2　生産システムと構成要素

こうした状況の中で，生産過程の研究は，単に工場における生産諸要素の結合による生産活動（製造）だけでなく，水平的（開発，設計，生産準備，購買，製造，販売・物流），垂直的（戦略，全般的管理，生産コントロール）に有機的な統一性をもつ生産システムとして捉え，主体的・客体的条件のもとにおける企業の生産活動にかかわる諸要因を統合的に理解し，その最適編成を模索する方向に動いている。

生産活動，生産構造を諸要因の有機的連関性，システム[1]として把握するようになった理由は，協業・分業の高度化，すなわち経済・技術連関の巨大化・高度化・複雑化を背景として，国レベルあるいは産業，企業レベルの生産構造の全体像を理解しにくくなっていること，さらに激動する企業環境の変化に柔軟に対応できる主体的条件をシステム的考察によって確認するためである。その

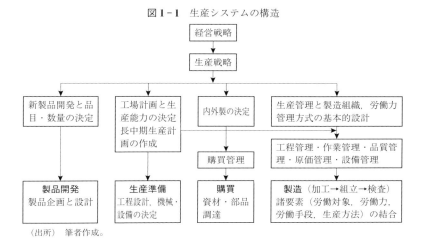

図1-1 生産システムの構造

(出所) 筆者作成。

際,生産システムの定義については,経済学,経営学(とくに生産,労務管理論),システム工学などにおいて,多くの論者によって,社会経済構造,労使関係まで含めるものから,最も狭義の生産職能である製造プロセスに限定するものまで,さまざまな視点からなされている。本書では,先にのべた生産の規定,生産活動の拡大(生産活動の連鎖),さらにシステムという点から,生産システムを次のように規定する。

生産システムは,特定の生産目的(たとえば,市場変化に対応した柔軟な生産など)に対して関連づけられた,生産活動の連鎖(製品開発,生産準備,購買,製造),生産活動に対する戦略・管理(経営・生産戦略,計画,実施,統制)および生産要素(労働対象,労働力,労働手段,生産方法)の,有機的に連結した集合体である(図1-1参照)。

1 生産活動の連鎖

生産システムにおける生産活動の連鎖は,製品開発(製品企画と設計),生産準備,購買(材料,部品の調達),製造から形成される。

製品開発は,製品企画と設計プロセスに二分される。製品企画では,市場のニーズ,競合製品,自社の技術シーズ,予想利益などを勘案して,製品コンセ

プト創造，製品仕様決定，製品計画がなされる。製品企画で決定した商品としての要求を，研究開発の成果を経て技術的な要求仕様に変換し，これを実現する方策を決定するのが設計の段階である。設計は概念設計，基本設計，詳細設計，意匠設計，そして実際に製造するために必要な情報を決定する生産設計の各段階に大まかに分かれる。

生産準備は，企業では生産技術部門が担う活動で，機械・設備の決定，工程設計，作業形態の決定などを行う。生産準備では，設備投資計画を前提とし，新製品開発や製品設計および販売計画などで決められた，指示書，部品表および設計図面などに基づき，品質，コスト，生産規模，生産開始時期について，定められた目標通りに工場で量産が可能なように準備がなされる。

製造は，大きく分けて，加工，組立，検査という工程に分かれ，原材料のインプット，生産諸要素の結合，製品のアウトプットがなされる。製造を狭い解釈における生産システムとして論じられる場合も多いが，本書では生産システムの最も基本的な一要素と考えている。この一連の過程を全般的に計画し，詳細な日程計画にまで展開し，実施，統制する管理活動も生産システムの重要な要素である。

2　全般的な生産システム設計と生産管理

今日，経済の国際化と国際間競争の激化の中で，経済価値生産の中核である企業の生産領域の基本的重要性が見直され（生産課題が戦略的課題に），また短期間に急速に変化する環境変化に対応するために，経営戦略と生産システムの結びつきが強化されている。システム的に生産過程を把握するということは，①集合性，②関連性，③有目的性ないし目的追求性，④合環境性といった属性によって規定されるということであり，それゆえに企業目的・戦略，事業環境への適応，柔軟性，生産システムを構成する諸要素の規定と関連が重要視される。具体的には，①経営戦略に対して生産システムの構造を合わせるための生産戦略の策定，その戦略に基づく全体的な生産システムの設計（戦略的生産計画)，②それを遂行する管理の展開である。①は，工場計画と生産能力の決定（工場立地，工場数，工場の規模，工場レイアウト・機械レイアウト，設備や工程技術

の基本的選択），長中期生産計画の作成，新製品開発と生産品目・数量の決定，資材・部品調達（内外製）の基本方針，そしてこれらを支える基盤としての生産管理と製造組織および労働力管理方式の基本的設計である。②は，生産システム自体（主に製造）に組み込まれた生産管理の活動である。具体的には，工程管理（スケジューリング，生産統制），作業管理，品質管理，原価管理，設備管理，そして購買（調達）管理である。

この生産システム研究への移行によって，生産技術分析を媒介とする生産過程の研究は，生産管理の内部，また，ある所与の水準・形態の生産技術のもとでの研究から，より動態的な技術現象，すなわち，技術進歩，技術発展，技術革新，新技術と経営，生産の変化との関連へと進んだ。技術的・経済的・社会的諸側面，諸要因間の関係についての固定的，形式的な視点による分析から，より現実の経営現象に密着した，複雑で動態的な相互連関が，より精密な理論的フレームワークと実証ツールを利用して解明されるようになってきた。技術は，広義の生産システムの分析（産業，国家レベルの再生産過程にかかわる生産構造）とともに企業レベルにおける生産システムの解明にとって，ますます重要性をもつようになってきており，明確な技術規定が必要である。

3　生産システムにおける技術把握

1　目的達成のための手段としての技術

技術は広くは社会・経済目的のための手段として，狭くは生産過程における手段とくに「労働手段」「労働手段の体系」として，人間労働との直接的関係において分析され，最も抽象的には，生産目的に規定されたかぎりでの労働力と労働対象，労働手段の結合様式と規定し得る。技術を，生産過程において人間と労働対象を媒介し人間活動に役立つ手段の体系とみる，この技術の規定は，生産力を高める人間労働の目的において，労働手段がまず重要であるという着眼に基づいているが，その基本的な特色は次の点である。

第1は，技術は生産技術を中核として考察され，しかもそれはすでに目的達成のための手段として，社会の再生産過程の中に組み込まれ，社会的・経済的

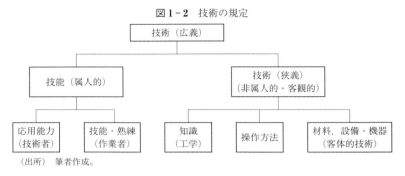

図1-2 技術の規定

(出所) 筆者作成.

規定をうけた，社会的に機能している次元で把握される．

　第2に，技術は，属人的な技能（熟練，応用能力）と，労働手段，労働対象，技術知識など物的，客観的なものとして把握される（図1-2参照）．

　技術把握を正確に行うためには，目的達成のための手段であり，そして技能（主体的），物的なものと知識（客観的）の統一したものであるという基本視点を堅持しつつ，技術の「物的形態」（道具，設備機械・機器など），「知識形態」（科学的知識など）がもつ独自性（自然科学的・技術学的特性，創造性と法則性）への配慮も不可欠である．

　技術の「物的形態」「知識形態」は技術と同一概念ではない．技術は，自然と物質とプロセス，およびその法則性の，目的に合った利用を基礎としている．技術は，人間が労働過程で利用し，その合目的的活動の効率を高める物的システムを包摂する．しかし，技術に対する目的からくる規定性（社会的機能性）と人間労働の介在（技能）を無視し，技術を「自然と物質とプロセス，およびその法則性」「物的システム」と同一視することは，社会的・経済的諸条件を考慮しない非現実的な技術解釈となる恐れがある．「物的なもの」は，目的に対し，そのための実践の確実性を保証する手段としての「客体」として位置づけられなければならない．

2　製品技術と製造技術

　以上にのべた技術の最も基本的な規定は，技術の飛躍的進歩，社会経済への影響の拡大の中で，ますます重要性が増しており，広義の生産システムの分析

にも不可欠かつきわめて有効な視点である。しかし、考察がよりミクロ的となり、対象領域が限定されてくるにつれ、とりわけ、企業レベルにおける生産システムを問題とする場合には、個別的な生産過程、生産現場における技術の機能は、労働手段だけでなく、それと関連する他の手段要因（労働対象など）、およびその運用の諸条件（技術的設備の利用方法など）によって変動するため、より具体的かつ精細な把握が必要である。

企業レベルにおける生産システムの考察にあっては、技術を生産活動の連鎖（製品開発、生産準備、購買、製造）のどの段階で、どのような位置関係において捉えるか（領域・過程の限定）が問題となる。より詳細に企業経営の視点からみれば、「どのようなものを、いかにして生産するか」、つまり製品技術と狭義の生産技術、すなわち製造技術に大別して考察すること、しかもその際、それぞれの機能と構造を把握したうえで、両者をその区別と相互連関のうえで統一的に把握する視点が要請される。

製品技術は、どのようなものをつくるのかという、目的物の内容を決める技術のことであり、製品技術の特性は、社会的な利用目的に対する機能（基本機能）の内容、信頼性、操作性、安全性、保全性、環境適合性などの補助機能、そして必要な機能を果たすための構造（製品構造、製品構成）から把握される（機能に対応した構造部分が明らかにされ、生産コスト、購買コストから評価がなされる）。

製造技術は、製品の生産過程において、どのような方法で目的物をつくるかという技術であり、製造技術の特性は、労働手段（生産設備機器、その規模、構造と性能）、労働対象（材料、補助材料）、労働力（技能）、これらの結合において適用される客観化された諸方法（生産方法など）から把握される。製造技術には、生産管理、品質保証方法なども含まれている。

製品技術は、市場の需要の態様と、そこで適用されている製造技術（および、それに対応する一般的生産コスト水準）を与件とし、それによって基本的に規定ないし限界づけられる。本来、製造技術は、単に製品をつくるだけの技術ではなく、製品の構造・機能・コストをトータルに保証するものであり、その意味で製造技術は、製品構造そのものを決定づけている。逆に、製品の機能と構造の

決定(製品コンセプト,製品仕様,製品計画,製品設計)は,生産の質,量,コストなどの点から製造技術を規定する。

製造技術は,次の点で重要である。①QCD (Quality:品質,Cost:コスト,Delivery:納期),生産効率を満足した柔軟な(種類,量とも)「量産化」,②他企業には模倣されにくい「隠れた競争優位」,③強靭,かつ柔軟な企業体質の形成。他部門,他企業との連携,QCD,適応能力の向上などについて,地道な一貫性をもったアプローチによって形成が可能となる(トヨタ自動車の例)。

これらに加えて,製造技術の高度化,開発による製品技術革新,さらにSE (Simultaneous Engineering:同時開発〈同時参画,同時設計,同時処理〉)による製品,製造技術ともの革新などが付記されなければならない。

以上から,生産システムにおける技術の分析視角に関して,ひとまず次の結論が得られよう。それは,技術は目的に規定された労働(物的)手段の体系という視点を基本におき,技術の自然科学的,技術学的な規定要因についても,必要に応じて,また対象に応じて漸次分析を深化させる。そして企業の生産過程における具体的な技術把握は,その製品技術と製造技術への分化と相関のうちに行う必要があるということである。

この点をさらに具体的に松下電器㈱(2008年にパナソニックに改名)門真工場を事例にして,次に考察したい。

4 同時開発による製品技術,製造技術の革新

1 松下電器㈱門真工場の特徴

門真工場は,2000年10月に発足(新事業体制によって,これまでのビデオ工場,光ディスク工場,ものづくり支援工場の3工場が一元化),生産品目は,DVDレコーダーを中心とした完成品(DVD+HDDレコーダー,VCR+DVDレコーダー)とDVDレコーダーに使用するキーパーツ(実装P板,成形,プレス,光学デバイス)であり,キーデバイスからデジタルセット商品の一貫した生産を行っていた。従業員数は893名(2004年)で,その中の14%(125名)が,工場技術,生産技術,それから品質管理課,工場管理課,製造強化室という専門職能であった。

門真工場の強みは，アナログ，デジタル，映像の記録，再生，メカニズム，電線関係，プレス，成形，薄膜といった，ありとあらゆる技術にわたって，スキルをもったメンバーが裾野広く存在することである。そういった特徴をうまく活かして，工場部門が，開発ステップの川上，あるいは，商品の源流の中にいち早く入り込み（研究・企画・開発・設計へのアプローチ），商品設計完成度を高める，そして，製造技術も高度化して新製品の立ち上げを迅速に行う活動を展開していた。

　生産形態は，2001年7月より，コンベヤーシステムからセル生産方式に転換し，2004年には，セル生産比率は94％となっていた。さらに，門真工場は，グローバル生産体制のマザー工場として，「世界同一品質モノづくりによる」世界同時生産立ち上げの実現を担っていた（門真工場をマザー工場として，ドイツ，スロバキア，マレーシア，シンガポールの各工場で同一品質のものづくりを実現したといわれている）。

2　「工場発信型」同時開発への積極的取組み

　開発から量産までの大きな流れは，要素開発→開発先行設計→商品企画→商品設計→量産試作→プリマスプロ→マスプロダクション（量産）となっている（図1-3参照）。

　門真工場の大きな特徴は，工場部門（品質管理，生産技術，工場技術，製造）から選ばれたメンバー（「コンカレント開発部隊」といわれている）が，構想検討段階から技術メンバーの中に参画していることである。従来は，この構想検討段階は，商品企画，開発設計部門中心でなされており，工場部門は工場試作段階からの参加にとどまっていたが，現在は，単なる量産工場ではなくして，工場部門が開発の早い段階から参画し，いわば「工場発信型」のコンカレント（同時）開発と量産の共存する工場（単に決められたものを製造するだけでなく，製品を「進化」させることができる工場）が目指されている。

　ものをつくる現場の視点を入れて，単につくりやすさというだけでなく，顧客の要望（機能，価格，デザイン，使いやすさ）をどれだけ商品に活かしていくかという点も一緒に検討する，そして顧客満足の高い製品を市場に提供するとい

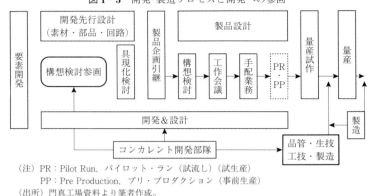

図 1-3 開発・製造プロセスと開発への参画

（注）PR : Pilot Run，パイロット・ラン（試流し）（試生産）
　　　PP : Pre Production，プリ・プロダクション（事前生産）
（出所）門真工場資料より筆者作成。

うことが工場の基本的スタンス，マネジメントの基準におかれている。

　具体的には，製品機能・構造（製品構造，製品構成）の検討，製品コスト，製造コストの切り下げのための数値目標の設定，生産性向上，製造技術改善のための諸方策の検討がなされている。

　製品構成変化の1事例として，DVDレコーダーをみると，2000年5月に発売された最初のDVDレコーダーの製品構成点数を100とすると，2004年度モデルのE55商品では16，つまり約6分の1まで減少し，価格も25万円から，6分の1に低下している。一番大きな変化点は，2000年から2001年で，製品点数は半分に，市場売価も25万円から13万5000円と約半分に下がっている。この時期に，特別プロジェクトが組まれ，門真工場のもてる技術，技能を総動員して，開発設計の視点，工場の視点を交えて検討したことが画期的成果を生み出したとのことである。

　図1-4は，製品構成と，品質，コスト，納期，サービスの関連を明らかにしているが，製品技術革新と製造技術革新の具体的内容と相互関連がよく示されている。

　開発設計段階に工場部門が参画することは，製造技術面でも大きな効果をもたらした。商品の源流に入ることによって，情報が同時進行し，技術試作のあたりから大量生産で使う設備などを見極められるため，製造技術の開発，準備

図1-4 製品構成シンプル化の影響

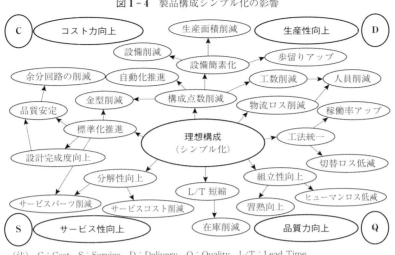

(注) C：Cost, S：Service, D：Delivery, Q：Quality, L/T：Lead Time
(出所) 門真工場資料より抜粋。

が「前倒し」でできるようになった。また，セル生産などの新しい製造方式，現場からの改善提案の活性化，工場部門での調整・検査器具，ソフトの開発などにつながった。

　セル生産は，2つの目的（市場変化に対応するフレキシブルかつスピーディーな生産，そして製品，製造をよく理解して情報が発信できる能動的な社員の育成）をもって導入され，7つの視点を基準にしている。セル生産5つの基準（①多能工教育システムの構築，②複数セルの競争原理，③材料供給方法の工夫，④セル毎の日々 PL（損益）管理，⑤セルを活かす全員の知恵），セル生産2つの効果（①工場収支の向上〔在庫・生産性・品質・コスト〕，②商品開発・設計へのフィードバック）である。実際，総投資額は10分の1となり，2時間ぐらいでフロア全体の設備の切り替えができ，また工場部門での改善提案が活性化するなど大きな効果があがっていた。

　製造開始で明らかになる製品そのもの，また製造技術に対する不具合点，疑問点については，工場の中にコスト・リダクション委員会が設けられ，工場の各層（技術スタッフから現場のワーカー）からの情報を集約，検証するシステム

が構築されている。製品設計への改善提案も多くなされ，たとえば，ダイレクトコネクター方式の導入，トップケースやファン防振ゴムの廃止などによって，コスト削減，作業性改善が進んだ。

さらに，製造技術そのものの高度化が工場部門自体ではかられた。「からくり治具」と呼ばれている治具，検査プログラム（ソフトウェアまでを設計部門ではなく，工場部門が作成），調整・検査機器などの開発である。たとえば，あおり調整（レーザーダイオードからの赤色レーザーがディスク面にまっすぐ行っているかの調整）のための機器は従来，1台1850万円したものが，前以上の性能のものが20万円で製作されるようになった。

松下電器自体の大きな構造改革の中で（社名も松下電器から，2008年にパナソニックに変更），門真工場でのDVD生産はなくなり，ここで述べた同時開発の方法などは，今日はグローバル化に対応して，日本と海外での分担で現地に即した商品開発，製造を行う中で活用されている。コア技術（たとえば環境技術，材料・デバイス技術など）の開発は日本で，設計・開発は海外現地で行い，日本品質，開発製造方法，ブランドを活かし，現地に適した商品開発，製造，販売を加速化している。本書では自動車産業を主に対象としているために，電器産業については，これ以上触れることはないが，興味深い対象であり，自動車と比較しながら今後，研究していきたい。

5　今日の生産システム研究の課題

生産システムは，創造された技術を製品化し，製造する生産活動を行う。生産システムのマネジメントは，生産活動の連鎖（製品開発，生産準備，購買，製造），生産活動の管理（計画，実施，統制）および生産諸要素（労働対象，労働力，労働手段，生産方法）を有機的な統一性をもつシステムとして捉え，その最適編成を行い，企業の目的に貢献することである。狭義の生産システムにおける技術対象は，製品技術と製造技術，その相互連関によるイノベーションである。

その考察の核となっているのは，技術，とくに製品技術と製造技術の関係，その多様な選択可能性，そこに内在する，また技術要因とそれと関連する生産

上の社会的・経済的・管理的制度上の要因との多様な関係の明確化，体系的把握である。これまで，生産システムに焦点をあて，技術と経営・生産の変化を考察する研究は，次のような多面的な広がりをもつようになった。

①作業組織，職務構造，作業形態，労働熟練など，生産現場の人間労働と直接かかわる変化を主として問題とするもの，②経営戦略，経営管理，生産管理の機能と組織の変化を問題とするもの，③研究開発，製品開発，製品設計，製品革新に焦点をあてるもの，④生産における社会関係，権力構造，労使関係，雇用の変化を問題とするもの，⑤さらに広く企業，産業，ないし国際間の技術革新競争と戦略あるいは技術特性・水準・格差の国際比較に焦点をあてるものなどである（宗像，1988，52-53）。

これらの研究成果を踏まえ，今日の企業の生産システムを解明するうえで，次の点が重要であろう。

①対象とする生産システムの明確化（業種，大企業，中小企業など）とともに，経済・経営環境の変化，それに対応する経営戦略と技術開発戦略，製造戦略の特色と具体的内容，②新技術・新製品の内容，③展開される製品・製造技術の内容，④グローバルな供給体制（生産・調達の革新），⑤新たな開発手法と体制（プロジェクト），⑥全社的な組織革新。

今日，主要な世界の主要な企業は，国境を超えた競争の中で，世界的なコスト低減，さらに開発・生産体制の確立のために，グローバルな市場密着型生産・供給体制（需要のあるところでの生産），集中生産と地域相互融通をミックスした，国際分業体制の一層の展開をはかっている。生産システムの面からみると，異なった社会的・経済的・文化的基盤をもった地域での，生産システムの最適形成とネットワーク化が，重要な課題となってきている。従来のように，日本を拠点とした輸出中心，日本型生産システムの「移転」ということではなくて，日本企業には，海外のさまざまな企業との連携も模索しながら，世界に通用する企業システム，そのサブシステムとしての生産システムをいかに構築するか，つまり，真にグローバルな視点での経営理念・戦略・組織に基づいた総合的な経営力，生産システムの創造が求められている。

したがって，生産システム（とくに自動車企業の）を論じる場合，一国の生産

▶▶ Column 1 ◀◀

「ものづくり（経営）」再考

「ものづくり」という用語は，単に企業の生産活動だけでなく，地域おこしや地場産業の振興，あるいは熟達した職人の手づくり，生産活動に込められた精神的・文化的な意味の探求など，きわめて多義的に用いられている。その背景には，製造業を国の骨幹として，世界に誇れる製品，生産方式などを生み出してきた日本への自負，逆にグローバル競争下での相対的地位の下落，そこからの復活への思いが込められている。

「ものづくり（経営）」に対する評価も，その論拠とする産業，企業，地域の状況を反映してさまざまである。たとえば，サービス業の比重の増大，電器・電子産業の「凋落」とその要因（戦略的意思決定の遅さ，閉鎖的な企業内外の分業関係，市場無視……）などから，また海外移転，新興国企業との競争，ローカル企業の衰退，高齢化などによる地域の停滞などから，「ものづくり（経営）」の「見直し」が述べられている。

いずれにせよ，「ものづくり（経営）」の「見直し」の議論は，今日のグローバル市場で生じている世界的な規模での激しい競争，さらに人口減少，高齢化によって市場の拡大が望めない日本の状況，そこからの新たな経済発展の模索を強く反映している。それゆえに従来の区分には捉われない学際的な研究も要請されているが，逆に「ものづくり」という用語で研究対象があいまいにされ，これまでの学問的蓄積を正確に踏まえることなく，問題意識先行で緻密で深い分析がなされていない傾向がみられる。学際的であるためには，研究領域の対象の明確化，限定，認識視点，分析ツール概念などを明確にしたうえで，具体的に共同でプロジェクトを組んで相互理解を深めながら，新たなコンセプトの発展をはかることが大切である。

本書では，社会の需要に対応する生産活動という「ものづくり」の原点に立ちかえって，すなわち，物的な生産活動の特質（技術，労働，管理の関連）を踏まえたうえで，企業の生産過程を全体的，体系的に把握し，それとの関連で戦略，組織などを論じる，客観的，動態的な分析視点から，ものづくり（経営）を再考したい。

システムの競争力としての有効性という視点だけではなく，グローバルな競争，経営戦略との関連で，また工場現場だけでなく，マーケティング，研究開発，生産準備，製造，販売，物流との連関という点から，またME（マイクロ・エレクトロニクス），IT（情報技術）など技術的基礎との関連で考察する必要があ

る。

　具体的には，実証的，理論的課題として，次のような点があげられる。

　第1は，生産システム構造の全体転換に深く影響する，国際競争における環境条件の変化（グローバル化，企業提携など），第2は，環境条件から規定される生産システムの課題（生産システムの戦略的位置づけ），第3は，グローバルレベルでの生産システムの展開と地域的特殊性（開発，製造，物流のグローバルな展開とネットワーク化），第4は，各企業の生産システムを統合する各企業の「生産理念・方式」（TPS：Toyota Production System，NPW：Nissan Production Way など）とそのグローバル展開，第5に，企業の生産部門（開発・設計，生産準備，製造部門）における技術，管理，労働（この第5の点が生産システム論の主要課題である），第6に，部品企業との分業関係である。

注

(1)　システムは，①集合性，②関連性，③有目的性ないし目的追求性，④合環境性という4つの属性によって，最も抽象的には，次のように規定される。「システムとは互いに関連をもつ2個以上の要素の集まりで，全体としての機能をもち，ある環境の下で規定の目的を達成するものである。」「システムとは，インプット（環境がシステムに与える作用）を受け，アウトプット（環境に対する働きかけ）を産出し，環境の変動に適応するように，相互に作用しあう諸要素の集まりである」（人見，1990，16-19；藤本，2001，5-14，参照）

(2)　「研究開発と呼ばれる段階は，設計と並行して新製品に必要な技術を開発する場合と，設計に先導して技術開発を行い，その新技術を利用した製品開発を行う場合とに分かれる。前者をニーズ先導型，後者をシーズ先導型と呼ぶ。ニーズ先導型研究開発では，新製品開発に必要な技術的ブレークスルーを達成することが目的であり，シーズ先導型では研究開発戦略に基づいて開発した技術を応用した製品を開発することが目的である。」（吉川・富山，2000，44-45）

　　この指摘は，生産システムと研究開発，また後に述べる製品技術と製造技術の関連を考察する上で重要である。研究開発は，研究と開発に分けられ，研究は基礎研究と応用研究の2つに分けられる。開発とは，基礎研究，応用研究および市場や経験から得た知識を利用し，新しい素材，製品，設備装置，工程等の導入，改良を行うことである。本書では，研究開発のうち，研究部分（基礎・応用研究）は相対的に独自なものと考え，生産システムには含めていない。

(3) この点は「ブラックボックス化」として，たとえば松下電器㈱（現在，パナソニック）では次のように述べられている。

「……商品の優位性を確保するための技術力の強化，特に『ブラックボックス』技術の開発に力を入れてまいりました。ブラックボックス技術とは，(1)商品を分解すればわかるが，特許などの知的財産権で守られている，(2)材料・プロセス・ノウハウ等が囲い込まれ，商品を分解してもつくり方がわからない，(3)生産方式や形態・仕組み，管理技術など，ものづくりのプロセスが囲い込まれているといった理由で他社が追随できない技術やノウハウのことを指します。こうしたブラックボックスを数多くもっていることが松下の強みとなっています。」（松下電器産業㈱, 2003, 7）

(4) 本章は2004年7月に行った，松下電器㈱門真工場における調査に基づいている。本章の内容以外でも，セル生産，グローバル同時生産立ち上げ，それと関連した製造技術の革新（実装工法の開発，新たな工程管理，個人ノウハウのデジタル化など）についても貴重な知見を得ることができた。

なお，松下電器㈱は社名を2008年にパナソニックに変更しており，門真工場も大きく再編されているが，本書では調査時点での呼称をそのまま使っている。

(5) 工場技術は，開発設計から工場への製品の橋渡し，製造における製品の見極めが中心的役割。生産技術は，あくまでも商品を最も合理的に，コスト安につくっていくかという体制構築，そして設備機械，要素技術の開発が中心的役割。工場部門に生産技術を抱えていること，さらに工場技術，生産技術だけにととまらず，製造にも，商品特性に強いメンバーが多くいる点が，開発設計にも参画できる大きな要因になっているとのことであった。

松下とトヨタは現場改善などでいろいろ交流を行っていたが，この工場部門の開発設計への参画についてトヨタ側は次のような感想をもったとのこと，「なぜ開発設計の源流から工場部門が入れて，提案などできるのか，自動車メーカーは絶対そんなことはできない。新しい部品はすぐには使えない。信頼性のある部品しか使えない。でも，松下はいろんなLSI，ロジックなんかでも新しくどんどん開発して，どんどん商品に入れてくる。そういう点は，車のメーカーは命を預かっているので，あまり冒険的なことはできない」（工場長談）。

このことは，自動車と電器企業の製品・製造技術を比較考察するうえで多くの示唆を与えてくれる。

参考文献

坂本清，2002,「生産システムとは何か」大阪市大『経営研究』第53巻第2号

坂本清編著，1998，『日本企業の生産システム』中央経済社
人見勝人，1990，『生産システム論』同文舘
小川英次・岩田憲明，1994，『生産管理入門』同文舘
国狹武己，1996，『現代生産システム論』泉文堂
玉木欽也，1996，『戦略的生産システム』白桃書房
藤本隆宏，2001，『生産マネジメントⅠ』日本経済出版社
松下電器産業㈱，2003，『アニュアルレポート 2003』
吉川弘之・富山哲男，2000，『設計学――ものづくりの理論』放送大学教育振興会
宗像正幸，1988，『技術の理論』同文舘
山本孝・井上秀次郎編，2007，『生産マネジメント　その機能と発展』世界思想社

第2章

技術経営と事業モデル

　今日の生産システムを考察する場合，「企業目的・戦略，事業環境への適応，柔軟性，システム諸要素の規定と関連」さらに「製品技術と製造技術，その相互連関によるイノベーション」が重要です。激変する企業環境に対応し，長期的利益を確保するための戦略の策定，競争優位にたてる中核技術の確定，その特性，応用を見極めての開発，生産，調達，組織革新といった点は，技術経営，事業モデルと深く関連します。生産システムをさらに広い視野から考察するために，本章では技術経営と事業モデルについて，その概略を示します。

　Keywords：技術経営，MOT，事業モデル，イノベーション，顧客価値

1　技術経営の特色

1　技術力を基礎とした戦略的なマネジメントの重視

　技術経営（Management of Technology, MOT）については，競争と市場のグローバル化，情報化，急速な技術革新の進展の中で，国家，企業が国際競争力を獲得するうえで中心的な位置を占めるという認識から，わが国では2000年頃から，とくにその重要性が強調され，産官学一体となったプロジェクトの推進，大学においても専門職大学院の開設など技術経営強化のための活動が活発に展開されてきた。

　技術経営（管理）は，企業の競争力のカギとしての技術革新をどのような経路でいかにして実現し，またその技術選択をどのような基準で行うか等の課題に応えようとするものであり，包括的に次のように定義されている。

　「企業レベルの技術管理とは，経営管理の視点から企業内での諸技術の開

発・獲得・適用・移転・保護などについて，技術固有の動態や組織や戦略との相互作用を考慮しながら，統合的・体系的・組織的に技術を操作・制御・推進しようとする活動をいう。技術管理の研究はアメリカを中心に発展してきた。とりわけ重視されているのは技術革新の管理であり，製品技術と製造技術との間や，それらの技術的要因と管理的・経済的・社会的要因との間に見出される諸連関の明確化を基礎に，技術革新の操作可能性を深求している。」(吉田・大橋，1994，51)

　この定義からもうかがえるように，技術経営の最も大きな特色は，技術力を基礎とした戦略的なマネジメントの重視である。とくに，最近では，わが国の技術水準は高いものの，技術を軸にした事業の構想・構築力を含む技術マネジメント水準が急速に悪化しているとの認識から，技術を経営資源として明確に位置づけ，技術の成果を企業の成長や収益力に結びつけるために，企業における技術課題を経営戦略と関連づけて体系的にマネジメントすることが強調されている。換言すれば，技術経営は，技術と市場を結びつけ，事業化するマネジメントである。

　たとえば，経済産業省は，キャッチアップ型（先行モデルへ追いつくことが主眼。先進企業の製品コンセプトに追随して，製造段階で効率良く低価格・高品質の製品をつくる）の社会システムからフロントランナー型（先頭集団型。独自の構想力で技術・製品開発をリードする）への転換，技術力を活かしきる戦略的なマネジメントの構築，その担い手の育成という点から，次の点を強調している。

　「我国の科学インフラ分野の水準は30か国中2位（研究開発支出，特許取得：1位)。しかし，マネジメント分野の水準に関しては20位（起業家精神の普及度：30位，マーケティング：23位）と極めて低い（IMD (International Institute for Management Development＝国際経営開発研究所）による評価。2003年)。研究開発テーマが事業化に至らず，「死の谷」と呼ばれる実用化段階で埋没，眠っていると回答する国内製造業は約8割に達する（㈳研究産業協会「技術開発力に関する企業アンケート」(H13．6))。我国のイノベーションを加速し，産業競争力の強化を図るため，研究開発への投資だけでなく，技術成果を事業に結びつけ，経済的付加価値に転換するマネジメントが重要である。」(経済産業省・大学連携推進課，

2003, 2-3)

　技術の特性に対する深い洞察力に加えて，研究開発の初期段階における市場性の的確な評価，研究開発投資の決定，コア技術と関連技術の同時並行的開発など戦略的かつ機動的な経営判断とリーダーシップが求められる。そこに技術経営の必要性があるとされている。

2　イノベーションの強調

　上にのべた経営戦略との結びつきとも深くかかわる点であるが，第2の特色は，イノベーションの強調である。イノベーションとは新しいものを生産する，あるいは既存のものを新しい方法で生産することを意味し，従来とは異なるかたちに諸要素を結合することである（「新結合」）。シュンペーター（Schumpeter, J.）は，新結合には次の5つの種類があると論じている。①新商品の開発，②新生産方法の開発，③新市場の開拓，④原料ないし半製品の新しい供給源の獲得，⑤新しい組織の実現。イノベーションとは広く革新を意味しており，狭義の技術革新にとどまるものではない。新しい製品やサービスの創出，新しい生産技術，保守，物流システム，それらを実現するための新しい事業構造などを含める。

　イノベーションは画期的で非連続な革新と細かな改善を積み重ねていく連続的・漸進的革新の両方が組み合わさって社会経済システムの中に浸透していく。イノベーションは，製品や製法が市場で受け入れられてはじめて実現する。そのためには，基礎的な研究，応用技術開発，製品開発，生産技術開発，生産現場や流通過程の革新や合理化などさまざまな活動が必要である。さらに，イノベーションのプロセスは，新製品の普及をすすめるための効率性（徹底したムダの排除）の追求と同時に，新しいコンセプトの製品，事業構造を創出するための創造性（ムダ，例外，あいまいさの許容，現状否定）の追求が必要という矛盾したプロセスである（一橋大学イノベーション研究センター，2001，第1章参照）。

　このイノベーションと技術経営との関連を重視して，山之内昭夫氏は，「技術経営とは，技術がかかわる企業経営の創造的かつ戦略的なイノベーションのマネジメントである」と定義し，その視点を次のように整理している。

「①企業（グループ）全体の経営革新のための技術経営という立場に立ち，企業理念・目的・戦略と一体のものとして，これらを具現化するための技術経営を考える視点である。

②技術経営をイノベーションにおけるダイナミックプロセスとして捉え，移行過程のマネジメントを論ずる立場に立つ。その第1は，世界のトレンドリーダーとして新しい技術経営環境と市場環境を創出するプロセスのマネジメントであり，第2は，常に変動する経営環境に対して柔軟に環境適合するプロセスのマネジメントである。

③技術が関与するイノベーションは企業が保有する技術知識体系を新たな知識体系に変容させる行為であり，それは知的体系の組み替えといえる。」（山之内，1992，27-29）

とくに③では，「徹底した経営効率の追求と同時併行的に企業家的な創造を追求し，経営革新を図ること」（同上，29）の困難性，また，「既存の知の体系を創造的に破壊し，新しい知の体系を確立するための社内の葛藤」（同上，30）を指摘し，その克服が不可欠であることを強調している。

そして，この技術経営の立場から，具体的な内容として，テクノ・イノベーションの8つの領域（商品，事業，技術，市場，技術人材，組織，グローバル化，情報システム）をあげ，各領域が相互に関連し合い，結合されることによって水準の高い経営革新へと結合されるとの考えを示している（同上，33-34）。

今日の技術経営では，次の経済産業省の定義のように，研究開発から事業化のプロセスのキャッチアップ型からフロントランナー型への転換のために，たえざるイノベーション創出，加速化が強調されている。

「MOTとは，技術を事業の核とする企業・組織が次世代の事業を継続的に創出し，持続的発展を行うための創造的，かつ戦略的なイノベーションのマネジメント。我が国の産業界の現状を踏まえると，的確な技術開発の目標設定及び開発戦略の構築，外部資源等の活用によるイノベーションの活性化，イノベーション・プロセス・マネジメント，知的財産権マネジメント等への対応などがMOTにおける重点対象と考えられる。」（経済産業省・大学連携推進課携推進課，2003，1）

2　技術経営の対象領域

　技術経営の対象は，企業における技術創造と実用化の過程を含む広い範囲にわたっている。米国の研究動向を踏まえて，丹羽清氏は技術経営を次のように定義している。「技術経営は，企業における従来からの経営要素である人・物・金に加えて，技術を新たな重要な要素としてとらえ，その研究開発や購買から，適用，売却，さらには撤収に至る全過程に対して計画と運用の管理を扱う。」（丹羽・山田，1999，1）

　「技術経営とは，技術の研究開発から運用の全過程に対しての戦略的・戦術的計画と運用管理である。その守備範囲は，主に工場のなかに注目するインダストリアル・エンジニアリング（IE）と一般的な公共政策との間に横たわる広い領域であり，事業戦略との関連や，研究開発，技術転移，技術者組織，マーケティングなども含んでいる。」（同上，序章，5）

　そして技術経営の具体的課題の例として，米国で開催されている国際学会における２６の領域名をあげ（同上，16），ライフサイクル軸（基礎的研究，応用的研究，開発，設計，製作・調達，販売，メンテナンス，技術移転）とシステム軸（人間，プロジェクト，組織，資源，技術，戦略）という２つの軸の各々の要素の組み合わせが技術経営の実践領域にあたるとしている（同上，192-194）。

　また，寺本義也氏は技術経営の領域を，製品技術と製造技術，バリューチェーンという点から次のように示している。

　「企業経営のうち，技術課題を扱う経営領域を MOT（テクノロジーマネジメント）領域と定義する。MOT は企業技術経営のうち製品技術とオペレーション技術を含む。製品技術とは，企業の収益源である製品・サービスそのものに含まれる技術体系を指す。オペレーション管理技術には，製品を生産するための生産技術（生産管理，品質管理を含む），ロジスティクス技術（調達・物流・アフターサービスを含む），情報管理技術（IT 投資，ナレッジマネジメントを含む）が含まれる。また，研究開発マネジメントは MOT の一部を構成する。企業の研究開発は，製品・サービスの研究開発とオペレーションに関連する研究開発を

含む。……

　MOTは厳密に定義すると，企業のバリューチェーン（経営，人事，情報，マーケティング，開発，調達，生産，物流，アフターサービスなど業務プロセス価値連鎖）における技術課題を体系的に経営することである。」（寺本，2002，24-25）

　さらに，最近では，研究開発段階から市場投入に移るまでのプロセス以降，技術が市場化され，厳しい競争を勝ち抜き市場を制覇し，事業として継続する段階までが技術経営の領域であると主張されている。ハーバード大学のブランコム教授らは，その点を比喩的に「ダーウィンの海」と述べている。たとえ市場化に至っても，生存競争している多くの生命体が満ちあふれる「ダーウィンの海」（市場での競合製品の出現など激烈な競争環境）では，その競争を耐えて生き抜いたものが，進化してニュービジネスにたどりつけるというものである。そのためには，技術リスクの軽減，市場の特定，人材と資金のマッチングが必要とされている。

　以上から確認できたことは，次の点である。

　技術経営は，技術を経営資源として明確に位置づけ，技術課題を経営戦略と結びつけて体系的にマネジメントすることであり，言い換えれば，技術と市場を結びつけ，事業化するためのマネジメントである。そして，創造，継続，発展のために，変動する環境に柔軟に対応しながら，絶えず新技術と市場を創出するイノベーションのマネジメントでもある。さらに，技術経営は技術創造と実用化にいたる全過程に対しての戦略的・戦術的計画を策定し，実行，管理を行うことである。したがって，技術経営は，技術自体の効率的なマネジメント（技術予測，技術評価，技術戦略・開発，技術移転など）を取り扱うだけでなく，技術を中核とした企業経営の革新のあり方を示すものである。

　新製品や新サービスを生み出す基盤となる新しい基礎技術や応用技術の開発は，技術経営にとって重要である。それゆえに，技術経営を論ずる際，研究開発過程に焦点をあてることが少なくない。しかし，多くの企業（起業）において，新技術を開発し試作品を製作しただけでは，市場と結びつかず，事業として成り立たない。製品コンセプトを市場化するには，Q（Quality：品質）C（Cost：原価）D（Delivery：納期）を保証する製品の生産過程（開発から量産）が

不可欠である。製造技術は、その製品の競争力の重要な要素となる。このため、製造技術などの技術領域も、技術経営を考えるうえで不可欠の分野であるといえる。技術経営の対象は、企業における技術創造と実用化の過程を含む広い範囲にわたっているが、生産システムは、創造された技術を製品化し、製造する生産活動を行う。

3 事業モデルとその確立の重要性

1 事業モデルの概念

事業モデルについては、さまざまに論じられている。代表的な論者の定義は、次のとおりである。

「ビジネスモデルとは、①だれにどんな価値を提供するか、②そのために経営資源をどのように組み合わせ、その経営資源をどのように調達し、③パートナーや顧客とのコミュニケーションをどのように行い、④いかなる流通経路と価格体系の下で届けるか、というビジネスのデザインについての設計思想である。」(國領, 1999, 26)

「ビジネスモデルは、『どのような事業活動をしているか、あるいは事業構想を行うか』を示すモデルであり、それを表現するためには、少なくとも以下の3つのモデルが必要である。

①戦略モデル：顧客に対して、自社が提供するものは何かを表現するモデル。具体的には、その事業における、顧客、機能、対象製品、魅力、資源、前提が何かを表現する。

②オペレーションモデル：戦略を支えるためのオペレーションの基本構造とその前提を表現するモデル。

③収益モデル：事業活動の対価を誰からどうやって得るかとその前提を表現するモデル。戦略モデルは、オペレーションモデルに支えられて始めて実現可能となる。」(根来・木村, 1999, 145)

「ビジネスモデルとは、『あるビジネスが、どのような顧客に対して、どのように価値を生み出し、どのように価値を提供し、どのように収益を上げるかを

表現するモデル』であると定義する。」(野中・徳岡，2012，84)

「『顧客に満足を与えながら，利益を生むために調整された仕組み』という定義から紐解けば，ビジネスモデルの本質は『ビジネスの定義（Who・What・How）』に『利益獲得の方法』を加えたものである。ここで Who・What は顧客価値を指し，そして How は価値の提供方法を意味する。さらに利益という要素が加わることで，ビジネスモデルが定義できる。

そこで本書は，①目的としての顧客価値創造と，それを実現するための②価値提供のプロセス，そして③制約条件としての利益をビジネスモデルの構成要素とする。」(川上，2011，27-28)

共通して指摘されているのは，顧客価値創造，その価値の提供プロセス，利益創出という点である。つまり，事業モデルは，どのような顧客に対して，どのような価値を生み出すのか，どのように適切なコストで顧客に価値を提供するのか，そしてこの事業でどのようにして利益を生むのかを示すものである。

2. 事業モデル確立の重要性

今日，日本の電器産業にみられるように機能的，品質的にも良い製品を効率的に開発・製造しても利益につながらない（長期の利益が獲得できない），また一時的に成功した事業モデルが必ずしも長期に存続しえない状況，いわゆる「技術に勝っても事業に負ける」状態が生じている。この要因は，経済のグローバル化（とくに中国の影響），急速な技術革新，モジュール化とその統合による製品革新，事業モデルの変化（総合的，垂直統合から特化型へ）などがあげられている。

従来のように単なる効率化や国際化によって，競争力は強化されるという状況とは異なり，企業には，自らの経営資源を考慮して，グローバルにいかに市場，技術革新に対応するか，これまでの技術の活用と新技術の獲得をいかにすすめるかなど，戦略的な技術経営による経営，生産の一層の革新が求められている。具体的には，今日の環境下において鍵となる（競争優位に立てる）自社の中核技術の確定，その特性，応用を見極めての技術開発，その技術を活用しての企業利益を長期的に獲得しうる事業モデルの構築である。

日本の製造企業は，これまで，高い技術・高い品質・効率的な開発・生産に

第Ⅰ部　生産システムと技術経営

▶▶ *Column 2* ◀◀

イノベーションのジレンマ

　イノベーションには，従来製品の改良をすすめることで現在獲得しているポジションを維持しながら市場を拡大させていく持続的イノベーションと，従来製品の価値を破壊して全く新しい価値を生み出すことで市場を拡大させていく破壊的イノベーションがある。イノベーションのジレンマ（The Innovator's Dilemma）とは，既存の優れた技術，製品をもつ大企業が，持続的イノベーションを保ち続けることに集中してしまい，破壊的イノベーションをもつ商品を売り出し始めた新興企業の前に力を失い，急速に衰えていく理由を説明した企業経営の理論である。ハーバード・ビジネス・スクール教授のクレイトン・クリステンセン（Claiton M. Christensen）が，1997年に初めて提唱した。クリステンセンは，次の5つの理由をのべている。①企業は顧客と投資家に資源を依存している（既存顧客や短期的利益を求める株主の意向が優先される），②小規模な市場では大企業の成長ニーズを解決できない（イノベーションの初期では，市場規模が小さく，大企業にとっては参入の価値がないようにみえる），③存在しない市場は分析できない（イノベーションの初期では，将来発展する製品でも市場はまだ存在しない。市場はデータがなく魅力なく映る），④組織の能力は無能力の決定的要因になる（既存事業には適するが，異なる事業が行えなくなる），⑤技術の供給は市場の需要と等しいとは限らない（技術の高度化が必ずしも，市場の需要に見合っているとはかぎらない）。

　この理論は，先進国市場のみならず，企業のグローバル展開，とくに新興国への進出に関して重要である。先発企業が自国や先進国市場で競争優位を築くために開発競争を展開すればするほど，新興国の中間層市場へ十分な経営資源を割くことができず，成長市場でシェアを維持できなくなる。その結果，先発企業は当初，新興国市場で競争優位を築いたとしても，短期間で後発企業にシェアを奪われてしまう事態が起きている。こうした状況は，すでに電器産業で生じている。日本企業が新興国市場を開拓する際，技術力だけでは決して成功できず，その市場をよく理解し，どのような顧客に対して，どのように価値を生み出し提供し，収益をあげるかを明快にした事業モデルの展開が求められている。

よる相対的に低価格な新製品の迅速な市場投入をベースとして優位性を保ってきたが，それは，新興国の追い上げによって失われつつある。これまでの成功体験から，日本企業は，良いものは売れると高機能商品をつくり続けてきた。

しかし成長市場は先進諸国から新興国に移り，市場の消費者の要求は変化しており，明確な事業モデルの確立，すなわち，提供する価値や目的に対する明確で一貫した戦略的なコンセプト，経営資源・活動の組み合わせによる利益確保の仕組みがますます重要になってきている。

研究課題としては次の点の解明が求められている。

①今日の経済・経営環境下において顧客価値創造のために鍵となる自社技術とは何か，その特性，応用を見極めての技術開発はどのように行われているか。②その技術を活用してどのような新製品，顧客価値が生み出されているか。③その価値を適正な価格で提供するために，生産・（部品）調達の改革がどのようにすすめられているか。④どのような開発・生産の体制がとられ，それがどのように全社的な組織革新につながったのか。

参考文献

川上正直，2011，『ビジネスモデルのグランドデザイン──顧客価値と利益の共創』中央経済社

國領二郎，1999，『オープン・アーキテクチャ戦略──ネットワーク時代の協働モデル』ダイヤモンド社

クレイトン・クリステンセン（玉田俊平太監修／伊豆原弓訳），2001，『イノベーションのジレンマ──技術革新が巨大企業を滅ぼすとき』翔泳社

経済産業省・大学連携推進課，2003，『技術経営のすすめ──産学連携による新たな人材育成に向けて』㈱三菱総合研究所

丹羽清・山田肇編，1999，『技術経営戦略』生産性出版

寺本義也監修，早稲田大学ビジネススクール，2002，『技術系のMBA──MOT入門』日本能率協会マネジメントセンター

根来龍介・木村誠，1999，『ネットビジネスの経営戦略──知識交換とバリューチェーン』日科技連出版社

野中郁次郎・徳岡晃一郎編著，2012，『ビジネスモデル・イノベーション──知を価値に転換する賢慮の戦略論』東洋経済新報社

一橋大学イノベーション研究センター編，2001，『イノベーション・マネジメント入門』日本経済出版社

山之内昭夫，1992，『新・技術経営論』日本経済新聞社

吉田和夫・大橋昭一編著，1994，『基本経営学用語辞典』同文舘

第Ⅱ部

自動車生産と生産システム

第3章
自動車生産の発展と生産システム

　本章では，生産活動と生産システムの発展を具体的に理解するために，1960年以降における日本自動車企業（主にトヨタ）を対象にして，生産量の飛躍的な拡大に伴う，自動車生産の発展が，水平的，垂直的に有機的な統一性をもつ生産システムとして，どのように発展したのかを次の点に着目して考察します。①生産技術の発展（巨大化，自動化，情報化），②管理・管理組織の発展（技術，生産管理，研究開発部門），③生産方式と労働。

　Keywords：自動車生産工程，大量生産，トランスファー・マシン，トヨタ生産システム，生産の平準化・同期化，「多能工」化，「かんばん」方式

1　自動車生産工程と生産技術の巨大化・自動化

1　大量生産体制の確立

　1960年からの20年間の日本の自動車産業は，生産台数だけでみても，1960年の年間48万2000台から，1980年には，1104万3000台と急激な成長を示しており（表3-1参照），大量生産体制確立のために膨大な設備投資が行われ，その結果，新鋭工場の建設とあいまって生産技術の巨大化，自動化が進展した。

　自動車は1台あたり約5000種類，3万点にもおよぶ部品から構成されている総合組立工業であり，それぞれの部品の生産工程も非常に多岐にわたっている。その工程を大別すると，鋳造，鍛造，機械加工，プレス板金，塗装・組立の5工程からなっている。それを主要部品別にみると，エンジン，ミッション，アクスルなどは鋳造・鍛造→機械加工→組立という工程の流れをとり，フレーム，

第Ⅱ部　自動車生産と生産システム

表3-1　自動車生産推移　　　　　　　　　　（単位：千台）

	1960年	1965年	1970年	1975年	1980年	1985年
日　本	482	1,876	5,289	6,942	11,043	13,271
（内輸出）	—	(194)	(1,087)	(2,678)	(5,967)	(6,730)
全世界	16,488	24,568	29,419	33,322	38,565	45,030
日本の比率	2.9%	7.6%	18.0%	20.8%	28.6%	29.5%

（注）　1985年より海外生産も含む。
（出所）　日本自動車工業会資料より筆者作成。

ボディ関係は，プレス板金→塗装工程という工程の流れをかたちづくる。この機械加工，プレス板金工程では，エンジンのシリンダー・ブロックなどの重要機能部品を除いて，多くの部品が，単体として，またユニットとして加工外注企業に委託されている。タイヤ，シート，ランプ類などの完成部品は各々の専門メーカーから組立工程へ流されるのがふつうである（図3-1参照）。したがって，自動化の進展は各工程の特徴，生産台数の大小，外注化の度合によって不均等な発展をしめしているが，だいたい，次のような特徴をもっている。

まず，自動化は，シリンダー・ブロック加工用のトランスファー・マシンの導入にはじまり（1956年，日産，トヨタ），その後，機械加工工程では，広範囲にトランスファー・マシンが導入され，さらに各トランスファー・マシン間は，自動コンベヤーにより連結されて加工工程の連続化がはかられた。この機械加工工程へのトランスファー・マシンの導入を先鞭として，機械加工工程と前後する工程でも自動化，設備の巨大化が進展した。すなわち，粗形材工程（鋳造・鍛造）での溶解炉の大型化，シェル・モールド法など精密な造型法，大型鍛造プレスの導入，熱処理工程での連続式ガス浸炭炉の設置，車体・塗装工程でのトランスファー・プレス，ウェルダー自動溶接機，自動静電塗装装置などである。

1965年以降，とくに乗用車の大量生産体制の確立のため，新鋭工場が，次々と建設されたが，その特色は，各工場が車種別に，あるいは車体，エンジン，ミッション，駆動部品，鋳物・鍛造部品など，部品別に専門工場化されたことである。[1]

生産技術の自動化の進展は，生産品目の種類と，その生産数量に照応してお

第3章　自動車生産の発展と生産システム

図3-1　自動車の生産工程

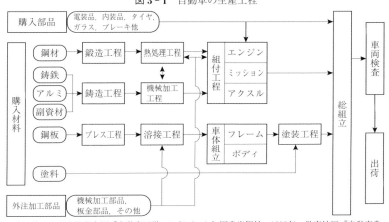

（出所）　自動車技術会編『自動車工学ハンドブック』図書出版社，1990年。教育社編『自動車業界9社の経営比較』教育社，1980年掲載の図を参考に筆者作成。

り，たとえば，シリンダー・ブロックの機械加工工程では，月産1万5000台を超えると，トランスファー・マシン主体のラインが可能であるとされている。この期は，販売政策に基づき「ワイド・セレクション」「フルチョイス・システム」などの名称で，多車種生産が開始されたが，各部品別にみると大量生産が基礎になっており，しかも組立車の生産台数が飛躍的に伸びたために，部品別に特化された各工場の生産数は，単一部品あたりで大きく増加し，それに対応すべく各工場では，さらに大型で各工程が連続化しているトランスファー・マシン，大型プレスなど専用の自動化設備が導入された。たとえば，乗用車「カローラ」専用工場として，1968年に建設されたトヨタ自動車（以下，トヨタと略）の高岡工場では，1500トンプレスやウエルディング・プレスが大幅に採用され，各工場の特色に応じて，生産工程での自動化，設備の巨大化が，進展した。

2　生産技術の発展とFA化の推進

製造部門においても，1980年頃には，車種の多様化（単に国内市場向けだけではなく，世界各国の仕様にあわせて多品種化）と需要の変動に対応し，円滑な新製品への切替え，生産のリードタイムの短縮のために，生産技術部門の拡充と新

たな生産技術の展開がなされた。たとえばトヨタでは，生産技術開発部が新設され（1978年），新生産技術，フレキシブルな生産工程の開発が進展した。さらに，生産準備能力増強のための工機専門工場として，貞宝工場が建設され（1986年），新製品と増加する海外生産の生産準備に対応するために，生産能力増強とメカトロニクス（機械工学〔メカニクス，mechanics〕と電子工学〔エレクトロニクス，electronics〕を合わせた和製英語）技術の内製化がすすめられた。そうして精密鍛造法など新加工法の開発（主に軽量化，FF〔Front-engine Front-drive：前輪駆動方式〕化に対応）による新素材，新技術の採用，また量産用 NC 機，ロボットの制御技術・適用技術，無人搬送車システムなど，フレキシブルな生産工程開発のための生産技術も開発・製造されるようになった。

とくにトヨタでは，1980年以降，ロボットや新鋭自動化設備の大量導入がすすんだ。たとえば，スポット溶接ロボットは，1981年，田原工場の「ソアラ」生産ライン，1982年，堤工場の「カムリ」生産ラインから大量に導入された。全工程にわたって FA（Factory Automation）化が推進された。具体的には，車体工場での FBL（Flexible Body Line）（1985年，堤工場，1990年，高岡工場），試作・金型製作での FMS（Flexible Manufacturing System），量産ラインでの FMS の導入である。この量産ラインでの FMS は，「フロー型」あるいは「スルー型」FMS，または FTL（Flexible Transfer Line）ともいわれている。

3 FMS の発展

一般的に FMS は，2台以上の NC 工作機械から成り，工作物の自動搬送装置，自動供給装置，工具の自動交換装置等を備え，これらの装置全体をコンピュータにより制御し，一連の機械加工を自動的に処理できる，高度自動化生産システムと定義されている。そして，次の3つのタイプにわけられている。

第1は，工作機械，装置メーカーが生んだ FMS で，多品種少量型生産に適している。第2は，電装品，家電メーカーで生まれた FMS で，ラインの自動化を目指した専用 NC 機械とロボット主体のものである。第3は，製造メーカー（完成車メーカーも）が多く採用している FMS で，専用 NC 機械と現有設備とを組み合わせたシステムをもつ。そのねらいは，ライン生産方式の中で現

有設備を有効活用しながら，少中量生産における製品の多様化への対応である。このFMSがFTL(2)といわれることが多い。

このFTLの開発は，トヨタ自動車においては，1984年，下山工場のエンジンの機械加工，組付けラインでなされた。そのラインの課題は，「必要に応じて異なった機種のエンジンを生産でき，しかも稼働費は専用ラインのそれに極力近づけ，リードタイムは短縮して，部品を新規に追加するときの投資も最小にするといった矛盾する要素を満たす」（トヨタ自動車，1978, 791-792）こととされ，具体的には，次の諸点であった。

①生産種類は10〜15種類，生産能力は5000台／月程度（この点から，このラインは「エンジン中種中量生産ライン(3)」といわれている），②部品加工から組付，テストまでの一貫生産ラインであること，③短いサイクルタイム内で，1個流しランダム生産，自動段取り替えが経済的に行えること，④システムとして種類ごとの生産量，設備の稼働状況をモニタリング（監視）しえること，⑤リードタイムは量産ラインと同じ，新製品投入時のリードタイムは，量産ラインの2分の1とする。

そして，この課題の遂行のために，次のような技術が開発された。①フレキシブルなNC機械，洗浄，圧入などの特殊設備，②自動段取り替えのための，ワーク搬送・位置決め技術，③異常，品質チェック・工具交換指示，生産量などをリアルタイムにモニタする技術，④新製品の投入を効率的に行うため，生産準備を支援するCAD（Computer Aided Design：コンピュータ支援設計）・CAMシステム。以上の技術開発によって，このラインでは，自動段取り替え，作業指示ランプ盤とモニタリング・システムによる工程管理が行われるようになり，さらに，ベテラン工程設計者のもっている膨大な加工ノウハウを整理体系化して，コンピュータによる自動工程設計システムも開発されはじめた。

2 本社による集中管理とALC（アセンブリ・ラインコントロール）の展開

1 本社と工場機構の分離：管理・技術部門の拡大

生産工程の自動化，生産指示，生産実績の把握など，コンピュータの工程制

御への適用は，計画機能を工場から分離し，本社へ集中するための技術的条件を整備することによって，工場機能は，ますます製造機能に特化した。

　完成車メーカーの本社・技術部門は，企業規模によって，多少の相違はあるけれども，技術企画室，技術管理部，生産技術部，生産工程ごとの技術部門（ボディ，エンジン，プレス，機械技術など）から構成され，膨大な機構となった。技術企画室は，新製品の企画，新技術開発企画，技術管理部は，技術部門各部が研究開発，製品企画，製品設計を円滑に実施するための管理，サービスを行なっている。生産技術部は，長期設備計画の立案，生産準備，生産技術開発を担当している。そして各生産工程の技術部は，各工程の生産技術開発，生産準備を，その主な機能としており，これらの本社部門が技術関係の計画・企画・開発機能を果たしている。それに対して，工場の技術部門は，工程や現行技術の改善業務を主に担当する，技術員室程度であり，本社の技術部門の指示に基づく設備，技術による生産を行う製造部が，工場の中では圧倒的な比重を占めるようになった。

　本社機構の質量ともの比重の増大は，管理の内容を大きく変化させた。自動車産業は，多岐にわたる工程，多くの種類の部品を結合した，総合組立産業の典型産業であり，その生産過程は，オートメーションを基礎とした工場，さらにその諸工場の結合，そして階層的に配置された部品企業から構成され，全体として，本社のコンピュータ制御のもとにおかれるようになった。とくに1970年代に入ってからは，生産仕様の多様化，生産台数の急増に対応し，材料，部品，完成品在庫の低減をはかるために，本社のコンピュータと工場の小型コンピュータおよび端末機を結びつけるシステムが，各社において完成された。この本社の大型コンピュータは，大別して，販売管理業務，部品供給，各種技術計算，給与計算，そして生産管理業務に活用された。

　生産管理部門の主要な機能は，生産計画の立案・指示・進行統制，工数管理業務，および輸送管理システムの検討・立案であるが，この機能が本社の生産管理部に集中され，また，管理手段に大型コンピュータが導入されたことによって，工場工務部はその計画の遂行が主な任務となった。すなわち，本社で立案された車両生産計画が，日々，通信回線をつうじて各工場のコンピュータ

におくられ，そこで工場側の条件にあった情報に編成されたのちに，各ラインサイドの端末機にオンラインで指示されるとともに，生産実績の集積，管理資料の迅速な出力がなされた。型式別，色別，仕様別の生産順序の指示をうけた工場コンピュータは，構成部品ごとにボディ着工指示，塗装指示，組立指示，運搬指示，および主要購入部品納入指示を行う。具体的には ALC として展開されるようになった。

2　ALC（アセンブリ・ラインコントロール）の展開

①旧 ALC の導入と問題点

日本自動車企業においては，すでにのべたように，1965年以降，オンライン・コントロールシステムが導入され，本社への管理機能の集中とともに，本社と各工場間がコンピュータの回路で結合され，本社生産管理部からの生産指示のもと，各工場の生産の同期化がはかられるようになった。その直接指示は，車体工場，塗装工場，最終組立工場であり，ALC（Assembly Line Control：組立ラインコントロール）ともいわれている。具体的には，本社のホストコンピュータより作業者にプリンタで指示され，全ての処理は，本社のホストコンピュータで行われる本社集中型であった。

このコントロールシステムの展開によって，組立車両にとりつける部品が指示されるために，作業者の判断業務が軽減され，組付け間違いを防ぐとともに，多品種化に対応できたとされている。同時に，その展開の過程で，さまざまな問題点も明らかになった。

第1に，仕様拡大に伴って指示項目が増大し，プリンタ出力の判読に時間がかかったこと，第2に，部品仕様の追加，変更，工程異常に伴うラインレイアウト変更に対して柔軟性を欠いたことである。これらの点は，次のように指摘されている。

「……オンライン・コントロールシステムの場合，情報が早く送られるだけに，それが先行作業の要因となって作業の標準化を困難にしたり，工程で異常が生じた時に柔軟性を欠くなど，いくつかの問題を含んでいた。そこで（昭和）40年代の半ばから，コンピュータによる生産指示とかんばん方式の接点を

求めて試行錯誤が始まった」(トヨタ自動車株式会社, 1987, 588)

そして, 車両の1台ごとに, 組立上, 必要な情報を書いた紙をつけてラインを流す,「はりがみ方式」の採用, 組付け間違いを防ぐ, さまざまな「ポカヨケ」, また画像処理の活用などの対策がとられてきた。しかし, 以上の対策では, 増大する情報量に対応しきれない, また, 80年代に入り急増したロボットやNC機などへのタイムリーな指示がしにくい(作業者が指示書をみて, その都度ロボットの操作ボタンを押す方法がとられていた)などの新たな問題に対しては不十分であった。

②新ALCの特徴と情報技術の導入

うえに述べた状況を改善するためには, まさに「メインラインのワークの形状や識別記号を必要な個所で自動的にセンスし, 各工程の人間やロボットに指示を与えるシステム」, そして「生産順序をあらかじめ決めて固定するようなやり方ではなく, 次に何を仕掛けるかは, 後工程の生産に合わせてその都度決める方式」(大野・門田, 1983, 22)が必要となるのであるが, それは, 情報技術を大規模にとりいれた新工場の新ALCにおいて展開された。

新ALCは, 1989年5月, 田原工場(「セルシオ」生産ラインを軸に)に導入された。その特徴は, 第1に, 生産指示情報の記憶装置(IDカード)を車両1台ごとにとりつけてラインを流し,「物と情報の一体化」をすすめたこと, 第2に, コンピュータをラインごとに設置して生産指示・管理機能を分散した点である。

本社のホストコンピュータは, 生産計画を順序づけて各ラインに指令する。工場サイドでは, 2つのコンピュータ(ホストコンピュータからの情報を蓄えるファイルサーバと, 工程をコントロールするラインコンピュータ)が設置され, ライン, 工程ごとの生産指示用, FA (Factory Automation) コンピュータと結びついている。各工程のラインコンピュータは, 生産計画データを受け取った後は, ホストコンピュータに依存することなく, 自律して, それぞれの工程の制御(生産順序, ロボット, NCなど設備の制御, 設備の自動切替)を行い, 上位のコンピュータには通過実績だけをリアルタイムに送信するようになった。

この新ALCは, 複数のサブシステムの自律性を保ちながら, サブシステム

第3章　自動車生産の発展と生産システム

相互間を調整制御することを一定可能にする，自律分散型システム（ただし，自律性は，「中央計画室の予定計画に対してプラスマイナス10％の範囲」といわれている）であり，各工場や各ライン・工程が，必要な情報を必要なときに利用できる，いわば「情報のジャスト・イン・タイム」体制により近くなっている点が最大の特徴といえる。中核となる ME 技術としては，通信技術が多く用いられている。ID カード（IC を使ったカード型の無線装置）の採用，FA 用 LAN（Local Area Network：構内情報通信網）への MAP（Manufacturing Automation Protocol：生産自動化通信手順）の採用などである。この情報技術によって，標準化されたネットワーク化が可能に（高岡，元町，堤，本社工場へ拡大）なった。トヨタ全体としては，本社生産管理部からの生産指示は，①旧 ALC，②新 ALC，③ユニット部品順引き指示（エンジン工場およびシートなどの大物ユニット部品の仕入れ先に対して），④ボディメーカー生産車両の配車指示というかたちでなされており，以上の最終工程より上流の前工程では，かんばんによる相互通報がなされるようになった。

　かならずしも全工程がすべて一元的，集権的にコンピュータ・コントロールされたのではなくて，本社のコンピュータ・コントロールによる直接の生産指示は，通常，ボディ工場，塗装工場，最終組立工場が主であり，他工程，他工場は，それに同期化するように生産計画が指示され，具体的な進度管理は，各工場の工務部が担当した。各工場の工務部は，各工場の生産工程の特徴に応じて，たとえば，ライン生産方式が主体の機械加工ラインでは，車種別に専用機ラインを編成し，ロット生産方式が主体のプレス，鋳造工場などでは，生産ロット量，段取替え計画などを指示していた。これらの工場においては，毎日の生産指示は，できるだけ仕掛量を減らし，生産を平準化，同期化するために，トヨタ自動車の「かんばん」方式に代表されるように，各工程に対しては，後工程の消費量に応じて，生産指示がなされる方法がとられるようになった。

　③「かんばん」による生産指示

　こうしてトヨタ生産システムにおける，生産計画・指示の方法の基本型が形成された。すなわち，まず市場，販売状況に基づき，本社生産管理部によって平準化された生産計画が作成される。しかし，本社生産管理部からの直接の生

産指示は，車体工場，塗装工場，最終組立工場に示されるだけである。そして，他工場，他工程は，それに同期化するように生産計画が指示され，具体的な進度管理は，各工場の工務部が担当している。各工場においては，毎日の生産指示は，「かんばん」によって，後工程の消費量に応じてなされる方法（引張方式，プル方式）がとられるようになった。

この方式は，生産計画・指示と生産現場との関連という点からみれば，次の2点が重要である。

第1は，情報（生産・運搬指示）と物の流れの同時性が，完全とはいえないまでも実現されていることである。通常行われている，前工程が後工程に部品を供給していく方法（押出し方式，プッシュ方式）では，最終組立ラインだけでなく，生産現場の各工程にも生産計画が示される。この方式では，よくいわれているように，予測の狂い，需要変動，また不良や手直し，設備故障などの工程トラブルへの迅速な対応が困難であり，過剰在庫などをかかえる事態がよく生じる。それに対し，「かんばん」方式では，前工程への特別な生産計画・指示は不要であり，「かんばん」が生産情報となって前工程へさかのぼることによって，一定の微調整が可能となっている。

第2は，生産統制（とくに工程管理，品質管理）とかかわってくる点であるが，生産現場の各ラインにおいて，正常と異常の状態が明確になり，それに対して対策が即座になされる（なされざるをえない）ように，生産指示がされていることである。「かんばん」は，「引取情報」「運搬指示情報」「生産指示情報」によって，JIT（Just in Time：ジャスト・イン・タイム）生産を保証する機能を果たす。同時に，生産の遅れ，不良品の発生，過剰在庫などの問題点をうきぼりにし，現場作業者を「改善活動」に向かわせる点で大きな役割をもつ。

以上の技術・管理の進展がどのように製造現場に影響を与えたのか，トヨタ生産システムとの関連で，次に考察したい。

第3章　自動車生産の発展と生産システム

3　トヨタ生産システムと生産の柔軟性

1　トヨタ生産システムの概要

①トヨタ生産システムの歴史と目的

　トヨタ生産システムはトヨタが長年にわたって培ってきた自動車生産方式である。1970年代初めに全社を統一する「トヨタ生産方式」として確立され，グループ企業にも展開された。トヨタ生産システムは経営理念としても「トヨタの経営の原点でありトヨタの DNA，経営哲学」とされ，トヨタの企業活動の基軸となっている。多品種生産を相対的に低コストで実現させる生産方式として1973年のオイルショック以降とくに注目されるようになり，1980年代にはいると，日本企業の競争力の源泉として諸外国からも注目され研究された。さらに今日ではトヨタの急速なグローバル化に伴い，世界各地の工場で導入が図られている。トヨタ生産システムの目的は，市場変動への柔軟な対応，原価低減・収益増大，改善し続ける人間集団の形成であり，目的達成の方策の2本柱は「JIT 生産」と「自働化」である。

②JIT 生産と「かんばん」方式

　JIT 生産とは品種と需要量についての市場の変化に対し，必要な製品（部品）を必要なときに必要な量だけ生産することである。そのためには，生産の平準化（生産品種と量の平均化），生産の同期化（生産の各工程の作業時間や材料・部品の供給などを一致させて同じタクトタイムを保って生産すること），的確な生産指示と着工順序の柔軟な変更が必要である。トヨタでは，この生産指示という点では，「かんばん」と呼ばれる生産指示票によって後工程（部品を使用する工程）から前工程（部品を供給する工程）に対して生産着手，引取りや運搬の時期，量，順番などが指示されている。この「かんばん」方式は後工程引取方式，または引張方式（プルシステム）といわれる方式で，後工程が前工程に，必要なものを必要な時に必要な量だけ引き取る生産指示の仕組みのことで，前工程は，後工程に引き取られた量だけ生産する。これによって生産量や生産開始時期は，使用量や使用時期に応じて自律的に調整される仕組みになり，緩衝在庫の極小

化につながっている。

　③自働化

　JIT 生産で重要なことは，工程間，ライン間のものの流れを在庫をもたず，よどみなくすすめていくことにある。そのためには故障，不良品発生，作業遅れなどのトラブルの発見，即時対応，再発防止が必須であるが，トヨタでは自働化によって問題点を浮き彫りにし，作業者を巻き込んだ改善活動を展開している。自働化とは，異常が生じた場合，異常を検知，自動的に停止する装置がついている機械から発展したもので，単に機械設備だけでなく，ライン，工具，作業者の動きのいずれにおいても異常があった場合，停止することをいう。自働化には，不良品の発生を防止し，つくり過ぎを抑えることができ，また生産現場の異常を自動的にチェックできるというメリットがある。この自働化は次の点でも重要ある。①いわゆる「品質のつくりこみ」：これもトヨタ生産システムに独特な用語であるが，異常の発生→現場での即時対策（異常原因の即時把握，現場の知恵の動員）による改善→標準作業への組込み，このサイクルを繰り返し品質を向上させる（絶えざる改善活動，改善し続ける人間集団の形成）。②多工程，多台持ち，省人化：自働化された機械設備は，異常の検知，自動停止付のため，作業者の監視作業が不要となり，多台持ち（1人の作業者が複数の工程，機械を担当），省人化が可能となる。

　④労働のフレキシビリティとサプライヤーシステム

　JIT 生産と自働化のためには，現場作業者の多能工化，柔軟な労働編成など，いわゆる労働のフレキシビリティが必須である。混流生産，多工程持ち，異常への対応など，トヨタ生産システムを運用するうえで作業者には，複数の作業工程の担当能力，一定の機械保全能力，改善提案能力が必要とされる。このために，トヨタでは現場でのジョブ・ローテーションとともに企業内訓練校での教育が行われている（グローバル化に対応して海外の人材育成にも取り組むため，今日ではグローバル生産推進センターが国内外で設立されている）。また，サプライヤー（部品供給企業）からの「ジャスト・イン・タイム」な部品納入を実現させるためには，サプライヤーの高度な技術力と管理能力，完成車メーカーを拠点とした産業集積，サプライヤーとの緊密な取引関係など高度なサプライヤー

システムが必要となる。

　この前提として日本的雇用慣行，日本的な企業間取引関係があった。比較的高度な知識・技能水準（「企業特殊的熟練」）をもった作業者の企業内養成を可能にする長期雇用，労働者の「自発的」協力を引き出すための協調的労使関係，企業系列を中心とした緊密な企業間取引関係などである。今日，経済のグローバル化などによってこの前提が揺らいでおり，トヨタ生産システムも激動する環境に適合するために見直しがすすめられている。

2　「少人化」と「多能工」化

　日本の自動車産業は，いわゆるオイルショックによって，1974年から1975年にかけて減産を行ったが，その後は，主に輸出の増大によって，生産台数を大きく増やし，1980年には1000万台を超える台数となった。この間，各自動車企業は，生産能力増強のために新工場を建設し，輸出拡大，国内シェアの拡大をはかった。しかし，この期の生産拡大は，1960年代の高度成長期とは異なった特徴をもっている。すなわち，生産台数の増加が，主に輸出の増大であり，国内需要は停滞していることから，「低成長」の認識のもとに，各企業とも，国内シェアをめぐる厳しい販売競争に打ち勝つために，生産変動に対応すべき「柔軟な生産体制」の確立がはかられた。

　トヨタでは，需要変動に応じて，作業者数の変動を可能にする方策，具体的には，職場定員制打破，応援の常態化，「多能工」化のいっそうの徹底などが，強力に展開された。

　トヨタ生産方式では，需要変動に応じて作業者数を変更することは，「少人化」（トヨタ自動車，1978，441）といわれている。この「少人化」を達成するためには，次のことが前提とされた。

　第1に，分割された複数の工程，作業を遂行し得る労働者（トヨタでは，これを「多能工」と規定している）が必要である。「少人化」を実施することは，サイクルタイム，作業の内容，範囲，組み合わせ，順序がたえず変わることを意味し，それに対応するためには，一定の訓練期間を必要とする。そのために，ジョブ・ローテーションを不断に行い，「多能工」化が推進された。第2に，

第Ⅱ部　自動車生産と生産システム

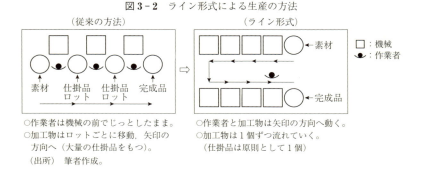

図3-2　ライン形式による生産の方法

「多能工」化が容易にできる機械設備のレイアウト（機械加工工程では，多くの工程を連結した，いわゆるU字型の機械配置，図3-2参照）と個々の作業の単純化，標準化である。第3に，「少人化」といわれるように，需要の増大した時にさえ，増員がなされることなく，必要な作業者数を最小限に抑えることができるように，たえず「工数低減活動」が行われた。

　労働の柔軟性の日本的特質を最も端的に示している「少人化」と「多能工」化の内容は，工程設計，生産管理との関連でみるといっそう明らかになる。

3 生産の平準化・同期化と「ノン・ストック」生産

　トヨタ生産システムの最大の特色は，市場の自動車需要に応じて変動する生産台数，生産車種に合わせて，どのようにでも設備・人員構成をとり得る柔軟な生産方式であり，また受注から完成車生産までのリードタイムをできるだけ短縮した生産方式であることである。

　徹底的な生産期間の短縮，組立工程への同期化に対応するためには，「各工程の加工時間が同一」であるという条件が，満たされることが必要であるが，そのために各製造部門では，生産の平準化（製品の種類と生産量の平均化），「ノン・ストック」（在庫をもたない）生産が行われている。そして生産の平準化のためには，種々の部品が，毎日，毎時平均化して，しかも完成品まで短時間で生産されねばならないから，仕掛量，在庫が徹底的に圧縮され，素材から完成品までの加工工程を順に流れていく，いわゆる「流れ生産」方式が追求された。

第3章　自動車生産の発展と生産システム

　たとえば，機械加工工程では，従来のように，作業員1人が，1工程を1台の機械で生産し，各工程ごとに多くの仕掛品をもつという，生産方法は排除された。そして，素材から完成品に至るまで多工程に分類され，数台から十数台の機械を1人の作業者がうけもって，加工物を1個ずつ機械から機械へと移動させながら生産する，ライン形式が主体となった（前掲図3-2参照）。生産技術的に「流れ生産」が不可能なプレス加工，鋳造・鍛造工程では，金型，鋳造などの段取替え作業の標準化がすすみ，段取時間が大幅に短縮され，その結果，ひんぱんに段取替え（製造品種や工程内容が変わる際生じる本作業を始めるための準備作業のことをいう。金型やドリル等の治工具の交換，精密切削加工や化学装置の基準調整，変更それに組立部品や部材の切り替え，製造前の作業内容確認や掃除もこれに含まれる）がなされて，1日に数種類の部品の生産を行う，小ロット（ロットとは製造時の最小製造数単位）生産が実施されるようになった。

　組立工程への同期化，「ノン・ストック」生産によって，全作業が同期化されたタクト（1個あるいは1台を何分，何秒でつくらなければならないかという時間＝サイクルタイムのことであり，生産計画から規定された必要生産数と稼働時間によって決定される）のもとに遂行されることが強制されている。そして，大ロット生産における，いわゆる「つくりだめ」など，在庫の調整によって，作業速度を労働者の裁量で調整することは，不可能になった。

　この生産方法のもとで，先に述べた「少人化」は，具体的には，サイクルタイムの変動によって，個々の作業の組み合わせが，すなわち，作業者1人あたりの作業範囲が，たえず変動させられることによって実施される。必要生産数が減り，サイクルタイムが長くなっても，作業の組み合わせが変えられ（他の作業者の作業が再配分され），省人化が図られる。逆に生産必要数が増大した場合，サイクルタイムは短縮されるが，作業者の増員より前に，徹底的な「ムダ」な動作の排除，マシンタイムの短縮など，個々の作業時間の短縮と，その組み合わせによる標準作業が見直され，増員なしの対応が，まず図られる。そして需要量（必要生産数）の変動に応じて，作業者数を柔軟に増減させ，企業の利益目標から判断して，「適正」な人員を維持することによって，製造労務費に関する原価低減の強力な手段となっている。(6)

4 生産準備期間の短縮と管理・技術部門

1 技術企画部門の拡充と開発・設計・試作期間の短縮

　1970年代に入り，国内の販売競争が激化する中で，新車の市場への投入，あるいはモデルチェンジ，マイナーチェンジなどが，従来よりもひんぱんに行われるようになり，生産準備期間の短縮が1975年以降，とくに会社方針で強調されるようになった。その内容は，原価，品質上の要求をおりこみながら，商品企画から新車（あるいはモデルチェンジ車）の立上り生産までの期間を短縮することであり，企画部門から生産部門まで，企業の全部署が何らかのかたちで関連している。管理・技術部門では，とくに企画・研究開発・設計・試作・生産管理部門の関与が深い。

　その特徴をみると，第1に，組織上の特色として新製品企画，先行技術開発のために製品企画室，技術企画室などが新設，拡充強化された。そこでは市場環境，競合他社の動向の情報収集・解析のうえにたって，新製品，新技術が技術部門はもとより，販売部門までも含む関係部門の参画をえてなされている。

　第2は，開発・設計・試作期間の短縮化とコンピュータ機器の導入である。新製品の車両構想は，技術企画室や経営企画室が中心となって，競合車との売価や仕様を比較しながら固められる。さらに，利益確保のための目標原価やその配分について，技術企画室，原価管理部で検討され，それをもとに開発指示書や全体計画図が発行される。そうして本格的な設計段階へ移るのであるが，設計部では，技術企画室から提示された機能別目標原価を各部品ごとに割付け，部品ごとの目標原価を決めて，一次試作図に着手する。その試作図に基づき手配図をへて正式図が完成される。試作段階において実験・試作部での試作実験，品質点検がくり返される。設計，試作，正式図面までの期間を大幅に短縮することが要求され，また，試作段階から原価管理が徹底される中で，技術者には限られた短い期間で，原価のかからない，しかも必要品質をみたす設計が求められるようになった。

第3章 自動車生産の発展と生産システム

▶▶ *Column 3* ◀◀

トヨタ生産システムとトヨタ生産方式

　本文でも述べたように，トヨタ生産システムはトヨタが長年にわたって培ってきた自動車生産方式であり，1970年代初めに全社を統一する「トヨタ生産方式」として確立された。

　ここでは，生産システムと生産方式が同じ内容で用いられている。現にトヨタ生産方式は，英訳では Toyota Production System（略称 TPS）とされている。トヨタ生産システムについては，高生産性・品質，低コスト，多品種大量生産，労働の柔軟な活用，JIT（Just In Time）など，日本の自動車企業の競争力分析において，欧米諸国との比較もまじえ，いろいろな側面から検討されてきたため，また経営理念としても「トヨタの経営の原点でありトヨタの DNA，経営哲学」とされ，トヨタの企業活動の基軸となっているため，包括的な生産システムという用語で示されていると思える。

　第1章で規定したように，生産システムとは，特定の生産目的に対して関連づけられた生産活動の連鎖，生産活動の管理，および生産資源の有機的に連結した集合体であり，生産方式はその一要素である。生産方式は，生産形態に応じた製品の生産方法であり，生産形態は，注文の時期，生産数量と品種，仕事の流し方などによって，受注生産と見込生産，多種少量生産と少種多量生産に分類され，それに応じて生産方式も個別生産・ロット生産・連続生産などに分類することができる。生産方式によって，生産計画，生産実施など生産管理の方法が異なるため，それぞれの形態に応じた管理方法が展開される。

　この生産システムと生産方式についての基本を踏まえることによって，トヨタ生産システム（トヨタ生産方式）は，その構成要素と連関がより明確になり，正確に理解できる。具体的には，第1に，緻密な生産計画による生産の平準化，生産の「プル方式」としての「かんばん」方式，第2に，それを保証する生産の「流れ化」，小ロット生産，設備の「自働化」・「汎用化」，段取替え時間の短縮，第3に，柔軟な職務構造，「少人化」，「多能工」化，小集団活動である。この分析との関連で，開発，生産準備，購買といった生産活動の連鎖へと考察をすすめることがトータルな把握には欠かせない作業となる。

第Ⅱ部　自動車生産と生産システム

2　技術・設計・試作部門でのコンピュータ機器の活用

　技術・設計部門でのコンピュータの導入は，1970年代の後半から急速にすすんだ。まず，設計諸元の計算，図面化，データ処理，強度計算などが，本社の大型コンピュータと直結した端末機によって，自動的に迅速に処理されるようになった。さらに個別の計算や製図にとどまらず，CAD システムが各部門との関連をもって稼動するようになった。CAD システムは，コンピュータを活用した設計援助システムの総称で，設計製図作業そのものを，グラフィック・ディスプレイ（画像表示装置）で行い，また得られた設計電算情報を，生産準備作業の電算システムに伝達することを，主な内容としていた。その活用によって，ボディ設計，プレス型設計，マスターモデル，プレス型製造にいたるまでの，ボディ開発工程の日常管理業務がコンピュータ化され，今まで熟練の手作業に頼っていた仕事が自動化されるようになった。このシステムの特徴は，各工程に必要なデータが，コンピュータから直接提供されることであり，たとえば，従来，手描きによるデザイン線図が出図されると，工機部門では数値データに読み直し NC 加工されていたが，このシステムでは，線図が高性能グラフィクスを使って仕上げられると同時に，その数値データは工機部門に提供され，そのまま NC 加工に活用されるようになった。

　このコンピュータ化によって，生産準備期間の大幅な短縮がはかられ，同時に計算手段，製図手段などが，コンピュータ化されるにしたがって，専門的・経験的技能は，かなりの部分が標準化され，それをテコとして管理・技術部門でも工程管理，要員管理が徹底されはじめた。

注
(1)　トヨタを例にとると，次のとおりである。（　）内は，建設年と主要生産品を示す。
　　上郷工場（1965年，エンジン，トランスミッション），高岡工場（1966年，乗用車），三好工場（1968年，足まわり，小物部品），堤工場（1970年，乗用車），明知工場（1973年，鋳物），下山工場（1975年，エンジン，排ガス対策　部品），衣浦工場（1978年，駆動部品）。
(2)　FTL については，次の文献を参照。

第 3 章　自動車生産の発展と生産システム

　　山本・山本，1987；高木，1989．
(3)　この「中種中量エンジンライン」については，次の文献を参照．
　　伊藤ほか，1988；谷ほか，1986；佐原ほか，1988．
(4)　ライン生産方式とは，特定品目の生産のために専用の工程を設計し，特定品目を連続的に繰り返し生産する方式．詳しくは，自動車工学全書編集委員会，1980，112頁以下を参照．
　　このライン形式が成立する技術的前提として，第1に，切削時間中の手作業を廃止するために，部品加工が自動的に行われることが必要であった．従来の汎用旋盤のように，作業者が手動で機械加工を行っていては，多くの機械台数を，1人の作業者がうけもつことができないからである．そのために自動単能盤，自動ボール盤等の自動機の発展がみられ，そのかなりの部分に自社製の専用自動機が導入された．第2は「ムダ」な動作とされる，一切の手作業を廃止するため，加工品の機械へのとりつけ，とりはずし，機械間の搬送等の自動化である．その点は，リミットスイッチ，油圧シリンダー，自動チャックなどの利用によって，企業ごとに，さまざまな方法で製品に応じたかたちですすめられた．
(5)　ロット生産方式とは，同一工程で2つ以上の品種について，その要求量をいくつかのロットに分割，あるいはロットにまとめ，段取替えすることにより生産する方式．詳細は，同上書，122頁以下を参照．
(6)　この点については，次のように述べられている．
　　「製造労務費に関する原価低減は，月ごとの需要量の変動に応じて各ラインの作業者数をフレキシブルに増減させ，適正人数をつねに維持して過剰人員を排除することによって達成される」(大野監修／門田編著，1983，212)

参考文献

伊藤哲也・永島一男・奥田哲司・宮崎昌敏・橋本誠一・土居将伸，1988,「中種中量フレキシブル生産システムと CAD・CAM の開発」『自動車技術』Vol. 42, No. 5
大野耐一，1978,『トヨタ生産方式——脱規模の経営をめざして』ダイヤモンド社
大野耐一監修／門田安弘編著，1983,『トヨタ生産方式の新展開』日本能率協会
大野和夫・久野善弘，1994,「自動車生産ラインを支援する情報／物流システム」『TOYOTA Technical Review』Vol. 44, No. 1
小山陽一編，1985,『巨大企業体制と労働者』御茶の水書房
佐原伸彦・伊藤哲也・井川正治・宮崎昌敏，1988,「中種中量フレキシブル生産システムの開発（1）（2）」『トヨタ技術』第38巻第1, 2号
自動車技術会編，1990,『自動車工学ハンドブック』図書出版社

第Ⅱ部　自動車生産と生産システム

自動車工学全書編集委員会，1980,『自動車の製造管理』（自動車工学全書第18巻）山海堂

高木正義，1989,「自動車産業 FTL の多機能化」『豊田工機技報』Vol. 30, No. 1

谷信彦・坂本登・伊原進・中西知道，1986,「多様化生産に対応する NC 専用機」『自動車技術』Vol. 40, No. 7

トヨタ自動車株式会社，1978,『トヨタのあゆみ』

トヨタ自動車株式会社，1987,『創造限りなく　トヨタ自動車50年史』

藤田栄史，1989,「自動車産業労働者調査の反省と課題」『立命館産業社会論集』第25巻第2号

門田安弘，1991,『新トヨタシステム』講談社

門田安弘，1991,『トヨタの経営システム』日本能率協会マネジメントセンター

山下東彦，1988,「A自動車における労働者管理」（野原光・藤田栄史編『自動車産業と労働者』）法律文化社

山本健一郎・山本邦雄，1987,「大型車トランスミッションのフレキシブル機械加工ライン」『自動車技術』Vol. 41, No. 5

第4章
完成車メーカーの購買（調達）活動と系列下請企業

　本章では，生産システムの重要な構成要素である購買（調達）について基本的なことを学ぶために，主に1980年代に焦点をあてながら，今日にいたる完成車メーカーの購買活動について，次の諸点について具体的に考察します。①購買（調達）活動と購買組織・管理，②協力会組織の内容，③階層的企業間分業構造の形成，④購買管理の展開が系列下請企業に与えた影響，⑤現地調達とグローバル調達の進展。

　Keywords：購買（調達），購買管理，仕入先評価，系列下請企業，協力会組織，階層的分業構造，世界最適調達

1　購買（調達）活動と購買組織

1　主な購買活動

　購買（調達）活動とは，生産活動にあたって，必要な決められた部品，材料を要求通りの品質，価格で，決められた期日（納期）で企業外部から調達する活動であり，主に次の内容である。①内外製区分（自社で製造するか〔内製〕，外部から購入〔外製〕するか決定），②仕入先開拓と選定（どの企業から仕入れするか決定），③購買（調達）計画（製品の生産計画に基づいて，必要な原材料や部品をどこから，いつまでに，どれぐらいの量，どのくらいの価格で購入するかを決める），④価格，品質，納期管理（決められた価格，品質，納期で納品されているか管理），⑤仕入先管理（仕入先の経営状況などを把握），⑥原価低減活動（仕入先と一体となって部品，原材料価格の低減）。

第Ⅱ部　自動車生産と生産システム

2　完成車メーカーの購買組織

　購買活動を行うのは，企業間で名称の差異はあるけれども，購買部などの購買組織である。購買組織は，大別して部品，原材料関係の購入を担当する課と，諸企業に対する管理と指導を担当する課にわけられている（トヨタ，ダイハツ，社内資料に基づく）。

　トヨタを例にとると，80年代初期では，本社の購買部門は購買管理部，第1購買部，第2購買部の3部門から構成されていた。

　購買管理部は，購入部品および，それらの部品を納入している企業に対する管理業務を担当している。そのうち管理課は，協力会企業の経営と生産全般の管理の指導，援助を行っていた。原価管理課は購入部品の原価管理，技術課は購入部品の生産準備，品質管理を担当していた。第1購買部は，部品，原材料関係の購入の業務を行う。第1購買部第1部品課で鋳・鍛造部品，切削加工部品，プレス部品，第2部品課でエンジンおよび駆動部品，第3部品課は，海外からの部品調達，車体部品課で内装部品，車体課で車体および完成車両の購入を担当していた。第2購買部では，設備，型，治工具関係の購入業務を担っており，治工具課で車体設備，型，工具，資材課で鉄鋼，非鉄，その他資材，機械課で産業機械，工作機械，計測機械など設備機械，施設課で動力設備，環境設備，工場設備などの設置および建設業務を，それぞれ担当していた。

　1990年代半ば頃には，同社の購買部門は，購買企画部，第1購買部，第2購買部，国際調達部の4部，400名余りの人員で構成されていた。各部別にみていくと，購買企画部は，総括室，改善推進室，第1品質技術室，第2品質技術室の4室に分かれている。このうち「改善推進室」は，従来からの協力部品メーカーに対する支援活動を強化するための専門部署として，1994年4月に新設されたものである。第1購買部は，従来の第1部品室，第2部品室，車体特装の3室に，BR（ビジネス・リフォーム）原価企画室が加えられた4室で構成されていた。また，第2購買部も従来の資材室，設備室，物流室の3室に，BR推進室が加えられた4室での構成となっている。国際調達部は，第1調達室，第2調達室の2室での構成となっている。

　ダイハツ工業㈱（以下，ダイハツと略）でもほぼ同じ内容であり，購買部門は

購買本部によって統括され，第1購買部と第2購買部に分かれていた。自動車部品の購入を担当している第1購買部は，管理課，第1部品課，第2部品課，第3部品課から成っている。管理課は，各グループにわかれ，各企業の経営，生産，品質管理の指導を主に行っている。第1部品課は，切削，プレス部品，第2部品課は，機能部品，第3部品課は，車体部品の購買を担当している。第2購買部は，資材，および設備の購買を担当しており，資材課と設備課とにわかれている。資材課は，資材関係の購買を，設備課では設備関係の購買を担当していた。

[3] 購買組織の管理業務

まず新製品の企画段階では，経営企画室，技術企画室，原価企画室などの企画組織の立案に基づき，購買組機は，外製能力の検討，発注，外注先の決定，企画目標原価設定の妥当性の確認，そして新車の基本構想段階から発注，外注企業と合同の VE（Value Engineering：価値工学）検討推進を行っている。原価の低減活動に関しては，部品別目標原価設定のチェック，設計途中段階での目標達成方策立案への参画，部品別目標原価の提示，試作，量産段階での購入部品の目標達成状況のチェック，購入部品の価格決定，VE，VA（Value Analysis：価値分析）活動などによる購入価格のみなおし，切下げなどを遂行している（完成車メーカーの利益計画は，目標利益を可能にする収益と費用をさだめる計画であるが，この費用部分の多くを占める部品，資材購入費の切下げは，企業活動の前提とされている）。さらに生産面では，市場の変化に対応した，新製品の円滑な立上りのための生産準備期間の短縮，多車種併行生産準備に対応しうる仕入先（外注先）の自主的生産準備体制の強化，また生産の変動に即応しうる中での，徹底した合理化と生産性向上をはかるための指導を強化している。

完成車メーカーの指導も，単に生産管理段階にとどまるのでなく，企業経営全般にわたってなされた。さらに協力会企業の管理水準について，「品質，量，納期，コスト」の面から（1980年以降は，これに加えて技術力，技術開発力，資本力，経営者，管理者の資質など，管理の高度化を保証する面についてまで）格付評価を行い[1]，発注のための重要な条件としている。

以上の購買組織と業務の内容から，購買組織が担う管理内容は，次のようにいえる。

　第1に，自動車用部品，車両，材料，建物，機械設備，型治具などの購入および関係部署との調整，第2に，新規購入部品の生産準備の推進，第3に，購入部品の原価企画および原価低減の推進，第4に，協力会企業（その全てに対してではないが）の経営，原価，生産，品質などに関する調査，調整と指導援助である。この中には，生産分科会など，協力会企業の各グループで「自主的」に形成されている，分科会活動への指導援助もふくまれている。

2　完成車メーカーと協力会組織

1　自動車の生産と協力会組織

　日本の自動車産業の特色の1つは，完成車メーカーと1次（直接）取引のある企業（Tier 1 企業とよくいわれる）は，ほとんど全てといっていいほど，協力会に組織されている点である（現在でもホンダを除く日本の自動車メーカーに協力会は存在する）。さらに，階層的な部品取引構造を有する自動車産業では，上位サプライヤーが下位サプライヤーを束ねるかたちでも協力会が存在している（表4-1参照）。

　自動車生産の分業関係で協力会の組織状況を考察すると，完成車メーカーは，主に組立，塗装工程を担当し，組立，塗装工程を除く機械加工，プレス板金工程などでは，エンジンのシリンダー・ブロック，車体枠などの重要機能部品を除いて，多くの部品が単体として，あるいはサブアッシィ部品として，主に加工外注企業に委託されている。そのほかタイヤ，シート，電装品などの完成部品は，各々の専門企業から購入されて，組立工程へ流されるのがふつうである。また自動車は，部品の材料として，銑鉄，普通鋼，特殊鋼などの鉄鋼製品をはじめ，アルミ，合成樹脂，ガラスなどを大量に使用している。そして自動車完成車メーカーは，これらの部品，原材料の調達を安定化させるために，完成品専門企業，加工外注企業，そのほかに専門部品を取り扱う商社および設備保全関係企業を，各々の機能ごとに協力会に組織している。

第4章 完成車メーカーの購買（調達）活動と系列下請企業

表4-1 協力会（1次・2次）企業規模別分類（トヨタ）

(1) 従業員数別　　　　　　　　　　　　　　　　　　　　　　　　　（1980年）

従業員数	0〜29	30〜49	50〜99	100〜199	200〜299	300〜499	500〜999	1000〜1499	1500〜1999	2000(人)以上	計
関連企業	0	0	0	1	0	0	1	1	1	8	12
東海協豊会											
鋳鍛・プレス部会	1	0	2	1	7	9	11	4	0	3	38
特殊部品部会	0	0	1	0	1	3	5	7	4	28	49
車体部品部会	1	0	2	5	5	6	11	3	1	11	45
計	2	0	5	6	13	18	27	14	5	42	132
東海協豊会（トヨタ系）											
鋳鍛・プレス部会	1	0	2	1	7	9	9	3	0	3	35
特殊部品部会	0	0	0	0	1	1	2	4	1	4	13
車体部品部会	1	0	1	1	4	1	2	1	0	1	12
計	2	0	3	2	12	11	13	8	1	8	60
2次協力企業											
豊田自織協力会	3	4	3	3	0	0	1	0	0	0	14
豊田合成協力会	5	3	4	8	0	0	0	0	0	0	20
車体協和会（トヨタ車体）	1	2	5	5	4	2	0	0	0	0	19
豊工協力会（豊田工機）	9	3	5	4	2	0	1	0	0	0	24
中部アイシン協力会	4	9	14	19	7	2	0	0	0	0	55
豊鋼会（愛知製鋼）	1	2	0	2	0	0	1	0	0	0	6
電装協力会（日本電装）	1	2	10	10	3	4	1	0	0	0	31
愛協会（愛三工業）	1	2	5	2	2	1	0	0	0	0	13
計	25	27	46	53	18	7	5	1	0	0	182

(2) 資本金別

資本金	1千万円未満	1〜5千万円	5千万円〜1億円	1億円〜1.5	1.5〜5	5〜10	10〜15	15〜20	20〜25	25億円以上	計
関連企業	0	0	0	0	0	0	0	0	1	11	12
東海協豊会											
鋳鍛・プレス部会	1	8	5	1	12	6	3	0	1	1	38
特殊部品部会	0	0	4	2	1	5	8	2	1	26	49
車体部品部会	2	6	4	5	5	10	2	2	1	8	45
計	3	14	13	8	18	21	13	4	3	35	132
東海協豊会（トヨタ系）											
鋳鍛・プレス部会	1	8	5	1	12	5	3	0	0	0	35
特殊部品部会	0	0	2	0	2	3	2	1	0	3	13
車体部品部会	2	2	1	2	0	4	1	0	0	0	12
計	3	10	8	3	14	12	6	1	0	3	60
2次協力企業											
豊田自織協力会	4	7	2	1	0	0	0	0	0	0	14
豊田合成協力会	7	9	3	0	1	0	0	0	0	0	20
車体協和会（トヨタ車体）	3	12	2	1	1	0	0	0	0	0	19
豊工協力会（豊田工機）	12	10	1	0	1	0	0	0	0	0	24
中部アイシン協力会	12	39	4	0	0	0	0	0	0	0	55
豊鋼会（愛知製鋼）	1	2	2	0	1	0	0	0	0	0	6
電装協力会（日本電装）	3	21	4	3	0	0	0	0	0	0	31
愛協会（愛三工業）	4	7	2	0	0	0	0	0	0	0	13
計	46	108	20	5	3	0	0	0	0	0	182

（出所）　日本自動車部品工業会『日本の自動車部品工業』および各社会社案内に基づき筆者作成。

大別すると、それらの企業は、①タイヤ、バッテリー、ガラス、オートラジオなど、自動車産業以外へも納入先を獲得しうる製品を生産する専門企業（大部分が資本金数十億円の大企業である）、②自動車部品（主にエンジン、ブレーキ、クラッチ部品）に特化した系列企業、③加工工程を主に担当する専属下請企業に分類される。したがって、各自動車完成車メーカーの協力会組織は、完成車メーカーから判断した諸企業の編成方式であり、協力会加盟企業の全てが完成車メーカーと生産技術的に有機的に関連をもち、完成車メーカーの管理下にある系列下請企業であるとはいえない。

2　トヨタの協力会の組織状況

その点をさらに分析するために、次に従業員数・資本金別に、また系列関係の状況によって、協力会企業を2次協力会企業も含めて考察する。

前掲表4-1は、トヨタの関連企業および協力会の主要な部分を構成する東海協豊会、132企業を、従業員数・資本金別に分類している。さらに、それらの企業のうちトヨタとの系列関係の一応の基準として、トヨタへの納入比率が50％以上、そしてトヨタが筆頭株主であり、役員派遣を行っている企業をトヨタ系として特定している。また主要な2次協力会企業も、従業員数・資本金別に分類している。表4-1から、次の諸点が明らかになる。

第1は、協力会の約半数の企業がトヨタ系列の企業であり、とくに部品の切削、プレス加工、アッシィ（組立）を、主にその業務とし、トヨタの各工場と生産技術的に有機的関連の強い鋳鍛・プレス部会に属する企業のほとんどは、トヨタの系列であること、第2に、特殊部品部会、車体部品部会には、資本金25億円以上の大企業も存在し、それに比べ、鋳鍛・プレス部会の企業は相対的に小規模なこと、第3に、1次企業と2次企業では規模的に歴然と格差があることである。たとえば資本金別にみると、1次企業で5000万円未満の企業は、13％弱であるが、2次企業では85％弱を占めていた。

以上はトヨタの協力会企業の組織状況であるが（トヨタでは、協力会の統合が行われ、3つの協豊会〔東海、関東、関西〕が1999年に一つの協豊会に統合されている）、他の完成車メーカーにおいても基本的傾向は同じである。ただし具体的な組織

化の状況は各企業の市場シェア，生産規模，系列関係によって異なっている。トヨタ，日産では，1次協力会企業は，相対的に規模が大きく，完成部品企業がほとんどであり，そして主に加工部門だけを担当する企業は，1次企業のもとに2次協力会企業として組織されている。しかし他の自動車企業（ダイハツ，日野，三菱自動車など）では，それらの企業も1次取引企業として協力会に組織されており，1次協力会の企業間でも大きな格差が存在していた。

3 階層的企業間分業構造の形成

1 大量生産体制と分業構造

協力会企業は，単に完成車メーカーの購買組織による部品，原材料の購入という点からだけ組織されているのではない。自動車の生産体制としても，企業規模と経営力，技術力に応じた一定の階層構造をもちながら，完成車メーカーの生産体制と有機的に関連づけられている。

完成車組立工場を除いて完成車メーカーで生産される部品は，粗形材（主に鋳・鍛造品），各種エンジン，足まわり部品（クラッチ，ミッションケースなど），車体フレームなどで，機能的にも重要な部品に限定されている。そしてそれ以外の部品は，ほとんど協力会企業から調達されている。とくにその傾向は，1965年以降，乗用車の大量生産体制確立のための新鋭工場の建設によっていっそう明確になっており，完成車メーカーの各工場は車種別にあるいは車体，エンジン，ミッション，駆動部品，鋳物，鍛造部品など部品別に専門工場化された。たとえば，トヨタは，本社，元町，上郷，高岡，三好，堤，明知，衣浦，田原，下山，貞宝，広瀬の12工場を有しているが，主要な組立工場は本社，元町，高岡，堤，田原工場である。上郷工場では，各種エンジン，エンジン部品，鋳造品，三好工場では，クラッチ，ミッションケースなどの足まわり部品が生産されており，明知工場は，鋳造，衣浦工場は，ダイカスト鋳造の専門工場である。また下山工場では，排ガス対策部品が生産されている。これらの各専門工場では，大型化，自動化した設備で生産が行われるようになった（第3章第1節参照）。

しかも1960年代後半から,組立車の生産台数が飛躍的に伸びたために,部品別に特化された各工場の生産数は,単一部品あたり月産数万～十数万個へと大きく増加した。それに対応すべく,各工場では,前述したように大型の自動化設備が導入された。それらの自動化設備に巨額の設備投資を集中し,また管理工数も節減するために,生産工程の整理,統合と再配置を基礎に,内外製の見直しがすすめられた。

具体的には,サブアセンブリ・ラインの切りはなしと集中発注化が実行され,自動車の生産工程の段階,また完成車の生産量の大小によって異なる最適生産規模,要求される技術,管理水準に応じて,集中合併,業務提携などによる再編成を伴いながら,階層別に系列・下請企業群が組織された。そうして,より高度な技術力と巨大な生産能力を要求される,重要機能部品やユニット部品の生産は,上層の規模の大きい企業に発注され,細分化された多種類の小ロット生産や,特殊専門技術を要する生産は,小規模企業に行わせる分業体制が確立された。

以上の点は,自動車の主要な生産工程でもある,機械加工,プレス加工工程における企業間分業構造をみると,より明らかになる。

2 機械加工,プレス加工部門における階層的分業構造

機械加工,プレス加工工程においては,完成車メーカー自体で生産される部品は,たとえばエンジンブロック,車体フレーム等で,月産,数万から数十万個にもなり,機能的にも重要な部品に限定されている。それらの部品は,機能別に分離された各専門工場のトランスファー・マシンや大型のプレスなど,大規模な自動機械を主体とした専用ラインで生産されており,それ以外の部品は,ほとんど外注されている。

一般的に,機械加工,プレス加工では,上層企業ほど完成部品に近く,生産量が多い部品を生産している。そしてそれに対応して生産工程,生産技術も編成されている。上層企業ほど量産車種の部品のアセンブリ(組立工程を含むユニット部品)に特化し,単なる加工工程だけに限らず,組立工程およびその前後工程(たとえば高周波焼入れ,メッキ,溶接等)を保有している。規模の小さい

企業では，特殊仕様車など，非量産車種の小物部品が多くを占めているのが特徴である。しかし，そのような部品以外でも，かなりの高精度を要求され，完成車メーカーの組立ラインに直結している生産数の多い部品も発注されるようになっている。ただし組立工程は，ほとんど含まれず，機械加工，プレス加工に簡単な組付工程，たとえば，ボルト圧入，ボルト溶接などをつけ加えたものが圧倒的である。

以上にのべた完成車メーカーの購買管理の展開，階層的分業構造の形成は，直接生産過程における管理から企業経営全体の経営管理体制に至るまで，協力会組織の多くを占める系列・下請企業に大きな影響を与えた。とくにこの点は「オイルショック」(1973年) 以降の10年間は顕著であり，完成車メーカーの経営戦略に即応するかたちで系列・下請企業における生産システムも大きく変化した。

その点について，次に，主にトヨタとその系列下請企業で展開された「かんばん」方式を事例に考察していきたい。「かんばん」方式を事例とするのは，「かんばん」方式が完成車メーカーの利益目標達成を企図する諸管理方策の展開，そのための系列下請企業への管理基準の設定と強制を，具体的によくしめしているからである。

「かんばん」方式は，一般に「トヨタ式生産方式」として「流れ生産」などの生産方法だけに注目されがちであるが，その最大のねらいは「必要な物を必要な時に必要な量だけ」つくり，「ムダな在庫」や「ムダな人員」を排除し，原価低減の目標を達成し，目標利益を確保することである。したがって，利潤の生産という完成車メーカーの生産目的を直接表現する，総合的な原価管理活動であり，車1台あたりの原価の6〜7割を占めるといわれる購入部品の主要な部分を生産する，系列下請企業における管理も当然ながら包摂するものである。[3]

4 総合的な購買管理の展開：系列下請企業への「かんばん」方式の導入

「かんばん」方式の導入は，生産過程の変革から始められるのが通例であるが，そのためには，工程分析，作業分析などを行う一定の専門部門の形成，お

よび管理・監督労働の職務の見直しが必要とされる。系列下請企業では，自生的にそれらの部門を形成することもあるが，ほとんどの企業は，完成車メーカーから派遣されたスタッフと，完成車メーカーで教育を受けた管理・監督者が中心となった特別組織（たとえば，「かんばん」推進チームなど）をつくり，生産過程の変革を行うと同時に，それまで存在していた管理機構の整備を行い，「かんばん」方式の維持，発展をはかるかたちをとった。

しかし，その管理の展開の内容は，企業規模，生産品目，保有する生産技術などによって大きな格差をもっている。経営企画室から研究開発部門まで，総合的な経営組織を有する企業と，社長以下，少数の管理者と簡単な管理組織しかもたない，小規模な下請企業とでは，おのずと管理の内容も異なるのは明らかである。完成車メーカーの介入と管理も，この企業規模，経営組織の格差に対応したかたちでなされたが，全体としては完成車メーカーの管理水準と同レベルまでの管理水準の引上げを企図したものであり，それだけに経営基盤の薄弱な小規模企業では，きわめて厳しい状況が生じた。

1 「かんばん」方式導入と生産過程の変化

トヨタや，その関連企業で1960年代初頭から行われ，「かんばん」方式に代表される，生産の平準化・同期化，定時定量納入の方式は，その実現のためには，従来の経営・生産管理，生産過程を根本的にあらためる必要があった。そのために，指導員の常駐など，完成車メーカーの強力な指導のもとに，完成車メーカーごとに特色をもちつつも，その傘下の系列下請企業に対して，1973年のオイルショックと，それ以降の減産体制の中で急速に導入がはかられ，1980年頃には，ほとんどの企業で定着するようになった。

この「かんばん」方式の導入に代表される，総合的な購買管理の強力な展開は，系列下請企業の整理，陶汰を伴いながら，わずかの期間に，部品，下請企業の生産過程，管理構造を一変させ，同時に生産の変動に即応しえる生産体制を築きあげた。それらの企業では，完成車メーカーの指導のもとに「かんばん」方式が導入され，機械設備および人員の配置変えがひんぱんに行われ，全工場の機械設備のレイアウトや作業方法は，数年前とは根本的に異なるものと

第4章　完成車メーカーの購買（調達）活動と系列下請企業

なった。

　その過程で追求されたものは，第1に，全工程にわたる部品・材料の円滑な配置と流れのスピードアップであり，第2に，そのスピードアップのために，作業の流れのネックの改善，機械の多台持ちによる作業範囲の拡大である。この方式は，すでにみたように，部品や材料の流れを完成車メーカーの組立工程に同期化させ，各工程での材料，仕掛品や動作のムダを排除し，不良品の発生をチェックしながら，組立工程までの各工程間の流れをスピードアップさせる方法であるが，完成車メーカーの組立工程のサブライン化した系列下請企業にも重大な影響を与えた。

　その影響の第1は，系列下請企業の生産過程が根本的に変革されたことである。周知のように「かんばん」方式は，生産方式の「改善」を土台にして成立する方式であり，その前提となるのは，生産の平準化を行い，必要時に必要な量だけ生産することである。そのために，機械加工工程では，従来のように，作業者1人が，1工程を1台の機械で生産し，工程ごとに多くの仕掛品をもつという生産方法は排除された。そして作業者1人が，多くの機械台数を担当する，ライン形式が主体となった（この点については第3章3参照）。またプレス加工工程では，段取替え時間の大幅な短縮が行われて，今までのように部品のつくりだめが中止され，1日に数種類の部品の生産が行われるようになった。このライン形式の生産は，一定の市場スケールを前提にした，長期的な量産体制を前提として成立するものであるが，企業経営の管理構造からいっても生産工程の目的意識的設計と管理水準の高度化を必要とした。

2　「かんばん」方式の導入と管理の変化

　「かんばん」方式の導入には，かなり高度な管理水準が要求された。具体的には，工程計画，機械設備の配置（レイアウト），作業者の動作分析に用いられるIE（Industrial Engineering：経営工学）手法，定時定量多回納入に対応した生産管理，納期管理，「品質の工程でのつくりこみ」のための品質管理など，多様な管理手法が導入された。また現場作業員の協力を得るために，QC（Quality Control：品質管理）サークルなどの小集団活動も展開されるようになった。

これらの生産方法の変化や管理手法の導入は，1工程や1工場にとどまるのでなく，企業全体にわたって行われた。そのために，完成車メーカーの指導も，単に生産管理段階にとどまるのでなく，企業経営管理全般にわたってなされた。オイルショック以降の減産時期から，「かんばん」方式が積極的に導入されたことからもわかるように，生産の変動に対応しえる柔軟な生産体制の確立，損益分岐点の低い体質づくりが，経営指導の主要な目的とされた。そして生産過程での徹底した「ムダ」排除を中心として，材料，消耗品費の購入，使用状況のチェック，設備投資の内容，要員の配置，内外製化の検討，資金繰り等，経営全般にわたり指導が行われた。

　管理機構の整備は，単に直接生産過程における管理だけにとどまらず，「かんばん」方式の内容が，総合的な原価低減活動である以上，企業全体の管理機構，つまり経営管理機構の拡充，その主な内容として原価部門の拡充がなされた。原価部門の組織強化による原価管理の展開は，利益を確保するための全社的活動におよぶものであり，利益計画に基づいた目標原価の決定，目標原価を基礎とした原価低減活動を，主たる内容としている。そうして系列下請企業の中で企業規模の大きい企業では，利益計画にそった方針管理によって，組織的・総合的に企業経営の管理が行いえる体制が築かれた。

　さらに，完成車メーカーの指導のもとに，規模別，加工工程別，生産や品質など管理部門別に，分科会形式でのチーム編成が，系列下請企業でなされている。それは各企業の「自主的活動」として組織されており，完成車メーカーからの要請を具体化して，人員削減目標やコストダウン目標を達成するために，系列下請企業のトップ層や管理者層の豊富な体験と知識も動員されている。そして発注企業の選別とからめて，生産工程の「改善」，管理能力の向上や諸経営指標が総合的に他企業と比較して評価されるために，生産方法のたえまない変更，あらたな管理手法の導入が，激しい企業間競争のもとで恒常的になった。

　経営全般にわたる経営指導が，強力におしすすめられると同時に，受注単価も定期的に査定，みなおしが行われ，その度に単価の引き下げか，すえおきが一般的な傾向となっている。全般的な経営指導のもとで，受注単価の算出の基礎データである労務費，償却費，加工工数が，完成車メーカーによって，正確

第4章　完成車メーカーの購買（調達）活動と系列下請企業

図4-1　系列企業における管理の発展

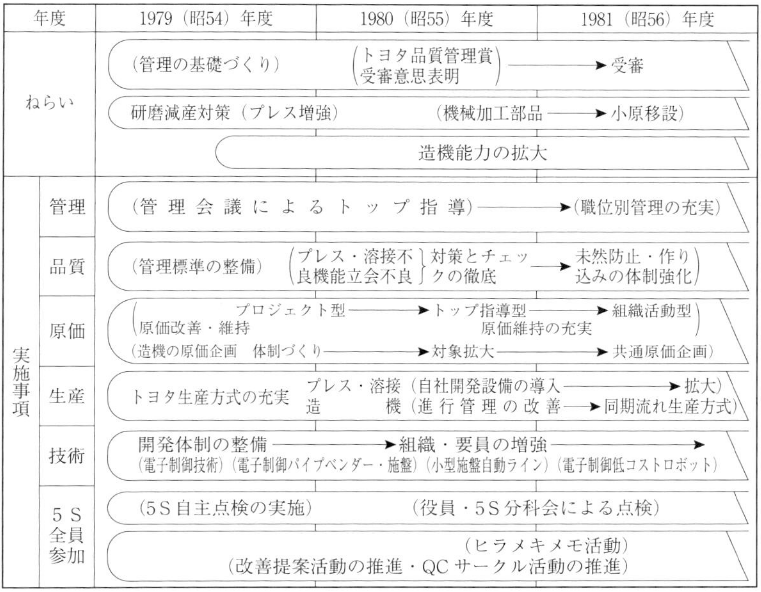

年度		1979（昭54）年度	1980（昭55）年度	1981（昭56）年度
ねらい		（管理の基礎づくり）	（トヨタ品質管理賞 受審意思表明） →	受審
		研磨減産対策（プレス増強）	（機械加工部品 →	小原移設）
		造機能力の拡大		
実施事項	管理	（管理会議によるトップ指導） →		（職位別管理の充実）
	品質	（管理標準の整備）（プレス・溶接不良機能立会不良）	対策とチェックの徹底	未然防止・作り込みの体制強化
	原価	プロジェクト型（原価改善・維持）（造機の原価企画　体制づくり） →	トップ指導型 原価維持の充実 → 対象拡大 →	組織活動型 共通原価企画
	生産	トヨタ生産方式の充実	プレス・溶接（自社開発設備の導入 → 造　機（進行管理の改善 →	拡大）同期流れ生産方式）
	技術	開発体制の整備（電子制御技術）（電子制御パイプベンダー・施盤）	→ 組織・要員の増強 （小型施盤自動ライン）	（電子制御低コストロボット）
	5S全員参加	（5S自主点検の実施）	（役員・5S分科会による点検）	
		改善提案活動の推進・QCサークル活動の推進	（ヒラメキメモ活動）	

（注）5Sとは，整理，整頓，清掃，清潔，しつけのこと（頭文字をとって5S）。
（出所）K社，社内報，第192号，1981年12月15日より抜粋（西暦は筆者加筆）。

に把握されるようになったために，部品，下請企業の生産合理化，省人化努力による製品原価の低減は，単価切下げの有力な根拠とされた。引き下げられない場合でも，諸経費の上昇によるコストアップ分は「自社努力で吸収できる」ということで，きびしい単価のすえおきが実施された。系列下請企業の経営計画でも受注単価の切り下げは，前提として利益減少要因にくみこまれている。そして，その単価切下げを吸収したうえで利益をあげるために，製造コスト引き下げのための合理化が徹底してなされた。

　図4-1は，トヨタの系列企業が「かんばん」方式の仕上げという性格をもった「トヨタ品質管理賞」受賞にむけて展開した，管理の状況を年度別，部門別に明らかにしているが，その図は，生産過程の変革から，企業の全部門，諸階層での管理機構の整備，原価管理の展開という事態を，典型的にしめしている。すなわち，まず生産過程で「かんばん」方式の特徴である「同期流れ生

産方式」が展開されたこと，その生産過程での変革を基礎に管理標準が設けられ，そして管理組織，とくに原価管理部門の整備が行われたことである。

5　海外生産の急増と現地調達・グローバル調達の展開

1　調達のグローバルレベルでの見直し

　日本自動車企業は1990年以降，海外生産を急増させてきている（第5章，表5-3参照）。それに伴い，各完成車メーカーは，海外での現地生産を円滑に行うために，現地調達体制を整備しながら，各地域において競争力のある部品企業の発掘，育成を通じ，部品・資材・設備の現地調達を急激に拡大するとともに，グローバルなレベルで調達先，調達体制を見直し整備している。

　完成車メーカーは，従来の輸出主導型の方向から，国内生産を一定維持しながら，輸出を海外生産に振り替え，現地生産，現地調達の拡大の方向へ転換している（国内生産拠点配置・輸出主導型から現地生産・企業内国際分業志向型への転換）。そして現地生産を円滑に行うために，その地域の実状を，ある程度考慮した諸方策を展開しつつある。北米，欧州地域のように自動車産業の成熟している地域では，開発，生産，販売，調達の各分野において，現地に権限委譲をはかり，現地市場に適合する車両の開発や現地調達率の向上に努めている。また，アジア地域のように，今後の飛躍的発展が期待される地域では，現地生産を前提にし，国情にあったアジア専用モデルの開発や，ASEAN地域での部品補完体制の推進等，各国の特性を活かした対応がすすめられた。この現地調達の拡大も含めて，世界最適調達の「最適」の内容をめぐって，各社で多様な動向がでてきており，各完成車メーカーは，部品，用品の輸入に積極的に取り組むために，次のような具体策を展開している。海外調達本部などの設置による組織体制の整備，世界中の自動車部品の価格情報を集めたデータベースの作成，企業間取引の「公平性，透明性」の強化である。

　トヨタでは（日産については，第5，6章参照），日本と世界各地の生産拠点，ならびに海外部品企業との連携が強化され，「世界最適調達」（世界の調達市場から最も安くて良い部品・資材を調達すること）を実現する体制が急速に整備され

た(トヨタの国際調達活動については，トヨタ自動車㈱，1996を参照)。「オープン・ドアポリシーにもとづく公正な競争，相互信頼に基づく相互繁栄，良き企業市民を目指した現地化の推進」(トヨタ自動車㈱，1996，6)という基本方針に基づいて，世界最適調達が推進された。そして世界で最も競争力のあるサプライヤーを選定し，そのサプライヤーの競争力がさらに向上するように，次の3つの仕組みが運営されるようになった。①世界中の購入部品のコスト競争力を比較分析できる「国際価格比較システム」，②競争力ある新規サプライヤーや新技術を発掘するための「新サプライヤー・新技術開発プログラム」，③世界でベストな現行サプライヤーの競争力が，さらに向上するよう支援するための「現行サプライヤーへの改善支援プログラム」(トヨタ自動車㈱，1996，8)である。そして，北米・欧州地域では，エンジンの現地生産，型・治具(工作物を固定するとともに切削工具などの制御，案内をする装置。主に機械加工，溶接などに用いる)，中小小物プレス部品，エンジン部品，材料の現地調達がさらに進展した。

この企業内国際分業体制の構築を基本に据えた，自動車企業の経営戦略の展開は，系列下請関係を軸とする階層的企業間分業構造，協力会組織など日本固有の生産分業システムの再編成を促進し，素材産業，部品産業，とくに中小企業に大きな影響を与えている。同時に今までには見られなかった企業間分業，企業内分業を生み出している。

2　「開発購買」の展開

その新たな動向の1つが「開発購買」である。日本の完成車メーカーは，「かんばん」方式など，効率的な生産方式の部品企業への，いっそうの展開をはかるとともに，「グローバル＆サバイバル」という購買方針のもとで，次世代に向けた魅力ある車づくりに取り組むコンセプトとして，「開発購買」を提起している。その内容は，次のとおりである。

①購買と自社開発陣，部品企業一体となって，部品の共同開発に取り組む。将来の車に要求される性能，品質，原価を完成車メーカーが提示し，それに適合する部品企業と共同で開発をすすめる。②購買部門は部品企業と技術部門と

第Ⅱ部　自動車生産と生産システム

▶▶ Column 4 ◀◀

自動車の構成部品

　企業の生産活動を正確に知るには，製品がどのような部品で構成され，それがどのようにして製造され組み付けられているのかを知る必要がある。自動車の機能は「走る，曲がる，止まる」であるが，どのような部品が機能しているのか意外に知られていない。完成車メーカーと部品企業の分業関係も自動車の構成部品を知ると，よく理解できる。下の図表は，車の機能ごとに部品名をまとめている。

自動車構成部品

区　分		部　品	働　き
走　る	・動力発生装置	エンジン（ガソリン，ディーゼル），エンジン関連部品	走る力を発生
	・動力伝達装置	クラッチ，変速機，推進軸，終減速歯車装置	力の強さを変えて伝達
	・走行装置	車軸，ホイール，タイヤ，フレーム	路面に力を伝達
	・懸架装置	スプリング，ショックアブソーバ，リンク機構	路面からの力を吸収
曲がる	・舵取装置	ステアリングホイール，ステアリングコラム，ステアリングギヤタイロッド，ナックルアーム	車の方向を変える
止まる	・制動装置	ブレーキペダル，マスタ・シリング，ブースタ，パイプ，ホイールシリンダー，ブレーキシュー，ブレーキドラム	車を止める
支える	・車体・その他	ボディ，外装・内装部品（ガラス，ランプ，メーター類）	各装置を支え，人を保護

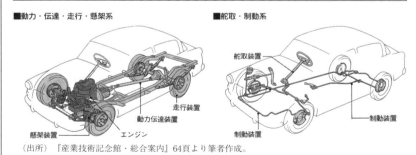

（出所）『産業技術記念館・総合案内』64頁より筆者作成。

　の橋渡しの強化をはかる。③国内外でオープンマーケット化をはかり，調達する部品を拡大していく（各社，購買方針による）。そして中期目標に向けた課題として，次の点が示された。第1に，売れる商品づくり，そのために品質，価格，性能，スタイル，タイミング等全ての市場ニーズへの対応，第2に，開発

期間の短縮，さらに原価低減活動の推進と原価企画初期の強化充実のために，VA 活動（⇨第 4 章 1 ③）の継続推進，原価企画初期活動の充実，開発初期投資段階での原価企画活動の早期化が提起されている。

完成車メーカーは，モデル開発において「開発リードタイムの短縮」（開発における提案力向上，SE〔同時開発〕の採用，より早い段階での開発への参加，3DCAD〔3 次元コンピュータ支援設計〕を中心とした開発支援システムの採用），「多国籍開発体制への対応」「CAD・CAM ネットワークへの対応」「システム化，モジュール化への対応」を重視するようになっており，コスト低減についても，これまでのような VE・VA 的な手法によるコスト削減の限界を超えて，部品統合化，システム化といった，構造変革的なコスト低減策が必要とされている。単体部品の技術よりも，一般に「システム化技術」といわれるような，総合的設計，開発技術および評価能力，さらに超精密な加工技術の開発が重視されている。[6]

この完成車メーカーの動向に対応し，部品企業の側からも現状を維持し，さらに，新たな市場，受注先を確保するためにも，さまざまな試みがなされている。経営資源の戦略的な再配置による，コスト競争力の再強化，研究開発力・提案力の強化，生産技術力の強化などである。それゆえに，今日の自動車部品企業の動向を明確にするためには，これまでのトヨタ生産システムと生産・労働の分析を前提として，経営・生産戦略と結びついた開発部門，生産技術部門，製造部門（作業組織）の連携に生じている新たな傾向，その企業の技術力の具体的な内容，技術力強化のための諸方策が解明されなければならない。

注
(1) この点について完成車メーカー，Y 社では，「仕入先格付評価」として，次のようにのべられている。

「（仕入先格付評価とは）仕入先の諸能力や（Y 社への）貢献度を，一定の基準で評価し，一定のグループ内でランク付けすることをいう。格付評価は，仕入先の発注内容や援助育成指導の方法の決定や仕入先再編成に利用される。評価項目としては，経営状態，設備，人的能力，資金力，工程能力，開発改善能力，納入，不良，値下げ率，利用度，依存度，取引年数，金額，経営陣等が取られる」（「Y 社用語

集」より引用)。
(2) ここでいう系列下請とは企業集団分析などで用いる系列（企業間の相互株式持合い）という意味ではなく（完成車メーカーが系列下請企業の株式を保有し，役員を派遣するケースは多くみられるが），完成車メーカーと長期継続的な取引関係，生産技術的に分業関係を築いている企業で，完成車メーカーから「委託を受けて，製造，修理，情報成果物の作成，役務の提供」を行っている企業である（下請中小企業振興法によれば，自己より大きい法人や個人から委託を受けて，製造，修理，情報成果物の作成，役務の提供を行う中小企業を下請企業としている）。ただし，企業規模，提供製品の内容によって系列関係ではあるが，下請企業とはいえない企業も多く存在する。
(3) この点について，完成車メーカーY社の「かんばん」方式の説明資料では，次のようにのべられている。「仕入先も含めて，①売れるだけしかつくらない，②これをムダをはぶいて安くつくることを徹底し，原価低減の成果を上げる」。
(4) 単価の算出方式は各社において微妙に異なるが，完成車メーカーY社では，次の方式である。

　　製品単価＝直接材料費＋加工費＋一般加工費＋利益＋VA効果還元分＋型（治具）償却費

　　ただし，直接材料費＝素材費＋購入部品費＋外注加工費，加工費＝工数×加工賃率＋製造間接費（工数の単位は秒）
(5) この賞は，また全社的品質管理（TQC）の展開のための賞でもあり，受賞のためには，単なる品質管理活動だけにとどまらず，品質管理活動と関連諸機能（たとえば原価管理や生産管理）が全部門，全階層で有機的に関連してすすめられなければならないとされている。

　　詳しくは門田安弘，1985，第11章を参照。
(6) これらの点については，次のように述べられている。

　　「システム化，モジュール化は，自動車メーカーの技術開発負担が減るので，的を射た提案なら採用する。欧米では部品メーカーが，吸収合併を通じ，売り込んできている。システム化については，「開発，生産，品質，機能保証まで全部まかせてほしい」という提案があればとびつく。システム化のニーズはますます強まっており，これまでの古いやり方からの切り替えが必要である。自動車メーカーと直接取引する会社は，減らざるを得ないが，2次化するにしても，他社のまねのできない技術をおさえていれば心配ないと考える。逆に単純な「まとめ技術」だけで取引を確保していたところは危ない。」（日本自動車部品工業会，1997，8）

参考文献

機械振興協会経済研究所,1993,『機械工業経済研究報告書(生産分業システムの革新と21世紀の展望)』H4-7,機械振興協会経済研究所

機械振興協会経済研究所,1994,『機械工業経済研究報告書(機械産業における生産分業システムの将来展望』H5-7,機械振興協会経済研究所

トヨタ自動車㈱,1996,『Supplier's Guide for doing business with TOYOTA』

日本自動車部品工業会,各年度,『日本の自動車部品工業』オート・トレード・ジャーナル

日本自動車部品工業会,1997,『自動車部品企業の将来展望』

門田安弘,1985,『トヨタシステム』講談社

第Ⅲ部

自動車企業のグローバル展開と生産システム

第5章
自動車企業のグローバル経営・生産

　本章では，世界自動車販売・生産の動向を踏まえて，次の点を考察します。①この10年ほどの日産の経営計画，市場の選択，製品開発，生産拠点の拡大，他企業との連携など戦略的な展開の内容，②グローバル製品開発，生産，部品調達の内容，③グローバルな生産準備体制（日本と海外拠点での同時開発，生産技術の開発，工程設計・生産技術の標準化，海外支援，人材育成），④NPW（Nissan Production Way：日産生産方式）のグローバルな展開。

Keywords：日産パワー88，4G戦略，同期生産，NIMS（Nissan Integrated Manufacturing System），NPW（Nissan Production Way：日産生産方式）

1　世界自動車販売・生産の動向と日本自動車企業

1　世界自動車販売・生産の構造変化

　世界の自動車販売は，現在8500万台の規模に達しており，2000年から2013年の13年間では，約5500万台から8500万台へと成長してきている。この間，世界自動車市場の構造は大きく変化し，長い間，自動車需要の中心を担っていた，日本，北米，西欧の先進国市場から，中国，インド，ASEAN（Association of Southeast Asian Nations：東南アジア諸国連合）といった新興国市場に自動車需要の中心が移っている。日本，米国，欧州（旧東欧圏を除く）の主要先進国市場は，保有率の高まりもあって，各々，販売台数では，500万台，1500万台，同じく1500万台ぐらいの需要を軸に比較的に安定しており，量的拡大は多くを期待できないが，市場ニーズが高度に個人化し，多様化する成熟市場となっている。

第Ⅲ部　自動車企業のグローバル展開と生産システム

表5-1　世界・地域別自動車販売台数と新興国の比重　（単位：千台）

市場	2000年	2005年	2010年	2011年	2012年	2013年
北米	19,398	19,074	13,356	14,661	16,503	17,665
西欧	17,048	16,885	14,694	14,682	13,408	13,192
アジア・太平洋	6,910	7,065	6,133	5,354	6,635	6,674
先進国市場・計	43,356	43,024	34,183	34,697	36,546	37,531
中南米	3,178	4,132	6,153	6,723	6,958	7,158
中東欧	3,142	4,147	4,136	5,106	5,284	5,178
アジア（中国除く）	3,745	5,335	7,638	8,136	9,307	9,102
中国	2,089	5,767	18,062	18,505	19,306	21,984
アフリカ	486	979	1,138	1,201	1,457	1,455
中近東	830	1,991	2,880	3,084	2,596	2,568
新興国市場・計	13,470	22,351	40,007	42,755	44,908	47,445
世界合計	56,826	65,375	74,190	77,452	81,454	84,976
新興国比率（％）	23.7	34.2	53.9	55.2	55.1	55.8

（注）　先進国の北米は、米国とカナダ、アジア・太平洋は日本、シンガポール、ブルネイ、オーストラリア、ニュージーランド。
（出所）　FOURIN『世界自動車統計年刊 2014』日本自動車工業会資料より筆者作成。

　それに対し、日米欧以外の地域、とくに、いわゆるBRICs（ブラジル、ロシア、インド、中国）など新興諸国は、国ごとに不均等な発展（中国の飛躍的な伸び、ブラジル、ロシア、インドの停滞など）をみせながらも、2008年の金融危機による需要の減退もあったにもかかわらず成長を続けている。2000年には20％強だった新興国市場の比率は、年々増大し、リーマンショックによる金融危機後の2010年には50％を超え、2013年には55.8％という大きな比率を占めるようになっており、この間の自動車市場の成長は、新興国市場が牽引してきたといえる。新興国市場においては、中国の伸びが著しく、2005年の577万台から2013年には2198万台と4倍に飛躍し、すでに2009年から米国に代わり世界最大の市場となり、2013年のシェアは世界の25.9％に達した。また中国を除くアジアも大きく成長してきており、両者で2013年には約3100万台、36.6％を占めるに至っている（表5-1参照）。

　生産の面からみると、BRICsなどでの生産も伸びている。とくにアジアの比率が大きくなり、アジア地域が世界生産の大きな極を形成するようになって

第5章　自動車企業のグローバル経営・生産

表5-2　世界地域とBRICsなどの四輪車生産台数
(単位:千台)

地域・国		2006年	2010年	2012年	2013年
欧州(ロシアなども含む)		21,396	19,798	19,821	19,726
北米		13,863	9,831	12,793	13,426
中南米		5,236	6,537	7,231	7,710
アジア・太平洋州(日本除く)		16,784	31,302	33,767	36,121
日本		11,484	9,626	9,943	9,630
その他		569	515	586	637
計		69,332	77,609	84,141	87,250
BRICs	ブラジル	2,611	3,382	3,343	3,740
	ロシア	1,503	1,403	2,232	2,175
	インド	2,016	3,557	4,145	3,880
	中国	7,278	18,265	19,272	22,177

(出所)　日本自動車工業会資料より筆者作成。

表5-3　日本自動車メーカーの生産推移
(単位:千台)

地域／年	1995年	2000年	2005年	2009年	2010年	2011年	2012年	2013年
日本国内①	10,196	10,141	10,800	7,934	9,629	8,399	9,943	9,630
北米	2,595	2,992	4,081	2,688	3,390	3,069	4,254	4,541
中南米	111	388	645	791	982	1,030	1,235	1,284
アフリカ	226	146	226	169	206	234	249	232
欧州	642	953	1,545	1,228	1,356	1,410	1,484	1,537
アジア	1,883	1,678	3,964	5,145	7,127	7,547	8,502	9,057
大洋州	103	131	135	97	119	94	101	106
海外計②	5,560	6,288	10,596	10,118	13,180	13,384	15,825	16,757
総計①+②	15,756	16,429	21,396	18,052	22,809	21,783	25,768	26,387

(出所)　日本自動車工業会資料より筆者作成。

きている。中国は2006年の728万台から2013年には2218万台へと3倍に拡大、2013年のシェアは世界の25.4%に達している(表5-2参照)。

2　日本自動車企業のグローバル化

　日本自動車企業は、企業間に多少の差はみられるが、1995年から今日にいたる20年の間に、急速にグローバル化をすすめてきた。国内生産の停滞とは対照的に、海外生産は、1995年の556万台から2013年の1676万台とほぼ3倍増して

おり，とくに2005年以降は，アジア地域での伸びが著しい（表5-3参照）。

　日本の主要な自動車メーカーは，国内生産・販売を一定維持しながら，海外生産・販売を拡大してきており，世界各地域での事業展開，製品開発・生産の現地化展開，海外生産拠点のネットワーク化を，外国企業との連携も活用しながらすすめてきた。たとえば，トヨタは「需要のある場所で生産する」という方針のもと，生産拠点も現地化をすすめ，2014年末で，28カ国・地域に54の海外生産拠点を有し，デザイン拠点，R&D（研究開発）拠点も海外に9カ所展開している。海外販売網については，世界各国に約170のインポーター・ディストリビューターが設けられ，170カ国で販売されている。現在では，開発・設計から生産，販売・サービスまで，一貫したグローバル化・現地化を実現している。

　自動車企業においては，新興国市場の拡大，先進国市場の停滞といった構造変化の中で，グローバルな経営理念・戦略が問われるとともに，グローバルな規模での「規模の経済」（生産規模を拡大し生産量を上げていけば，生産物1単位あたりの平均生産コストが低下して経済効果が得られること）の実現，世界同時開発・販売，先進国での高度な多様性，新興国市場，とりわけアジアなどでの国ごとに微妙に異なる多様性（生産コスト，その市場特有の消費者ニーズ，低価格車などを含む車種セグメント構成，デザインの違い，部品の調達構造など）に対応するために，グローバルな経営管理体制，車種と部品の国際分業を軸としたグローバル開発生産体制の確立（開発生産拠点の配置と調整，部品企業との連携，国内外の他企業との連携）といった点が，ますます競争の焦点となってきている。

　環境変化に柔軟に対応しながら，グローバルレベルでの商品の開発，製造，供給を，迅速に遂行するために生産システムはどのように変貌しているのか，日本国内の生産拠点と海外生産拠点の関係は変化したのか，海外拠点の急拡大の中で日本企業の生産方式はどのように移転されるのかなど解明すべき課題は多い。本章では，それらの課題に関する自動車企業の取組みについて，日産自動車㈱（以下，日産と略）[1]を対象にして考察していきたい。

第5章　自動車企業のグローバル経営・生産

2　日産の経営計画とその展開

　日産は1999年のルノーとの提携（Alliance：アライアンス）以来，2～3年毎に経営計画を作成，実践して，収益性を回復し，成長を支える基礎固めを行うともに，経営規模を大きく拡大させてきた。「日産180」および「日産バリューアップ」では，一貫した成長を果たした。2001年度と比較して，2007年度の連結売上高は6兆2000億円から10兆8000億円（75%増大）となり，世界販売台数は260万台から377万台（世界シェアは4.7％から5.2%）に達した。野心的な規模拡大をねらった「GT 2012」は，2008年のリーマンショックで修正せざるをえなかったが，リーマンショックによる減産・赤字，トヨタリコール問題に象徴される品質問題などへの対処で得られた教訓も踏まえ，2011年からは新たな中期経営計画，「日産パワー88」が作成され，成長の加速化が目指された（各経営計画の期間，目標については，表5-4参照）。

1　グローバル生産の（新興国での）拡大：日産バリューアップの展開

　「日産バリューアップ」では，「日産リバイバルプラン」および「日産180」で築いてきた礎を持続的に発展させることを目的として3つの目標（コミットメント）が掲げられ（3つの目標に関しては営業利益率，投下資本利益率は目標に届かなかったが，業界トップレベルを維持，販売台数については目標の420万台に対し377万台であった），その実現のために次の4つの方策が展開された。

　①インフィニティ・ブランドの強化，②小型商用車部門での販売，利益の拡大，③LCC（Leading Competitive Country：中国やタイなど競争力のある国々）からのグローバルな部品，サービスの調達活動の強化，④地理的拡大である。地理的拡大に関しては複数の地域（中国，ロシア，ウクライナ，インド，エジプト）で新しい生産工場と販売網が整備された。2007年度でKD（knock down：ノックダウン，KD生産とは車の製造に必要な部品を組み立てるだけの状態にした生産体制，他国や他企業で生産された製品の主要部品を輸入して，現地で組立・販売する方式）を含む車両工場は26，パワートレイン工場は25になった。中期経営計画「日産バ

第Ⅲ部　自動車企業のグローバル展開と生産システム

表5-4　日産の経営計画

名　称	期　間	目　標
日産リバイバルプラン	2年(2000〜2001)	会社の再生 1. 2000年度に，連結当期利益の黒字化を達成 2. 2002年度に，連結売上高営業利益率4.5％以上を達成 3. 2002年度末までに，自動車事業の連結実質有利子負債を7000億円以下に削減
日産180	2年(2002〜2004)	利益ある成長へ 1. グローバルでの販売台数を100万台増加（180の1） 2. 連結売上高営業利益率（連結ベース）8％を達成（180の8） 3. 自動車事業実質有利子負債0を実現（180の0）
日産バリューアップ	3年(2005〜2007)	さらなる発展と価値創造 1. 計画期間中3カ年の各年度においてグローバルな自動車業界の中でトップレベルの営業利益率の維持 2. 2008年度において，グローバル販売台数420万台の実現 3. 同計画期間中平均で投下資本利益率（ROIC）20％
日産GT 2012	(5年)(2008〜2012)	成長と信頼（G：Growth　T：Trust） 1. 品質領域でリーダーとなること 2. 世界環境の変化に寄与すること（ゼロ・エミッション車でリーダーに） 3. 本計画の5年間，平均で売上高を5％増大させること（リーマンショックで修正，リカバリープランの後，「日産パワー88」へ）
日産パワー88	6年(2011〜2016)	世界市場での成長の加速 1. 2016年度末までにグローバル市場占有率を8％に 2. 売上高営業利益率を8％に引き上げ，その後維持

（出所）　日産資料（主にアニュアルレポート）より筆者作成。

リューアップ」の期間中，全世界で70回の新車生産立ち上げが計画され，ほぼ計画通りに実施された。

2　品質，環境，成長におけるグローバル・リーダーを目指して：「日産GT 2012」の展開と見直し

「日産GT 2012」は「成長と信頼」を主眼とし，期間も5年計画であり，期間・目的ともにこれまでの経営計画とは異なっている。成長を支えるのは新型車，新技術，新規市場，信頼を支えるのは商品・サービス，業績，株主へのリ

ターン,そして地球環境への取組みであるとして,品質,環境,売上高増大の3つの目標が示され,品質の領域,環境の領域でグローバル・リーダーになること,事業の拡大,市場の拡大,そしてコストにおけるリーダーになることが目的とされた(リーマンショックによって生じた経済危機に対処するため,「日産 GT 2012」はリカバリープランで見直されたが,主要な内容は継続され,コスト面はとくに強化された)。

環境の面では,クリーン・ディーゼル,ハイブリッド,エンジンの小型化等など,ゼロ・エミッションに近い自動車の開発とともに,需要の拡大と環境保護に対応するための長期的な最善策として,環境負荷の全くない,ゼロ・エミッションのクルマ,電気自動車の投入,量販がはかられた。電気自動車はルノーとのアライアンスの戦略に基づいた企業戦略の中心に位置づけられ,2010年には米国と日本に電気自動車が投入され,2012年にはグローバルに量販が開始された。

事業の拡大計画の内容は,インフィニティ,小型商用車の売上倍増,そしてグローバルなエントリーカーの新規ラインアップの投入である。この日産初のエントリーカー(入門車の意味で,ブランド全モデル中の最廉価車を指す)は,エントリーカー専用のプラットフォームを採用し,少なくとも3車種をそろえ,5つの競争力ある国々(タイ,インドなど)で生産される(2010年度にはタイで生産が開始され,拡大するタイ国内市場に供給するとともに,日本を中心に中国,インドネシア以外のアジアおよびオセアニア地域へ輸出されている)。市場の拡大では,ルノーとのアライアンスも活用しながら,とくに BRICs 諸国では倍増をねらう野心的な計画が作成された。

コスト削減は,とりわけ購買コストに重点がおかれ,5年間で平均して部品1点あたりの生産量を倍増させる目標(それによる部品単価の大幅下げ)に向けて,事業の成長,部品種類の削減と車種の効率化,そしてアライアンス共通部品の増加が推進された。さらに LCC における現地化を徹底するために,仕様も簡略化し,新型車の部品調達の90%以上を LCC で行うことが目標とされた。

3　成長の加速化：中期経営計画「日産パワー88」の策定

　この計画は世界市場での成長を加速させることに主眼をおいた6カ年（2011年度～2016年度）計画で，計画名の「88」は，2016年に世界市場シェア8％，営業利益率8％という目標を意味する。2016年の世界自動車販売台数は9000万台超と予測されているので，同社の販売台数はシェア8％なら単純計算で720万台となる。2014年の販売実績が約532万台で世界シェアが6.2％であるから，きわめて意欲的な数字であるといえよう。

　世界市場での成長を加速させるために，「ブランドパワーとセールスパワーの向上」（ブランドの向上と販売網への投資拡大）がはかられ，主要販売拠点を現在の6000店から7500店に拡大，平均6週間ごとに1車種，新型車を投入，計画終了時には，66車種を取り揃え，世界の市場・セグメントの92％をカバーすることになる意欲的な販売・商品計画が立てられている。事業の拡大のために新興市場やインフィニティ・ブランドと小型商用車における事業の拡大が計画されているが，とくに新興市場に対して生産・販売ともに重点がおかれている。中国での生産能力増強（2012年に120万台に），市場占有率の引上げ（2016年までに10％まで），ブラジルでの新工場の建設，エントリーセグメントと新興市場のニーズに応える新型乗用車・小型商用車の投入などである。

　環境に優しい持続可能なモビリティを推進する取組みの一環として，ゼロ・エミッションに加えて低燃費技術のラインアップの拡充が目指され，ルノーと合わせて，期間中に累計150万台の電気自動車販売が計画されている。そして購入部品のみならず，物流費と内製コストにも目を向け，生産と購入品，納車整備センターまでの物流費を含めたトータルコストの年間5％低減が目標とされている。

　以上で主に2005年以降の経営計画とその展開を概観してきたが，その内容は次の点に特色がある。第1は，新興市場に重点をおいた事業，市場の拡大，第2は，品質，環境への取組み，とくに電気自動車のグローバル量販，第3は，コストの削減，とくにLCCからの調達の拡大による部品コストの削減，第4は，アライアンスの利用である。発足以来12年間のルノーとのアライアンスによってさまざまな成果が生み出されるとともに，ダイムラーとの戦略的協力関

係，ロシア，中国，インドでの現地企業とのアライアンスによって高級車市場，新興市場での拡大がすすめられた。

そこでは，世界市場（とくに新興国市場）で生産・販売規模を拡大するために，世界各地域の戦略的位置づけが明確にされ，グローバルな連携を保持しながら，現地管理体制の強化，現地生産・開発機能の強化，現地部品・材料の調達など，現地専用車の現地生産による市場開拓とともに現地事業の自立化を目指した現地諸機能の充実がはかられている。この販売と生産・調達のバランスを最適化するための現地化を主な内容とする戦略の展開によって，新たなグローバル生産システムが構築されている。生産工場でみると，新規市場への展開に伴い，高まる需要に対応して現地工場の拡大・新設がなされた。中国花都では車両工場稼動以降，新エンジン工場の建設，車両工場への新たな投資など，生産能力の拡大が進んだ。さらにロシアのサンクトペテルブルグには，新車両工場の建設，インドのチェンナイでは，ルノーとインドの自動車メーカー（マヒンドラ＆マヒンドラ）3社共同の新工場が稼動，グローバルに生産が拡大された。

3　多面的なグローバル製品開発・生産・販売

グローバルな視野で経営資源や技術，部品を最大限に共有化しながら，世界中の地域あるいは国に固有の市場ニーズに応えるために，開発拠点の分散化と統合がすすめられ，日本の研究開発拠点（総合研究所，日産先進技術開発センターなど横浜に集中）では，基礎研究，先行技術開発，世界戦略車の開発がなされ，他の地域の拠点では（日産テクニカルセンターノースアメリカ〔NTCNA：Nissan Technical Center North America〕，日産テクニカルセンターヨーロッパ〔NTCE：Nissan Technical Center Europe〕など），日本と密接に連携をとりながら，地域のニーズを取り入れた製品開発（デザイン，専用仕様など），規制対応（排ガス規制対応など），現地生産車の開発が主な業務となっている。注目すべきは，主に現地向けに現地主体で開発された車であっても，グローバルな展開（生産と販売の）がなされる，あるいは日本以外で生産される車が最初から日本も含めたグローバル市場を目標として開発・生産されるなど，多面的な開発，生産が展開

されるようになった点である。

1　現地開発とグローバル生産・販売：「キャシュカイ（QASHQAI）」の開発・生産・販売

「キャシュカイ」（日本名＝デュアリス）は，「ミドルサイズ・クロスオーバーSUV（Sport Utility Vehicle：スポーツ用多目的車）」という今までにない新しいカテゴリーに属し，欧州の激戦区であるCセグメントのVW「ゴルフ」，ルノー「メガーヌ」，プジョー「307」のような強力なハッチバックモデルに対抗する目的で開発された。プラットフォームは，「エクストレイル」，ルノーサムスン「QM5」などで使用されている，Cプラットフォームが採用された。デザインは英国の日産デザインヨーロッパ（NDE）および日産テクニカルセンターヨーロッパ（NTCE）が手がけている。

2006年12月に英国サンダーランド工場で生産開始，2007年3月，欧州で販売開始，日産の欧州戦略車種として位置づけられ，欧州市場をメインに販売が行われたが，同年5月，日本でも販売開始。販売好調のため，英国日産サンダーランド工場で増産。2007年12月，日本市場向け車両の生産を九州工場に移管。2008年3月，中国国内で販売開始（中国名は「逍客」）。生産は東風汽車有限公司花都工場で現地生産されている。南アフリカ，中東諸国，シンガポール，ニュージーランド，南米諸国では「キャシュカイ」の名称で，オーストラリアおよび日本では「デュアリス」の名称で販売されている。北米，台湾，韓国ではプラットフォームを共有する同クラスのSUV，「ローグ」が販売されている。

2　新興国での生産，設計と購買による低コスト車の展開：新型「マーチ」の開発・生産・販売

新型グローバルコンパクトカー「マーチ」の生産が，2010年より，日本でなく，日産の子会社であるタイ日産自動車会社（NMT：Nissan Motor Thailand）において開始された。新型「マーチ」の供給にあたっては，高い品質の維持とコスト競争力の視点から，新たなグローバル生産体制が構築され，設計，生産，購買（部品調達）が一体となった取組みがすすめられた。

「マーチ」の生産は新興国でなされるが，トヨタの新興国向けの戦略車「Etios」などとは異なり，日本などの先進国も含めた幅広い市場が視野に入れられている。最初の生産開始国であるタイでは，拡大するタイ国内市場に供給するとともに，日本を中心に中国，インドネシア以外のアジアおよびオセアニア地域へ輸出する予定である。同車はインド，チェンナイ工場でも「マイクラ」のモデル名で生産され，欧州，中東，アフリカ地域の100カ国以上への輸出が開始される。さらにメキシコ，中国でも生産され，グローバルに160以上の国と地域で販売された（詳細は「日産ニュースリリース」2010年6月30日参照）。

「マーチ」には新たに小型車向けに開発されたVプラットフォームが採用されている（VプラットフォームのVは，多様な地域で生産でき，多様な地域で販売できる「Versatile（多目的に使用できる）」を意味するとのことである）。Vプラットフォーム開発の目的は，世界の市場の小型車シフトに対応し，小型車の収益性を画期的に改善することにあった。この手段の1つが新興国での集中生産と，部材の高い現地調達率である。可能な限り新興国で調達できる部材を使用することが目指されており，たとえばインドでは鋼板はTata Steel社，タイヤはMRF社といった現地企業から購入された。その結果，「マーチ」の金額ベースの現地調達率（エンジン，変速機を除く）は，タイ，インド，中国，メキシコのどこでも約90％で，現地調達できていないのは，主にセンサー類くらいだといわれている。同時に，先進国の消費者にも受け入れられる品質を実現するために，新型「マーチ」では，部品点数を18％削減して組み付け工程を減らし，さらに新興国でのつくりやすさにも配慮して作業ミスの確率を下げて品質向上につなげるとともに，車体の軽量化も実現している。[3]

新型「マーチ」をグローバルに供給する各工場では，周到な生産準備，品質管理が行われている。日本からのスタッフの派遣，各国の生産技術者の日本での研修，現地サプライヤーとのネットワークの構築（高い品質水準を確保するため，日本から派遣されたサポートチームがサプライヤーを個別に訪問）など，現地のチームと共同で現地生産プロセスの向上をはかることで，日本と同等の品質を確保する努力がなされている。

第Ⅲ部　自動車企業のグローバル展開と生産システム

4　グローバルな生産準備体制

　これまでにのべてきた，連続的な新型車の立ち上げ（たとえば「日産バリューアップ」期間中は，1カ月に2回の割合で世界のどこかで新モデルを立ち上げ，計70モデルの生産を開始），生産拠点の急拡大，生産拠点間での生産車種の迅速な移動といった状況においては，生産準備では次の点が課題になる。世界全ての生産拠点で少量から大量生産まで量的にも，品質的にも対応でき，しかもコストのかからない生産技術の開発，新車製造の迅速な生産準備，複数の拠点での同時開発，生産立ち上げが可能なような機械・設備，工程設計の標準化，海外支援，人材育成などである。

　日産では，そのためにグローバルな「4G戦略」（①Global Training Center　②Global Production Engineering Center　③Global Package Design Center　④Global Launching Expert）といわれる生産準備体制と標準化された生産ライン，NIMS（Nissan Integrated Manufacturing System）を構築し，新たに強化した各生産拠点での新車立ち上げ支援策「グローバル立ち上げ支援」との相乗効果により，世界に広がる生産活動を強化している。

1　生産準備の日本への集中：4G戦略

　①グローバルトレーニングセンター（GTC：Global Training Center）

　GTCは，全世界の生産拠点を対象とした人材育成の核と位置づけられる施設で，追浜工場内に（パワートレインを対象としたGTCは横浜工場内に）設けられ，2006年から本格稼動している。

　車両製造（車体，組立，塗装等），パワートレイン製造（横浜工場内），物流，品質保証，設備保全の5領域の研修講座があり，車両生産における各工程作業，物流，品質保証，設備保全における技能の訓練と伝承が行われている。新型車の生産開始時における課題の解決法なども教育され，生産立ち上げ時のグローバルレベルでの品質の均一化がはかられている。日産生産方式（NPW）のグローバル展開のために現場管理を軸としたNPWに関する教育もなされてい

第5章　自動車企業のグローバル経営・生産

図5-1　GTCのねらい

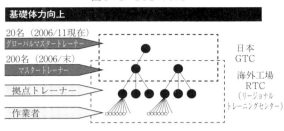

（出所）　日産資料より筆者作成。

る。現地の監督者の養成ではなく，現地で訓練できる人（現地トレーナー）の養成が重点で，研修期間は，プログラムによって異なるが，2週間〜3カ月である。教育内容，訓練器材はグローバルに標準化されており，「ビジュアル化」（作業手順やノウハウの映像化）もされて確実に技能伝承が行えるよう工夫されている。トレーニング用マニュアル類は各地域の言語（現時点で6カ国語）に翻訳されている。

さらに注目すべきは海外工場に設けられたRTC（Regional Training Center）である。GTCでの研修を終えるとマスタートレーナーの資格が与えられるが，彼らは派遣元の工場のRTCにて，グローバル標準化された教材で現地従業員の人材育成にあたる。RTCは人材育成のスピードを速めるとともに海外工場の自律的な人材育成に大きく寄与している（図5-1参照）。

②グローバル車両生産技術センター（GPEC：Global Production Engineering Center）

GPECは，短期間で数多くの新型車の生産を日本国内と同様の高い品質でグローバルに実現するために，国内外の生産ラインを効率良く立ち上げる拠点として座間事業所内に2007年4月に開設された。GPECでは，これまでの自動車の型や生産設備の製作と車体組立機能に加え，新たに車両の組立や品質保証機能を追加し，さらに品質解析センター機能を新設することで，プレス〜車体組立〜車両組立に至る全ての生産準備を集中して完結させている。車両生産

87

における新型車の集中試作・解析を行うことで、生産に最適な工程を構築し、新型車の生産準備段階での品質を飛躍的に向上させるとともに、その高品質レベルを国内外の工場に広げ、グローバルに品質の均一化をはかっている。

GPEC では、情報技術をフルに活用するデジタル・エンジニアリング[4]、デザイン〜設計〜生産技術間の作業を同時並行に進め、製品や型、治工具等のデータ完成度を高めている。このデータを基に次にのべる NIMS ラインにて最適な製造条件データを作成し、そのデータをグローバル拠点へ送る、型なども、GPEC で全部つくり、それをデータ転送して、2番型を現地でもってつくるという方法がとられている。それによって新車品質は飛躍的に向上し、早期立ち上げが可能になっている。

③グローバル・パッケージングデザインセンター（GPDC：Global Packaging Design Center）

物流技術員の育成を目的としたトレーニングセンター。生産拠点において、部品の荷姿設計とその試験評価方法、CAD を用いた設計、流通のコスト管理などができる人材を育成している。

④グローバル・ランチングエキスパート（GLE：Global Launching Expert）

新車立ち上げ時の問題の未然防止と解決をサポートする人材センター。エキスパートの役割は、状況を客観的に分析し、適切な解決策を策定することにあり、世界各地からのエキスパートの発掘、育成、派遣が行われている。GLE コアメンバーによる診断・アドバイスと、GLE 登録メンバーによる支援により、それぞれの新車立ち上げ時の QCD（品質・コスト・納期）の目標が達成されている。

2 グローバルな標準生産ライン（NIMS）の展開

需要変化への対応、新車準備期間の短縮を目指し、フレキシブルな日産標準生産ライン「NIMS：Nissan Integrated Manufacturing System」が、日本国内の工場はもとより、海外の工場にも導入されている。

その特徴の第1は、フレキシブルな1本ラインである。多車種をランダムな順序で生産可能でライン間の車種移管も1.5月で可能とされている。これを支

第5章　自動車企業のグローバル経営・生産

図5-2　人にやさしいライン（付加価値作業への集中）：ストライクゾーン供給

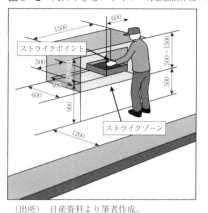
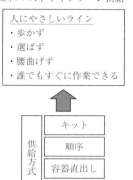

（出所）　日産資料より筆者作成。

えているのは，日産が独自に開発・導入してきた NC ロケーターによる数値制御の位置決め装置で，事前のプログラムによりそれぞれの車種に応じた位置決めができる。これにより，1つの生産ラインで複数の車種を生産することが可能となるほか，迅速な車種変更，追加，新車導入時の大幅なコスト削減が実現されている。

　第2の特徴は，統合されたフィッシュボーン（魚の骨）型の短いラインである。モジュール化を行いラインの長さを短くするとともに，車種間の仕様の違いをメインラインからモジュールのサブラインへと移転した。モジュール部分はサプライヤーに，さらにサプライヤーを構内に誘致することによってモジュールと同期化し短いリードタイムを可能にしている。

　第3の特徴は，「人にやさしい」ラインである。多車種をランダムに生産し，車種の追加や変更が頻繁に起こるラインでは，作業者が安定して組立や品質保証といった付加価値のある作業に専念できる条件を整えることが必要である。このために，作業者に負担にならない作業姿勢が維持できるように「ストライクゾーン」供給など（図5-2参照），エルゴノミクス（人間工学）を考慮した作業環境が織り込まれている。

　日産ではこのような NIMS を，同期生産を実現する標準ラインとしてグローバルに展開しており（世界で20近いラインで），このグローバル展開により，

どこの国でも同じ条件，手順で生産でき（ただ，人件費の違いを考慮し，ロボットを駆使した先進国向けと，組立てや部品搬送を手作業で行う新興国向けの違いはあるが），同じ品質を得ることができるようになり，さらにライン間，地域間のフレキシビリティも向上している。調査した追浜工場でも組立ラインの作業性が格段に改善されていた。作業しやすいように車の高さの1台ごとの調整，1箱ごとに作業順序に合わせて並べられた部品（部品棚の廃止），動線を考えた作業手順，多能工化などである。またモジュール化されたコックピット（構内で部品企業，カルソニックカンセイが組立）のメインラインとの同期化が効率よくなされていた。エンジニアリング面では数値制御式のNCロケーターを導入して多車種混流対応の汎用溶接ラインが展開され，グローバル同一標準化されていた。

5 NPW（日産生産方式）のグローバル展開

1 NPWの概要

　今日のグローバル経営では，日本生産と同一のレベルでの新車立ち上げと，その後の生産をグローバルに効率よく展開することが必須であるが，その鍵となるのがマネジメント体制の現地化，それを支える人材育成である。マネジメント体制の現地化を指向することについては，グローバルに基本になる仕組みを明確にして，それを世界のどの拠点においても展開しなければならない。そこで，日産はNPWのグローバルな展開をはかっている。NPWは，1990年代半ばに体系化され，その後，とくにルノーとの提携後は，日産の生産活動の指針として，日産グループも包括して，組織的，体系的に国内外で展開されている。[5]

　①「同期生産」の徹底と管理指標

　NPWの基本的な考え方は，「限りないお客さまへの同期」「限りない課題の顕在化と改革」（「2つの限りない」）であり，その主要な目的は，徹底した「同期生産」を進めることで，「受注確定生産」により顧客満足を向上させること，そして生産活動の悪さ加減を顕在化させ，改善を重ねることにより，生産活動の実力の向上をはかることである。単に生産現場の領域だけでなく，情報のス

第5章　自動車企業のグローバル経営・生産

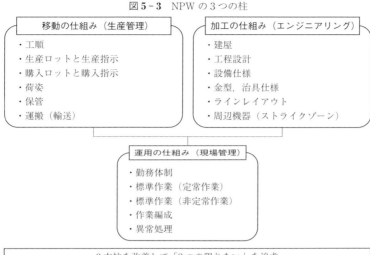

図5-3　NPWの3つの柱

（出所）日産資料より筆者作成。

ピードや精度，販売や物流などといった生産活動に関わる全ての仕組みの課題や問題点を顕在化させ，顕在化した課題をクロス・ファンクショナルに解決していくことを目指している。

　活動としては5つの領域（「車両のメインラインの確定順序生産」「車両と内製部品・ユニットとの同期化」「部品メーカーとの同期化」「車両物流との同期化」「販売との同期化」）が設定されている。第1の「車両のメインラインの確定順序生産」が，その他領域の活動の前提条件であり，徹底的な生産順序，時間の遵守のために，「順序遵守率」と「時間遵守率」が設定され，それに基づく管理が展開されている。

　「順序遵守率」（SSAR：Scheduled Sequence Achievement Ratio）とは，車両の投入順序計画（アクチャルスケジュール）で設定された順序が，各工程終了時にどれだけ遵守されたかを率で表した値。

　「時間遵守率」（STAR：Scheduled Time Achievement Ratio）とは，アクチャルスケジュールで計画された各工程の終了時の時刻に対し，±1時間以内で通過した車両の率。両方とも，車両メインラインの同期生産の水準を測定する指標

91

の1つである。SSAR, STAR は1台ごとに決められた生産順序や時間をどれだけ守っているかを測定する尺度で、NPW が目指す「同期生産」の根幹となる象徴的な指標である。この指標は、海外工場も含めてグローバルレベルで定期的に比較され、進捗度が確認されている。

同期生産を実現するには、多車種混流生産や多数回段取りで弾力的に生産すること、付加価値作業に集中しムダを排除することが必要になる。この同期生産を遂行する生産活動を、移動の仕組み（生産管理）、加工の仕組み（エンジニアリング）、運用の仕組み（現場管理）の3つの柱に分け、3つの柱ごとに評価に必要な構成要素を明確にしている（図5-3参照）。そして柱ごとの評価項目のレベルを定量的に表すために、客観的な評価尺度として5段階のランクづけが行われている。

②品質、コスト（生産性）、エルゴ評価

Q（品質）の同期：「お客様が要求する品質をつくり込むこと」については、通常の品質管理に加えて初期品質の指標、AVES（Alliance Vehicle Evaluation Standard：グローバル共通の車両品質評価基準）が、C（コスト）の同期：「お客様に対価をいただけないムダを排除すること」という点では、基準時間（DST：Design Standard Time）、基準時間倍率（DSTR：Design Standard Time Ratio）が重要である。

AVES は、99年以降、ルノーとも共有され、初期品質のためのグローバルな共通の基準となっている。AVES 監査は量産移行、出荷などのタイミングで実施され300以上の評価項目から構成されており（AVES は定期的にアップデートされ、現在のチェック項目は約350にもなる）、それに基づき AVES マスターというエキスパート（熟練評価員）によって評価が行われている。AVES を実施するセクションは、開発や製造部門と完全に切り離されており、AVES をクリアしないと、たとえ発売に関する準備が全て整っていたとしても、新型車を出荷することはできない。これまで海外拠点の教育は、エキスパートが現地に出張し、直接指導してきたが、言語の相違によるコミュニケーション不足、教える立場のエキスパートの不足が大きな課題となり、今日では動画マニュアルなども導入され、グローバル展開されている。

DSTは，製品設計の部品構成や表面積などの設計構造を工数で示す指標であり，小さいほどよい。具体的には，部品点数・形状・溶接点数・塗装面積などの設計構造スペックをもとに，手作業分を前提とした作業に時間値を対応させた，時間原単位のことである。DSTRは，車両組立，車体溶接などの工程別に，製品または車両1台あたりの生産に要する実工数をDSTで割ったものである。DSTRの狙いは生産工場での「製造効率」を評価することであり，DSTに対する悪化要因の分析，比較により，改善の重点や方向づけを行う。さらにDSTRを用いて生産ラインごと，車種ごとの比較を行い，ベンチマーキングすることにより，製造効率の差を明確にすることができる。

DSTはその前提となっている「製品設計」を評価することである。DSTを用いることによって，新型車の企画計画段階において，車種間や前型車，他社車との比較がなされ，新車計画におけるDSTの目標水準を設定することができる。また，このDSTに目標とするDSTRを乗ずることによって，1台あたりの目標工数を設定することができる。

さらに，重筋作業，つらい姿勢，選択判断作業を伴う自動車生産の作業負担への対策が従来以上に求められるようになった。エルゴ（エルゴノミクス：人間工学）評価では，生産あるいは検査，運搬などの繰り返し作業を行っている作業者を対象に，姿勢や作業負荷を数値評価し，その評価に基づいて作業や設備の改善がはかられている。[6]

2　グローバル「切磋琢磨体制」と日本の位置

生産方式の海外展開に関して，2005年以降の大きな特色は，海外拠点との情報の共有による「切磋琢磨体制」（仲間どうし互いに励まし合って高めあう体制）が構築されたことである。海外生産の拡大に対応して，日本の先進技術，生産方式の移転は，日本からの支援というかたちで行われてきたが，海外生産の比重が大きくなるにつれ海外派遣による日本国内の人材，知識の消耗などが生じ，その方法では限界があった。そこで，すでに4G戦略でみたように，生産準備，人材育成などの日本への集中とともに，海外人材育成とともに，イントラネット（インターネットの標準的な技術を利用した社内等，限定された範囲での情報ネット

ワーク）による「ウェブ型切磋琢磨体制」が築かれた。

　グローバルな指標として，NPWの指標に加えて，故障率，1人あたり生産台数など多くの指標が設けられ，それらの指標また改善事例が，イントラネットによって海外拠点でもみることができ（トップ層だけでなく現場監督者も），それをみながら，相互に学び，ノウハウを移転させる体制である。本社がグローバルに指標などを観察し，最も優れた実践例を推奨するやり方ではなくて，海外各拠点が指標などをみながら，どこの拠点が良くなったか，何を実践したのか，それを主体的に相互に学んで，国から国へノウハウを移して，そこで改善させて，それもまた移して，そういう連鎖によって生産方式の高度化が進められている。環境や文化が異なっているため，違う改善が生まれるので，それを相互に比較して学び合うということが実行されている。むろんこのような相互学習の体制になっても，日本からの要員派遣は行われている。新車立ち上げが中心であるが，技術，品質指導にも派遣されている。派遣されているのは40〜50名で期間は3カ月が平均とのことである（聞き取りによる）。表5-5は，中国花都工場の生産コンセプトを示しているが，主にNPWの指標を基に目指すべき目標などが，他の海外拠点との競争を意識して定められている状況がよく把握できる。

　日本の役割もかなり変化してきている。まず，海外拠点との「競争」という点である。品質，生産性，コストなどが実力をつけてきた海外拠点と比較され（たとえば，タイでまたはメキシコで生産して，日本で販売した場合，国内生産よりどちらがコストが安いかなど），すでに新型「マーチ」の生産でみてきたが，これまでのように日本で生産してきたから継続して生産ということは保障されなくなっている。日本の工場でも自らの優位性（生産性，品質など）をアピールして次の新車の生産を取ってこなければならない状況である。

　コストの差（とくに時間あたり労務費，メキシコで日本の5分の1ぐらい）を克服して国内生産を維持，拡大するためには，国内工場には，高い改善力による世界一のQCD（品質，コスト，納期）が必要である。「世界一のものづくり」によってグローバルに展開する車（グローバル戦略車）の生産を行い，国内専用工場からの脱却をはかる，そうして日産全体の生産のレベルアップに貢献するこ

第5章　自動車企業のグローバル経営・生産

表5-5　中国花都工場の生産部門のコンセプト

工場運営		日産生産方式（NPW）の採用
目指す姿	生産方式	デイリー受注・週間確定生産 （受注確定生産とIPO方式の導入）
同期生産 3つの柱	生産管理	生産管理システム　IPO方式の導入 工程管理システム　日本同等
	エンジニアリング	NIMSの採用 ・多車種混流生産 ・グローバルでの車両生産補完ができるフレキシビリティの構築
	現場管理	現場管理診断の導入 日本と同等レベルの教育体系導入
管理指標と目標	Q　AVES	初期品質　中国市場同セグメント内トップレベル
	C　自動化	勤勉で優秀な労働力の活用による投資額低減 品質を確保するための必要な自動化設備の導入
	生産性	中国No.1の生産性　日産4大拠点レベルを目指す
	T　SSAR・STAR	中国No.1レベル　日産4大拠点レベルを目指す
	S　安全・環境	日産基準を採用（照度・換気・休憩所・事務所等）

（注）　IPO方式：Individual Parts Order方式，受注に対応した部品発注のこと。
　　　　4大拠点とは，日本，イギリス，スペイン，アメリカ（USA，メキシコ）である。
（出所）　花都工場資料より筆者作成。

とが求められているのである。今後の方向として，これまで日本の自動車企業の強みであった，開発，生産技術，製造（工場）の一体感のあるチーム力（同時開発活動，生産準備活動），累積的な改善力（現場主義）に加えて，日産では情報技術をさらに活用して各プロセス（たとえば生産と物流など）の融合を図る試みがなされている。

　以上で自動車世界生産・販売の構造的変化を踏まえたうえで，日産を対象にして，主に2005年以降のグローバル経営・生産戦略とその下で展開された生産システムの動向について，グローバルな開発体制，生産技術（準備）力，生産方式に焦点をあてて考察してきた。そこで明らかになったのは次の点である。

　第1は，品質，環境への取組みとともに，世界市場（とくに新興国市場）で生産・販売規模を拡大するために，世界各地域の戦略的位置づけが明確にされ，グローバルな連携を保持しながら，販売と生産・調達のバランスを最適化する

第Ⅲ部　自動車企業のグローバル展開と生産システム

▶▶ *Column 5* ◀◀

柔軟性（フレキシビリティ）について

　経営・生産システムの柔軟性という場合，一般的には，環境条件の変化に適応できる能力，しかも単に製造できる能力ではなく，時間，費用，生産性を損なうことなく変化，あるいは適応できる能力である。逆にいうと，システムの機能が，環境条件の変化に適応するための諸方策の展開によっても，低下しない度合いと定義できる。柔軟性の内容は，環境変化とそれに対する適応の規模と範囲という点で，環境条件の変動要因（ある程度，予測できるものかどうか，外部的要因か，内部的か，社会的・経済的性質のものか，自然的・技術的なものか），システム構造の変化の程度（全体的，基本的構造の変化を伴うか，基本的には同一構造内での適応か），またシステムの機能レベル（組織，研究・開発，生産，マーケティング），意思決定レベル（戦略，戦術，オペレーショナル・レベル）など，いろいろな観点から分類できる。

　たとえば，生産システムの柔軟性という場合，設計の柔軟性，量と品種の柔軟性，工程の柔軟性，機械の柔軟性，作業の柔軟性など，多様な内容から構成されている。それらの柔軟性の相互関係を明確にすることによって，生産システム全体の柔軟性を評価することができる。また，環境条件の変化に対して必要とされる，あるいは強化すべき柔軟性のタイプが明らかになる。

　今日のように，社会的・経済的にも，技術的にもダイナミックに環境条件の変動が生じている状況では，変動要因を予知することのむずかしさ，システム全体の構造転換の緊急性といった点から，戦略レベルでの柔軟性の確立が重要である。生産システムの戦略レベルでの柔軟性は，一定の条件下で所与の目標をいかに達成するかではなくて，何を（新製品の開発），どこで（国内外での工場立地，内製と外注），どのような能力で（生産設備，人的資源）など，生産システム構造全体に関わる内容についての柔軟性であり，その評価基準は，いかに競争上，有利になるかである。したがって，経営戦略，市場・生産戦略との関連で，その戦略目標達成の方策として，生産システムの柔軟性を検討することが，ますます重要となっている。

ための現地化を主な内容とする戦略が展開されている。現地生産（とくに新興国での工場拡大・新設）・開発機能の強化，部材の現地調達の拡大などである。

　第2に，研究開発体制に関しては，開発拠点の分散化と統合がすすめられ，日本の研究開発拠点では，基礎研究，先行技術開発，世界戦略車の開発が，他

の地域の拠点では，日本と密接に連携をとりながら，地域のニーズを取り入れた製品開発がなされている。その体制を活用して「キャシュカイ」や新型「マーチ」の開発・生産・販売のように，多面的な展開がされるようになっている。

第3に，生産準備面では，「4G戦略」といわれるグローバルな生産準備体制と，標準化された生産ライン，NIMSが構築され，少量から大量生産まで量的にも，品質的にも対応でき，しかもコストのかからない生産技術の開発，新車生産立ち上げ，また生産移転のための迅速な生産準備，海外支援，人材育成がすすめられている。

第4に，日産の生産活動の指針として，NPWが組織的，体系的に国内外で展開され，「同期生産」の徹底と管理水準の高度化がすすめられている。さらに管理指標の統一，情報技術の利用，海外拠点の人材育成などによって，日本からの一方的な指導という内容から，各拠点が相互に学び競い合う体制に変化してきている。日本国内の工場も海外拠点との競争にさらされるようになり，先頭を行くための一層の努力が求められている。

注
(1) 日産に関しては，2000年代初頭より，本社，国内外の研究開発，生産，販売拠点での聞き取り，見学など継続的に調査した。本章の内容は，追浜工場（2006年12月，2009年10月），中国花都工場（2007年3月，2015年2月），中国大連工場（2014年9月），日産テクニカルセンターヨーロッパ（NTCE：Nissan Technical Center Europe，2007年8月）における現地工場・施設見学，聞き取り調査に基づいている。なお追浜工場では稼動を始めたばかりのGTC（Global Training Center）も見学することができた。
(2) NTCEに関しては，2007年8月に現地調査（英国，ロンドン郊外）を行った。ちょうどキャシュカイの販売直後であったので開発の詳しい経緯を聞くことができた。開発当初は日本と共同ですすめたが，アッパーボディとか走りの機能とかについては（欧州では走行速度が日本よりも圧倒的に速く，走行距離も比較にならないほど長いため，操縦安定性や乗り心地は非常に重要な要素の1つ），NTCEが全て担当したとのことである。なお日産の海外開発拠点に関しては，野中・徳岡，2009を参照。

(3) 新型「マーチ」とVプラットフォームについて詳細は，鶴原，2010 を参照。
(4) デジタル・エンジニアリングについては，マツダを事例に第12章でも考察しているので参照されたい。
(5) NPW については NPW 推進部や工場担当の方から，追浜工場では，NPW の概要，グローバルな展開状況，追浜での取組みなど，中国の花都工場では，花都工場での展開状況を詳細に聞くことができた。本章の内容はその聞き取り内容や提供いただいた資料に基づいている。

　　NPW については次の文献参照。日産自動車㈱ NPW 推進部，2005；下川・佐武，2011；武尾・井熊，2011。
(6) DST，DSTR，エルゴ評価については，日産自動車㈱ NPW 推進部，2005，116-123 を参照。生産ラインの人間工学的な見直しについては，ルノーとのアライアンス後に，ルノーから多くを学んでいる（この点については第6章も参照）。エルゴ評価の指標化の際もルノーの方法を大きく参考にしたとのことである（聞き取りによる）。

参考文献

小林哲也，2009，「海外進出先の支援受け入れ体制の現状と方向性」機械振興協会経済研究所『日本自動車メーカーの海外展開と国内基盤強化の方向性』，29-41

下川浩一・佐武弘章，2011，『日産プロダクションウェイ――もう一つのものづくり革命』有斐閣

武尾裕司・井熊光義，2011，『人が変わる，組織が変わる！ 日産式「改善」という戦略』講談社

鶴原吉郎，2010，「設計・調達を徹底現地化――マーチが変える新興国戦略」『日経 Automotive Technology』11月号，日経 BP 社，48-63

日産自動車㈱ NPW 推進部，2005，『限りないお客さまへの同期を追求する――実践「日産生産方式」キーワード 25』日刊工業新聞

野中郁次郎・徳岡晃一郎，2009，『世界の知で創る――〔日産のグローバル共創戦略〕』東洋経済新報社

第6章
ルノーとのアライアンス（提携）と日産自動車の欧州展開

　本章では，ルノーとのアライアンス（提携）という大きな経営環境の変化の中で，日産が生産システム変革のために取り組んだ2000年頃の状況を次の3点について明らかにします。①ルノーとの提携に基づく生産システムに関連した協同の取組み（共同購買，プラットフォーム，パワートレインなどの共通化など），②欧州自動車市場の特色，③ルノーとの提携を活かしながら展開された欧州市場での日産の販売，生産活動。

Keywords：アライアンス，共同購買，日産180，欧州自動車市場，クロス・プロダクション

1　ルノーとの提携と生産システムに関連した取組み

　日産は，1999年のフランスのルノー社との提携後，急速な業績回復，マネジメントの大胆な改革などで大きな注目をあびてきた。共同購買などで効率性は追求するが，運営は独自性を保つといわれている提携の形態，内容，諸実践が，企業活動の諸側面にどのような影響を与えているかという点は，慎重に検討されねばならない大きな課題である。グローバルレベルでの協同と生産システムとの関連といった点でも，生産・販売拠点の相互活用，プラットフォームの共有化，部品企業の再編，相互のさまざまなレベルでの技術交流など，生産システムに大きな影響を与える事態が進展した。この事態の解明のためには，提携の枠組み，戦略決定の主体，生産面での協同の内容，実践主体，組織形態，既存の組織との関係など多くの点が明らかにされねばならない。

第Ⅲ部　自動車企業のグローバル展開と生産システム

1　CCT と FTT

　グローバルレベルでの協同のために，組織面では，国境を超えた戦略策定の意思決定機関として GAC（Global Alliance Committee）が設置された。GAC のメンバーは，日産自動車社長，ルノーの会長兼 CEO，および両社それぞれ 5 人の役員で構成された。さらに，想定される全ての相乗効果を最大限に発生させる計画を策定し，GAC に提案する機能として，11 のチームからなる CCT（Cross Company Teams）が設置された。GAC は提携全体を統括する機関であり，戦略を策定し，CCT が提案する協力事業や「シナジー」効果について決定を行う。GAC は，2002 年には「ルノー・日産 BV」（BV とはオランダ語で Besloten Vennootschup〔非公開有限責任会社〕の略）に発展的に解消した。CCT は，両社相互のメンバーから構成された。これらのチームは 11 あり，「商品企画・戦略」「パワートレイン」「車両開発」「購買・物流サービス」「製造・物流」の 5 分野に加え，「日本」「アジア，オセアニア」「北中米」「南米」「欧州」「中近東，東欧，アフリカ」の 6 地域担当のチームである。

　さらに GAC，CCT が円滑に機能するために，CB（Coordinate Bureau），FTT（Functional Task Team）も設けられた。CB は情報の集中管理，協力を進める上での条件の設定，さらに CCT 業務の調整を行う。FTT は CCT に対して情報システム，技術スタンダード，品質，会計および法務の分野で日常的な補佐を行うもので，次の 9 つが設置された。「クロス・プロダクション」「経営計画」「法規・税務」「アクセサリーパーツ」「ビジネス情報システム」「品質保証システム」「コストマネジメント」「開発・設計」「部品共用化マネジメント」である（日産資料による）。基本的には，CCT からでてくる共通の課題が，FTT でとりあげられる。たとえば，コスト配分のように，共通解が必要な場合には FTT が担当するようになっている。生産面に関しては，CCT 活動では，5 分野全てと関連あるが，主としては「製造・物流 CCT」があり，ベンチマーキング，生産方式，原価管理などが検討されている。FTT の「クロス・プロダクション」では，生産拠点の相互活用など文字通り生産資源の共同利用がはかられた。

第6章　ルノーとのアライアンス（提携）と日産自動車の欧州展開

2　提携による具体的な取組み

　提携は，あらゆる企業活動を視野に入れているが，CCT，FTT で検討され，実施されている生産システムに関連した主な取組み内容をみると，まず購買では，共同購買による購買費用の切り下げがすすんだ。日産・ルノー両社は最初に欧州，ついでその他の地域へと積極的に詳細なベンチマーキングに基づいて共同購買政策を展開した。車両部品とパワートレイン部品（全体の60％以上を占める），原材料，機械工具および設備，サービスおよび物流，およびスペアパーツなどの購買品目がコスト削減の対象となっている。2001年4月にルノーと日産の合弁で共同購買会社（RNPO）が設立され，日本，米国，欧州に拠点を設置し活動している。資材・サービス，車両部品など17品目が対象で，当初は両社の購買額の合計（約500億ドル）の30％を共同購買にするとしていたが，将来的には70％にまで引き上げられる計画である（日産資料による）。日産・ルノーは世界で合わせて年間約500万台の販売規模があり，共同購買品目が拡大することでスケールメリットが享受でき，コスト削減が一層加速されることになった。

　車両技術の分野では，両ブランドが共通プラットフォームをベースに独自の商品ラインアップを発展させる方針で，プラットフォームの共通化がすすめられた。すでにコンパクトカークラスのBプラットフォームが開発済みで，これに続いて1500cc～2000ccクラスのCプラットフォームの共通化がスタートした。共通Bプラットフォームは日産の主導のもとに両社のエンジニアで構成するチームによって開発され，それぞれのブランド特有のアイデンティティと商品の特色を尊重しながら，日産のマイクラ（日本名マーチ），キューブ，ルノーの次期型トゥインゴ，クリオに適用された[2]。なお，プラットフォーム以外の多くのコンポーネントも，ブランドの差別化に影響しない範囲でかなりの数量が共有化された。

　研究開発と先進技術の分野では，とくに車両の軽量化，ハイブリッド車，電動化制御技術の分野で，共同研究が開始された。パワートレインの分野では，日産・ルノー両社のエンジンおよびトランスミッションのラインアップを合理化，共用化することで高い価格競争力の実現を目指しており，新しい小型

ディーゼルエンジンの共同開発,ルノー車への日産V6エンジンの搭載,日産へのルノーのディーゼルエンジンの供給などが実施された。

3　「日産180」の策定と実施

　1999年10月に発表されたNRP（日産リバイバルプラン）は，2002年3月に終了し，2002年4月からは，新3カ年計画「日産180」がスタートした。「日産180」という名称は，2002年4月以降3年間の日産の3つの目標を象徴している。最初の「1」は2001年度を起点として2004年度末までに全世界の販売台数を100万台増やすという意味。2番目の数字の「8」は，現行の会計基準に基づいて，8％の売上高営業利益率を達成し，世界の自動車メーカーの中でのトップクラスになることである。最後の数字「0」は，2004年度末までには自動車事業実質有利子負債をゼロにするという目標である。

　「日産180」においても，売上増加，コスト低減，品質・スピードの向上とともに，継続的な「シナジー」効果の追求が強調された。具体的には，引き続き，部品コスト削減によるコスト低減をすすめ，売上増計画では，100万台（日本30万台，米国30万台，欧州10万台，そして一般海外市場30万台）の販売台数増を収益力，ブランド力の強化を伴いながら，積極的な商品投入（28の新型車の市場投入）によって達成しようとした。ルノーとの連携では，マーケティングおよび販売分野において，メキシコ，南米，北アフリカといった特定の市場に対する共通のアプローチでの取組み，プラットフォーム，パワートレイン等，共通化の積極的な推進，海外生産拠点の相互活用，さらに両社のあらゆる事業分野におけるベストプラクティス（best practice：最善の方法，最良の事例）の積極的な交換が計画された。

　次に欧州に目を転じ，欧州自動車市場の特色をふまえたうえで，日産の欧州における販売，生産の拠点である英国日産自動車会社（NMGB），英国日産自動車製造会社（NMUK）の活動に焦点をあてて，ルノーとの提携を活かしながら展開された日産の取組みについて具体的に考察したい。

第6章　ルノーとのアライアンス（提携）と日産自動車の欧州展開

2　欧州自動車市場の特色

1　低シェア，低収益の日本企業

　北米市場とは異なり，欧州（EU加盟15カ国とスイス，ノルウェー，アイスランド）自動車市場では独フォルクスワーゲングループ（VW），仏プジョー・シトロエングループ（PSA），ルノーなどの欧州メーカーとゼネラル・モーターズグループ（GM），フォードグループの米系企業が，各10％以上のシェアをもち，日本企業はトップのトヨタ自動車でも，2001年度で，乗用車のシェアは3％台であり，日本メーカー全てを合わせて10％程度で欧州メーカー（グループ）の1社分ぐらいである（この傾向は今日でも変わらず，2014年度でトップのトヨタで4％，日本企業全体で約13％である）。

　日産のグローバルの販売台数（乗用車，商用車）は，2001年（2001年4月〜2002年3月）は260万台で，そのうち日本が71万台，アメリカが72万台，そして欧州は47万台であった。連結売上高では，全体，グローバルで6兆2000億円，うち，欧州は8500億円で，約14％。売上と台数では，欧州は一定の貢献をしているが，連結営業利益では，グローバルで4900億円，うち欧州は30億円で1％弱しか占めていなかった（数字については日産資料による）。

　日産は，2000年には，4つの海外統括会社（北米，欧州，中南米，中近東）のもとに，米州，欧州，アジア，中近東，アフリカの17カ国に21の海外車両生産拠点を有し，海外販売網については，NSC（National Sales Company）は172社，ディーラーは7773拠点が設けられていた（日産自動車・会社概要データ版，2000による）。

　欧州における主な会社・事業所は，欧州日産統括会社を頂点として，英国日産自動車製造会社（UNMK，英国），日産モートル・イベリカ会社（スペイン），英国日産自動車会社（NMGB，英国），日産デザインヨーロッパ社，日産テクニカルセンターヨーロッパ社（英国）がある。生産事業を行う英国やスペイン以外にも，販売会社を中心に現地法人を設立していた。欧州統括会社は，従来オランダにある欧州日産（NENV）を指していたが，ルノーとの提携を機に，「シ

ナジー」(synergy：相乗)効果をより高めることを狙い，2000年以降オランダの各機能（販売，マーケティング，アフターセールス，人事・総務，IT 等）は，順次パリへ移転され，2002年春にはパリへの機能移転が実質終了していた。新欧州日産（NESAS）の登記準備が整い，2002年11月1日から法規上の新会社がスタートすることになった（2002年10月の中間決算報告時に発表）。

2 最先端技術が投入される国際競争の「主戦場」

欧州市場は，また，世界の有力メーカーがひしめき，ブランド力・競争力ある車が，きびしく競合する市場であり，すぐれたデザイン技術，安全・環境技術，軽量化技術，さらにモジュール生産，プラットフォームの共通化など製品，製造技術両面で最先端の技術が投入されている。したがって，現在の収益状況だけを見て，欧州市場から撤退すれば，世界の主要メーカーとの最先端の競争から取り残されることになる。競争力ある車を収益をあげながら生産，販売するシステムの構築が急務となっていた。

日産自動車は，資本提携したルノーとの協力で，すでにのべたように「グローバルレベルでの利益ある成長戦略」を策定し実施しているが（2002年3月より開始された「日産180」では，売上の増加，コスト削減，品質とスピードの向上，そしてルノーとの連携の最大化という「4つの柱」が強調された），ルノーが大きなウェイトを占める（日産の約4倍の市場シェア）欧州市場では，ルノーとの連携による「スケールメリット」が決定的に重要であり，徹底したコストの削減，積極的な商品投入，ブランド力の強化，販売・物流の合理化がルノーとの共同で進展した。

3　販売体制の合理化とブランド力の強化

1 バックオフィスの設置とハブディーラー構想

総コストの中で，購買コストに次いで2番目に大きな割合を占める総流通コストについても，売上高に占めるグローバルの総流通コストの割合を，3年間（2002〜2004年）で，27％から24％に削減する目標が設定された（日産ニュースリ

第6章　ルノーとのアライアンス（提携）と日産自動車の欧州展開

リース，2002年5月9日）。

　日産とルノーは，提携による収益を伴った成長を実現するために，欧州における販売・マーケティング機能の再構築プランを2000年5月に発表した。販売会社（NSC）レベルでは，ブランド・顧客に直接関係しない支援業務（人事，IT，経理等）を各国におけるルノー・NSC下のバックオフィスで行う（英国・フランス・イタリア・スペイン）。一方，ドイツ・オランダ・スイスでは，フロントオフィスも含めた経営の一本化を行い，さらなる業務効率化をはかるが，ブランドマネジメント専任部署（日産デビジョン，ルノーデビジョン）を設置し，両社のブランドの独自性を維持する。

　ディーラーレベルでも，同様の効果を狙いハブディーラー構想を推進している。ハブディーラー構想が販売網戦略の骨子になっており，日産とルノーのディーラー網を統括する共通ハブを一定の地域単位に設定し，既存ディーラーおよび新規参入を希望する資本家の中から，ハブに投資し運営する「ビジネスパートナー」が選ばれる。共通ハブは部品管理や物流，一般管理など，ブランド，顧客に直接関係ない業務を集中して行うバックオフィス機能をもち，今まで日産やルノーの複数ディーラーが管轄していたテリトリーより広範な地域をコントロールすることになる。そのために，一般管理費の削減に加えて，販売台数の増加，各店舗での販売力強化をはかることが可能となった。

　この共通ハブ数は，2005年には460となる見込みであったが，この共通ハブの効果については，次のように予測されていた。共通ハブが扱う販売は，2002年までにはルノーの販売台数の4分の3に，また日産の販売台数の3分の2となる。それぞれ年間平均販売台数が，2200台（当時のルノーの平均販売台数の2倍以上），約700台（当時の日産の平均販売台数の約3倍）となる。このハブ戦略による販売増とコスト削減効果は，日産とルノーあわせて2005年までに2億3000万ユーロを上回ると見込まれ，より効果的なマーケティング活動が可能になった（詳しくは，日産ニュースリリース，1999年12月21日，2000年5月15日参照）。

2　売上増加とブランド力の強化

　収益目標を達成しながら，販売台数の増加（2004年には，プラス10万台）と市

場占有率を高めるために商品計画がたてられ，NRP の期間中に企画・開発された商品が，順次市場に投入された。欧州向けにデザインしたプリメーラ，プラットフォームを共有化したマイクラ，ルノーからの OEM 供給による小型商用車などである。とくに，革新的な商品を開発する先進的な企業として認知され，安定した継続的な収益を得るためにブランド力の再構築が強調され，日本車に対するブランドイメージの調査，デザインの刷新，CSI（サービス面における満足度）と SSI（セールス面における満足度）の向上のための取組みがなされた。

NMGB のブランド認知度とイメージ調査によると，日本車は総じて中位以下にあり，欧州企業とは格差がみられた。日本車（日産車）に対する評価（値段が安くて，仕様がいっぱい付いていて故障しない，それほどお金持ちでない顧客）をふまえ，欧州車をベンチマーキングにして，ブランド力を高める試みもなされた。

デザインについても，「欧州に好みに合った，感性に訴えるような」車をつくるためにデザイン機能が強化された。具体的にはデザインセンターをロンドンにつくり，「日本の DNA（遺伝子）」をもちながらも，ヨーロッパのデザインを取り込んでいくという動きが加速された。

さらに，NMGB では，ディーラーマージンの支払基準に，ディーラーの顧客対応状況，(NMGB の主催する) 各トレーニングへの参加，顧客満足度調査結果などのいわゆる「販売品質」の評価を取り入れるなどして CS（顧客満足）を高めようとした。また，なぜ顧客が特定のクルマを購入したのか，またなぜ購入しなかったのか等の調査を定期的に実施し，欧州日産経由で新車の研究開発へのフィードバックに活用された。

4　コスト管理の強化と同時開発・生産への動き

1　購買コスト削減と共通プラットフォーム車の生産

生産部門でもルノーとの連携がすすんだ。前述した CCT 活動では，生産面に関して「製造・物流 CCT」があり，具体的には製造では，ベンチマーキング，生産方式，保全，原価管理，物流では，完成車車両物流が検討された。お

互いの長所，短所も比較され，日産自動車の優れた点（生産性，品質，柔軟性など），ルノーの優れた点（コスト管理など）を取り入れながら，相互の工場見学，技術者の交流も交えて，製造ノウハウの共有化がすすめらた。

　ルノーのコスト管理から多く学び，ルノー式の評価方法が取り入れられ，グローバルな視点（連結利益への寄与）に基づき，リージョン（region：地域）だけでなくファンクショナル（functional：機能）軸による日本からの予算面，収益面などの「統制」は強まった（この点は，生産面だけでなく，販売面でもなされており，前節で考察した NMGB では C3〔Commercial Contribution Contract〕という収益，コストに対するルノーの評価方式が2001年より導入されている）。

　NMUK に対しても，生産性だけでなく，コスト面でも厳しい要求がだされている。コスト削減のためにさまざまな方策がとられているが，前にも述べた共同購買の効果が大きい。2001年に使用塗料の全量をルノーとの共同購買（欧米企業からの購入）に切り替え，日本企業からの購入を中止することによって，大きなコスト低減を行った。内製する必要のない標準的な設備，工作機械も共同購買された。この共同購買によって，ルノーと取引のあるヨーロッパ大陸の部品企業からの購入も増大した。ただ，新車の立ち上げ時に日本のように短い期間に安定した大量生産に移る点については，これらの企業では相当むつかしい状況であるなど問題点も明らかになった。

　プラットフォームが共通化されたマイクラ，ルノーから供給されるディーゼルエンジン搭載車の生産準備もこれまでの生産ノウハウを活用して，品質基準の検討など細かい調整を伴いながら着々とすすめられた。概して，ルノーとの提携では，原価管理，部品購入などをルノーから学び，製造面では，日産の日本的な生産方式を強化する方向であるが（日産の生産方式を採用し，ルノーの生産性は急激に改善されているとのことである），現地化という点からもいろいろな見直しがすすんだ。

２　日本的方式の英国工場での実践

　NMUK は，従業員１人あたりの生産台数が６年連続，欧州１位であり，生産性，品質，納期などで高い評価を得ている企業である（概要は**表6-1**参照）。

第Ⅲ部　自動車企業のグローバル展開と生産システム

表6-1　NMUK の概要（2001年）

資本金	2億5,000万£	所在地	英国 Sunderland
生産品目	プリメーラ，マイクラ，アルメーラ，エンジン，樹脂部品，アルミ鋳造品		
生産設備	プレス，車体組立，塗装，艤装組立，エンジン機械加工・組立，樹脂成形など		
従業員数	約5,000人	敷地	3,035,000㎡
操業時期	1986年7月（84年4月設立）		
生産能力	年間33万台（02年後半までに24時間3交代制で50万台へ引き上げる計画）		

（出所）　日産資料より筆者作成。

　NMUK では，英国の自動車会社，ローバーから移ってきた人が幹部の多くを占めていた。彼らが日産に入り日本に研修に行ったのは1985年頃で（日本経済，企業が非常に勢いのあった時期），日本企業，また生産方式のよい点を肌身で感じているため，日本的な方式の導入については，抵抗がなく積極的に展開されていた。

　チームワーキング，フレキシビリティ，JIT（JUST IN TIME），KAIZEN などが実践され，いろいろな指標が「目にわかる管理」として現場にも掲示されていた。チームワーキング，フレキシビリティを高めるために，ジョブ・ローテーション，技能訓練も行われていた。1人の作業者が3つのジョブをカバー，1つのジョブが3人の作業者にカバーされるように（1 man-3 jobs, 1 job-3 men）ジョブ・ローテーションがなされ，さらに「初級」「標準」「上級」の段階別基準の明示，それに基いての技能訓練が計画的になされていた。

　また，地域の失業率が高いこともあって非常に優秀な若い労働力を確保でき（臨時採用でも競争率は30〜50倍），組立ラインの平均年齢は20代であり，短いタクトでの混流生産も円滑に行われていた。英国人が主体的にマネジメントするというスタイルが貫かれており，日本人スタッフは非常に少数になっていた。とくに，ルノーとの提携後は，NMUK が力をつけてきたことも踏まえ，責任と権限の明確化のために「アドバイザー」制が再検討され，それまで三十数人いた「アドバイザー」は半減し，全員がラインに入るようになった。同時に，日本からの出張，出向期間，人数も大きく見直された。今までは6カ月とそれ以降しかなかったものが，6カ月未満の出張（プレスの型とか，車体の設備を設置

する場合など），6カ月から2年未満の出張（新設備，新車の立ち上げ時），2年を超す場合の長期出向（大体平均3，4年）という3区分に2002年から改められた。2002年時点で，アドバイザーが14名，6カ月以上2年未満というのが14，15名，短期出張が，工事のときに30，40人ぐらいになっていた。

3　生産準備活動の変化と現地化の課題

　世界各地での迅速な同時開発，同時販売が趨勢となってきている状況では，従来のように日本で開発し，日本の工場（母工場）で新製品を生産し，一定の期間を経た後，海外工場でも立ち上げる（日本から多くの要員も派遣して）というパターンは，各社の独自性をもちながらも見直されている。

　これまでは，NMUKで製造している車は，全て日本の工場で生産を開始した車（たとえば，マイクラは追浜工場，プリメーラは九州工場）であり，生産開始時のいろいろな不具合の修正を織り込んだかたちで，車も設備も基本的に日本の工場に入れたものをもってくるということで，全て母工場があってのかたちとなっていた。工場運営にしても基本的には日本が先を走って，それをフォローしていく，開発，生産準備，試作段階も含めて全て日本で行い，NMUKは「維持，改善」が基本であった。同時立ち上げになると（次期の新車から予定されている），生産技術の力量が必要なため，生産準備活動，開発段階での開発と生産のSE（Simultaneous Engineering：同時開発）活動を学ぶために，2002年からNMUKの技術者が日本の生産技術本部に派遣された。今後，この方向は強化されるであろうが，一層のエンジニアの養成，日本の生産技術部門との連携の再検討，ルノーの生産準備の方法とのすりあわせなど，多くの課題も明らかになった。

　以上で，ルノーの提携に基づく，主に生産システムに関連する取組みの概略，そして激烈な競争が展開される欧州自動車市場において，ルノーとの提携を活かしながら展開される日産の企業活動を販売，生産面から考察してきた。そこで明らかになったのは次の諸点である。

　第1は，ルノーとの提携後，CCT，FTTの活動を通じて，生産システムに

▶▶ Column 6 ◀◀

ルノー・日産アライアンスの成果

ルノー・日産アライアンスは，1999年3月27日に提携して以来，2009年で10年の節目を迎えた。その10年の間に，両社はそれぞれのブランドと企業イメージを維持しながら，両社の利益と時価総額を大きく増大させるとともに，次の10の成果を上げたとされている。

① 販売台数の増加：両社の合計販売台数は，1999年の498万9709台から2008年の609万304台（ロシア　アフトヴァズ社の台数を除く）に増加
② 共同購買比率，100％に：ルノー・ニッサン共同購買組織（RNPO）の共同購買比率は，2001年の設立当初は30％であったが，2009年4月1日より100％となった。
③ プラットフォームおよび部品の共有
④ パワートレインの交換と共有（2008年で，全部で8種類のエンジンが共有）
⑤ 先進技術搭載の製品ラインアップの拡大，共同開発計画を策定
⑥ 生産の標準化：日産生産方式（NPW）に基づいて，ルノー生産方式（RPS）が策定され，ルノーの全工場で採用。RPSの採用後，ルノーの生産性は15％向上
⑦ クロス・マニュファクチャリング：各々がパートナーの生産設備を利用。たとえば日産の南アフリカ，メキシコ，スペインの工場で，ルノー車の生産
⑧ グローバル市場拡大：地理的な補完性を活かし全世界の重要市場を網羅。ルノーは歴史的に，欧州，アフリカ，南米に強く，一方日産は，日本，北米，メキシコ，中国，中東が主要な市場。両社は，2005年より地理的拡大を目指し，共同でインドなどの新興市場への参入を開始。
⑨ 製品ラインアップの拡大：アライアンスは製品ラインアップの拡大に貢献。たとえば日産は，ルノーの既存車両を利用し，欧州でのLCV（小型商用車）事業を拡大。
⑩ クロス・カルチャー・マネジメント：全ての分野でユニークな多文化のマネジメント手法を採用。

（詳細は日産ニュースリリース，2009年3月27日を参照）。

関連するグローバルレベルでの協同の取組みが進んだ。共同購買，マーケティング，販売分野での共通のアプローチ，プラットフォーム，パワートレインなどの共通化の推進，技術交流などである。

　第2に，ルノーが大きなウェイトをもつ欧州では，上述の協同の取組みでは，販売体制の合理化，共同購買，プラットフォーム共有車の生産，エンジンの相互供給などが進展した。この提携の成果を基礎にルノーからも学びつつ，また，従来からの生産面での強みも活かしながら，日産は，ブランド力強化による販売増，世界同時開発，立ち上げのために，いろいろな活動を強めた。ディーラー水準の引き上げによるCS（顧客満足）の強化，デザイン力の向上，現地エンジニア力の強化などである。

　以上の動向は，一層のコスト削減，部品，プラットフォーム共通化に伴う設備・技術標準の見直し，共通化増大の中での独自性（製造方式，車の機能，デザイン）の発揮，マーケティング，開発，生産準備，製造の一層の連携と，開発から販売までのリードタイムのさらなる短縮など多くの課題を生産システムにもたらした。

注
(1) 日産とルノーは，2014年4月1日付で研究・開発，生産技術・物流，購買，人事の4機能を統合，両社一体で運営する業務体制に移行した（詳しくは日産ニュースリリース，2014年3月17日を参照）。共同購買などで効率性は追求するが，運営は独自性を保つといわれている提携の形態，内容は大きく変わることになる。いずれも生産システムに大きな影響をおよぼす内容であるが，この移行の理由，プロセス，影響などについては今後の研究課題である。本章ではこの統合以前，提携の発足直後の状況を対象としている。

　なお，本章は，2002年8月に行った，英国日産製造会社（NMUK），英国日産自動車会社（NMGB）での調査に主に基づいている。

(2) 両ブランドが共通プラットフォームをベースに独自の商品ラインアップを発展させる方針はBプラットフォーム以外にも適用され，日産・ルノー両社は共通プラットフォーム数を10に統合する方向である。これらの共通プラットフォームをベースに両社が独自のモデルを開発していくことで，それぞれのブランドが大きなスケールメリットを享受できることになる。すなわち，1プラットフォームあたりの

生産台数はルノーが平均28万台，日産が10万台であったが，これを平均50万台まで引き上げることが可能となる。Bセグメントのような大量生産車種の場合，共通プラットフォームをベースとした車両の年間生産台数は両社合計で100万台を上回ると予測された（詳しくは「日産ニュースリリース」1999年10月20日を参照）。
(3) NMUK における日本的な経営・生産方式を導入した詳細な経緯については，次の文献を参照。ウィッキンス著，佐久間賢監訳，1989

P. ウィッキンス（Peter D. Wickens）は，NMUK の人事・情報システムの担当役員であり，1995年に退職している。彼の日本的な経営・生産方式に対する考え方を知るうえで，次の文献も参考になる。Wickens, 1995。
(4) NMUK, Information Pack, 2002, および工場見学，聞き取りによる。
(5) この点について，当時のカルロス・ゴーン日産社長は次のように述べている。

「日本企業の海外子会社でお馴染みの『アドバイザー』という肩書は，そもそも革新的な日本式経営方法を適用するためのコンサルタントの役目を果たす役職だった。やがて日本式経営方法が浸透するにつれてその存在意義はなくなっていったが，ライン・マネジャーの権限を侵害する以外はさしたる働きもないまま『アドバイザー』という肩書だけは残ってしまった。そこで，この『アドバイザー』制度を廃止し，『アドバイザー』を務めていた人々全員に直接的な経営上の責任を課した。さらに，日産の他のマネジャーたち，フランスから一緒に連れてきたルノーの人々全員の役割を明確に規定し直した。現在，彼らは一人残らずラインの責任を分担し，それぞれの貢献度が一目瞭然にわかるようになっている。そして，何かが間違った方向にすすんでいれば，各自が責任をもって，それを正すようになった。」（カルロス・ゴーン，2002，44）

参考文献

P. ウィッキンス（佐久間賢監訳）1989，『英国日産の挑戦――「カイゼン」への道のり』東洋経済社

Peter D. Wickens, 1995, *THE ASCENDANT ORGANIZATION*, Macmillan Press Ltd.

カルロス・ゴーン，2002，「ルネッサンス：日産復活の真実」，*Diamond Harvard Business Review*, February

第7章
自動車企業のグローバル化と生産技術部門

　本章では、グローバル展開のための生産準備活動という点から、日産を対象にして生産技術部門の役割を組織、業務など、できるだけ詳細に把握し、さらに異なった価値観をもつ外国企業（ルノー）との交流の中で、日本の生産技術力がどのように評価されているかを明確にします。そのことによって日本企業の生産システムの特色が一層明確になります。

Keywords：生産技術部門，生産準備，同時開発，製品設計，工程設計

1　日本自動車企業の生産技術部門の特色

　これまでの章で明らかにしてきたように日産では、ルノーとの「アライアンス」によって全ての企業組織・活動において、提携のシナジー効果を生みだすための「交流」が行われており、グローバルレベルでの連携と生産システムとの関連という点からみても実に興味深い素材が提供されている。ルノーと日産の提携では、CCT，FTT の活動にみられるように、あらゆる部門において具体的に両社の差異、共通点が明らかにされ、それを踏まえたうえで、両社の長所を活かすように戦略的、かつ強力なリーダーシップのもとに新たな方向が打ち出され、実践されている。生産システム関連においても、開発、生産準備、製造すべてにおいて、組織、在庫の持ち方、技術標準・規格などきめ細かに比較検討されており、両社の生産システムの特性が、より鮮明にうきぼりにされてきている。

　日本の主要な自動車企業（トヨタ，ホンダ，日産）の生産技術部門は、生産システムの重要な構成部分として、各企業の個性をもちながら、諸外国と比べて際立った特色をもっている。車体、プレス、塗装など固有技術部門に加え、車

両技術,開発試作部門,海外生産技術部門などを有し,国内外の生産準備を行いうる力量を備えている。そこには大学,大学院卒の優秀な技術員,工機工場の流れを継ぐ熟練工が数千人規模で配属されており,グローバルレベルで開発設計,製造と密接な連関を堅持しながら,諸外国企業の追随を許さない活発な生産準備活動を展開している。

　生産技術部門は,一般的に企業においては,製品技術と製造技術の間に,つまり,生産準備部門として,設計部門と製造部門の中間工程を担う技術分野として位置づけられ,機械・設備の決定,工程設計など,生産システムにおいて製品・製造技術の確立,とくに日本企業の場合,量産技術の確立という点で重要な機能をもつ部門である。今日,グローバル化の一層の進展の下で,生産技術部門の役割は,ますます重要になってきている。グローバルレベルでの車種追加,切替,相互補完を短期になしえる海外生産準備体制の確立,海外拠点も含めた SE（Simultaneous Engineering：同時開発〈同時参画,同時設計,同時処理〉）活動の強化,生産準備期間の短縮,設備費削減に適合した工程・設備計画の作成,大量生産,少量生産にも対応しうる画期的な新しい加工方法・設備の開発,部品,設備メーカーなど他企業との連携能力（自企業の「コア（中核）」能力の見定めと育成とともに）の強化などである。

　この生産技術部門の活動を,具体的に把握し,評価するためには,製品企画・設計と生産技術部門の関連,そして,生産技術部門と製造部門の関連を明確にしつつ,両者が,生産技術部門が行う生産準備業務の流れの中で,いかに統合されて展開されているかが,明らかにされなければならない。さらに,その中で,各工程の要素技術,設備投資効率,原価（材料・部品・労務費）,品質,作業性といった点が,どのように折り込まれていくかも明確にされなければならない。この点は,今日の設備投資のあり方,自動化・情報技術の展開,購買（調達）政策の転換,作業組織の役割を明確にし,日本自動車企業の生産システムを正確に評価するためには欠かせない作業である（この点については,今田,1998,序章と第5章を参照）。

2 日産における生産技術部門

1 生産技術本部の役割と組織

日産の生産技術本部は,大きく生産部門の中に位置づけられ(図7-1参照),生産準備を中心に,次の役割を担っている。顧客への新しい価値提案としての新製品を,高いQ(品質)C(原価)D(納期)目標を達成しつつ生産するために,生産工程設計,生産設備・型・治工具の設計製作や調達手配,量産試作など生産準備を遂行し,製品目標の実現性を最終検証し生産工場に引き渡す。また,将来に向けた先進の生産および試作技術の開発,設備計画の立案と推進を行う。さらに,リサイクル推進を行う。

生産技術本部の中には,車両関係で7つの部と1つの室があり,パワートレイン(P/T)関係(エンジン,動力伝達装置)では4つの部があった(表7-1参照)。

生産技術本部の人員は,2002年4月末で約3500名であった(そのうち約半数は,型,設備などの製作に携わる技能系)。表7-1は,各ディビジョン(division)とその担当業務を示している。技術統括部,管理部,プレス技術部,メタルの状態の車体を作る車体技術部,部品を付けて車両にする車両技術部,KD(ノックダウン)も含めた海外関係を担当している海外生産技術部,車両の試作や新しい生産技術関係の開発を行う車両技術開発試作部,リサイクル推進室さらにパワートレインの関係の4つの部である。かつては工機工場といわれていたものは,各技術部の中に入っている。たとえば,プレス技術部の圧型設計・製作,車体技術部の車体設備設計・製作である。座間工場は閉鎖されたが,隣接の工機工場は稼動しており,そこで圧型,車体設備の設計・製作がなされている。

2 生産技術本部(車両)の主要業務

各部の個々の業務は表7-1に示したが,大別すると生産技術本部には,次の8つの業務があった。

①生産技術に関する中・長期計画の立案。生産技術本部の中長期技術戦略,

第Ⅲ部　自動車企業のグローバル展開と生産システム

図7-1　生産部門の組織（2002年4月現在）

（注）　SCM：Supply Chain Manegement
（出所）　日産資料より筆者作成。

中期経営計画を立案する。②新車生産準備業務の推進。最適製造条件を設計部へ提案し，生産準備計画を立案し実行する。その中で投資計画，QCD目標値を設定し達成する。③大規模設備投資計画の立案および推進。④内製部品の製造にかかわる設備・型・治工具の設計・製作および管理。新車展開計画に基づく圧型，車体設備，治工具の設計・製作・設置にかかわる計画を立案し実行する。⑤新商品試作および先進の生産技術の開発。戦略に基づいて研究開発時点

第7章　自動車企業のグローバル化と生産技術部門

表7-1　生産技術本部の組織と機能
(2002年4月現在)

組　織	機　　能
技術統括部	車両生産技術戦略まとめ，中長期・年度計画，新商品原価低減活動の企画・推進，新商品計画展開・まとめ
管理部	経理・人事・総務，型・設備の外販業務，座間事業所運営　ISO 9001, 14001推進
プレス技術部	新車展開準備（圧造），製造計画（見積予算化），工程計画，圧型設計・製作，初期流動管理
車体技術部	新車展開準備（車体設備），製造計画（見積予算化），工程計画，車体設備設計・製作，初期流動管理
車両技術部	新車展開準備（塗装・組立），製造計画（見積予算化），工程計画，初期流動管理
海外生産技術部	海外新車展開準備支援，製造計画作成支援，工程計画支援，工場運営管理支援
車両技術開発試作部	生産技術開発，生産設備の技術開発，生産システムの技術開発，装置に関する技術開発，試作部品・試作車両製作，生産ゲージ製作
リサイクル推進室	リサイクルの推進，適正処理の推進，海外リサイクルシステム構築に向けた活動の推進
P/T技術統括部	P/T生産技術戦略まとめ，中長期・年度計画，新商品原価低減活動の企画・推進，新商品計画展開・まとめ
P/T生産技術部	P/T新車展開準備（加工・組立），製造計画（見積予算化），工程計画，P/T設備設計・製作
成形技術部	P/T新車展開準備（鋳造・塑性），製造計画（見積予算化），工程計画，圧型設計・製作
P/T技術開発試作部	P/T生産技術開発，P/T生産設備の技術開発，P/T生産システムの技術開発，試作部品製作

(出所)　日産資料より筆者作成。

から量産開始時点までの生産技術開発を実施する。車両および部品の試作技術を開発する。⑥海外生産拠点に対する生産準備およびQCDの向上支援。⑦生産技術レベルの向上ならびに標準化と各工場への普及。⑧リサイクルの推進。

この中で，とくに主要となるのは，次の3つの業務である。

①生産技術開発によるQCDの改善

個別要素技術を深めることにより，溶接や塗装などの各工程におけるQCDを改善するために生産技術の開発がすすめられている。人手作業のロボット化，

より大気汚染の少ない塗装方法の開発，より安い材料による同機能の製品の製造などである。このような各工程の課題解決と併せて，工程横断的な課題の解決も図られている。車両系では6つの課題，すなわち，車両軽量化，バーチャル生産準備，多車種混流生産，モジュール生産システム，電装機能品質保証，超廉価車両構造のための技術課題解決が重点的に取り組まれている。一方，パワートレイン系では，原価低減，バーチャル生産準備，品質保証，燃費・排気・トルク／出力，先進パワートレイン，車両軽量化，多車種混流生産，モジュール生産のための技術課題を解決するための取組みがなされている。

②新車の生産準備

この業務は，生産技術本部の仕事の中で一番大きなウェイトをもつもので，開発された生産技術を活用し，国内外で行われる新車あるいはマイナーチェンジ車の生産準備業務，および生産担当工場と連携した立ち上げ業務の推進がその主な内容である。そこでは，効率よくQCDを達成するための製品設計と工程設計が強調されている。

製品設計というのは，生産の要件を取り入れて図面の質を良くし，製品構想，図面段階から，ムダの徹底排除や品質確保をはかる取組みである。部品種類や部品点数の削減が具体的な活動の1つである。工程設計は，いわゆるラインの設計，物のつくり方の設計という部分で，生産量の変動や多車種混流に柔軟に対応し，最少のコストで生産でき，かつ作業環境に配慮した工程計画や設備計画が作成される。製品計画と工程計画については，開発の早い段階からのSE（同時開発）活動が重要である。さらに，効率よくQCDを達成するために，製造現場に対して適切な製造条件などの基準や作業・管理方法が明示され，実施状況が確認されている。そして固有技術の標準化と技術開発を進め，JIT（Just in Time）・SQC（Statistical Quality Control：統計的品質管理）・TPM（Total Productive Maintenance：全社的生産保全）等の手法を用いて工程改善をはかるとともに，次期計画への確実な反映がはかられている。

③各種プロジェクトの計画・実施

第3の業務は，各種大型プロジェクトの計画，実施あるいは支援業務である。調査当時では，日本国内の能力増強，北米キャントン工場（ミシシッピー州）と

デカード工場(テネシー州)増強,中国プロジェクトなどがあった。国内では,村山工場の閉鎖後,残りの工場の能力を高めていくために,ラインの稼働率を上げていく方策がとられていた。

3 「日産180」と生産技術部門

「グローバルレベルでの利益ある成長戦略」として2002年3月より実施された「日産180」では,売上の増加,コスト削減,品質とスピードの向上,そしてルノーとのアライアンスの最大化という「4つの柱」が強調された。具体的には,部品コスト削減によるコスト低減をすすめ,売上増計画では,100万台の販売台数増を収益力,ブランド力の強化を伴いながら,積極的な商品投入によって達成しようとしていた。

「日産180」の確実な実行のために,生産技術本部としても「アクションプラン」を作成し,部門展開をはかっていた。顧客ニーズの多様化,車の低価格化,新車効果の短命化に対して,生産活動のスピードアップ,商品の適正価格でのタイムリーな供給を行う,そのために新車生産準備期間の大幅な短縮,技術力の向上が課題とされ,前述した8つの業務を柱にして,目標値,方策が決められた。

新車生産準備期間の大幅な短縮では,海外も含めた SE 活動が一層重要となっている。SE 活動は,設計,生産技術部門(製造部署の参画もまじえて)が製品構想段階より,組織的に共同して,製品構造と生産技術,製造方法を決めていく活動であり,新車開発時の費用と時間のいっそうの節約,より合理的な製品設計構造の選択を目的としている。そのために,車両開発の初期より,製品の性能,付加価値と現実のコスト,作業性といった,お互いの要求事項を出し合い,製品要件と生産技術要件が融合するまで検討し,製品図面をつくり上げていく活動が展開されている。日本自動車企業のすぐれた大きな特色であるこの活動は,今日,生産のリードタイムを短くし,国内外に新車供給を迅速に行うために,また,開発体制のグローバル化に伴って,海外の拠点でも行えるように,組織的にも技術的にも(デジタル化などで)取組みが強められている。(厚木テクニカルセンター内の)エンジニアリングセンタービルには,購買,生産

技術，設計部門（ものづくり3部門）が集められ，一体となって活動が展開され，海外にも多くの人員が派遣されていた。

　生産技術の開発については，「初期投資が小さく柔軟な生産ライン」を「グローバルスタンダード」として，各社とも従来とは異なる画期的な内容をもつ技術の開発を進めている。少量から大量生産まで対応でき，投資とスペースの大幅削減を実現したトヨタの「グローバル・ニューボディライン」（詳細は第8章で），ホンダの多車種混流生産ラインなどである。日産でも，技術力向上のために，世界中どの工場でも高品質が確保でき，量の変動に柔軟に対応できる多車種混流生産が可能なラインづくりのための，技術開発にも力が向けられた。

　「日産180」では，ルノーとの連携がさらに緊密になり，数年間に3つの分野での発展が予想されていた。メキシコ，南米，北アフリカなどの特定の市場に対する，販売・マーケティング活動の協同展開，プラットフォーム，パワートレインなどの共通化の積極的な推進，両社のあらゆる事業分野におけるベストプラクティスの交換による体質改善である。

3　ルノーとのアライアンスと生産技術部門

1　アライアンスとクロス・プロダクション

　生産部門でもルノーとの連携が着実にすすんだ。CCT活動では，生産面に関して「製造・物流CCT」があり，具体的には製造では，ベンチマーキング，生産方式，保全，原価管理，物流では，完成車車両物流が検討された。FTTの「クロス・プロダクション」では，その名のとおり，グローバルなレベルでの互いの生産拠点の活用，プラットフォームの共通化，エンジンなどの共用化，相互補完，生産技術の交流，共有化のために，技術・生産領域で必要なサポートが行われた。

　①グローバルレベルでの生産拠点の活用

　アジア・北米に実績のある日産，欧州・南米で確固たる地位をもつルノーという，両社がグループ化することで，強力な地域的補完関係も実現するといわれていたが，この点はグローバルな生産体制でも効力が発揮された。ルノーの

第7章　自動車企業のグローバル化と生産技術部門

ブラジル工場内に共同工場が新設され（2001年12月），2002年初頭からピックアップトラックの「フロンティア」が生産開始され，メルコスール（南米共同市場）での販売目標を達成するうえでの大きな布石となった。逆にメキシコの日産の工場では，2000年12月，ルノー「セニック」，2001年12月，ルノー「クリオ」の生産が始められ，スペインでも開始された。この，まさに開発と生産が「クロス」（交差）する補完体制では，ブラジル工場の立ち上げなどについても，日産の生産技術部門は大きな役割を果たした。

②プラットフォームなどの共通化

車両技術の分野では，両ブランドが共通プラットフォームをベースに独自の商品ラインアップを発展させる方針で，双方の開発，技術思想の違いからくるさまざまな問題を克服しながら，プラットフォームなどの共通化がすすめられた。

すでにコンパクトカークラスのBプラットフォームが開発済みで，共通Bプラットフォームは日産の主導のもとに両社のエンジニアで構成するチームによって開発され，それぞれのブランド特有のアイデンティティと商品の特色を尊重しながら，日産のマーチ（欧州名マイクラ），キューブ，ルノーの次期型トゥインゴ，クリオに適用された。Bプラットフォーム以外でも共通化は本格化している。ルノーが2002年10月から発売された「Megane」は日産との共通Cプラットフォームを採用しており，日産は，このプラットフォームを2004年に発売された「サニー」クラスの車種に採用した。日産・ルノー両社は共通プラットフォーム数を10に統合する方向であり，これらの共通プラットフォームをベースに両社が独自のモデルを開発していくことで，それぞれのブランドが大きなスケールメリットを享受できることになる。この共通プラットフォームの採用は，コスト削減，生産性向上を達成するだけでなく，新車を迅速に世界各地域の市場に供給できる体制の確立にも貢献した。

パワートレインの分野では，日産・ルノー両社のエンジンおよびトランスミッションのラインアップを合理化，共用化することで（2010年までに8機種のエンジン，7機種のトランスミッションの共用化），高い価格競争力の実現を目指して，新しい小型ディーゼルエンジンの共同開発，ルノー車（ルノー「ヴェルサ

ティス」)への日産製3.5ℓV6エンジンの搭載,日産車(日産「マイクラ」)へのルノー製ディーゼルエンジンの供給などが実施された。

2 ルノー・日産における生産技術の交流

　前述したCCTには,物流,製造,FTTには,圧造,車体,生産管理,塗装,部品購買,品質などのワークショップ(WS)が設けられ,各WSでは,品質基準,設計思想などが細かく比較され,対策がとられた。その詳細については省略するが,まず,組織面で明らかになったのは,次の点である。

　①生産技術組織のちがい

　ルノーと日産では生産技術部門の組織体系が異なっており,日産の生産技術部門は「生産部門」に属するが,ルノーは「開発部門」に属している。開発か生産部門に属するかは両社とも歴史的な経緯があり,まだ同じような組織体系にするかは,検討中であった。新車準備に関しては,日産の場合は新車準備要員というのが,新車準備を行っており,それ以外にも常に工場常駐している技術要員がいて,工場に付随する問題に対処している。ルノーの場合は,比較的,新車立ち上げ時は多く常駐しているが,それが終わると次のプロジェクトに異動し,工場に残るのは本当の保全部隊だけである。ルノーでは,組織間に結構,「壁」があり,生産と開発の連携は必ずしもよくないとのことであった。

　生産技術部門の重要な機能である,工程設計では,組合活動が強いこともあって人間工学的(Ergonomics)な面が,ルノーではすすんでいた。この点は,日産が学び,2002年9月小型商用車「プリマスター」の生産(ルノーが開発)を開始した日産モートル・イベリカ(スペイン)の車体組立ラインでは,ルノーの生産方式が大幅に取り入れられた。ルノーの技術者,70人が指導にあたり,助力装置での持ち上げや車体下部の腰の高さでの組立などが導入された(『日経産業新聞』2002年11月27日付)。

　ルノーとの提携後に,日産における既存の生産技術部門組織がルノーのために変わったということは全くなく,むしろルノー側が自社の組織を変えようとした。たとえば,ルノーのパワートレイン関係では,生産技術部門を今まで開発に分散していたのを集めて,小規模ではあるが,日産と似た組織をつくり,

第7章　自動車企業のグローバル化と生産技術部門

▶▶ *Column 7* ◀◀

自動車のプラットフォーム

　プラットフォームとは，車の骨格になるエンジンなどを取り付ける枠組みをかたちづくっている「車台」のことである。車の基本機能をつかさどるコンポーネント（エンジン，トランスミッションなど）とそれらが取り付くエンジン・コンパートメントやフロアの集合体である（下図参照）。車の基本寸法，基本性能などを大きく決定し，開発には膨大な資源と時間を要する。そのためにプラットフォームの共通化がはかられている。共通化した1つのプラットフォームに，どんな種類のサスペンションやエンジン，トランスミッションなどを取り付けるか，その組み合わせによって，セダン，RV（Recreational Vehicle），ミニバン，あるいは2WD，4WDなどの多様な車をつくりわけることができる。ちなみにプラットフォーム数は，トヨタ，日産，ホンダ各社で10前後であり，車種数に比べて大幅に少なくなっている。派生車種も含めることによって，1プラットフォームあたりでは大量生産が可能となり，部品の共通化と相まって大幅なコストダウンが可能となる。

日産・Bプラットフォーム　　　日産・Cプラットフォーム

（出所）　日産資料より抜粋。

そこに日産から主管クラスが1人派遣された（2002年より）。

②技術レベルの評価

　生産技術のレベルに関しては，ルノーでも組立ラインや塗装ラインの自動化はすすんでいるが，生産技術のほとんどはアウトソーシングされており，生産技術部門での内外製化の日産との違いが明らかになった。

　日産の場合，既述したように工機工場を保有し，型，車体設備などは内製化している。ルノーは，工機工場をもたず，ほとんど専門企業に外注している。

専門企業の利用は，その企業が欧州中の全ての自動車メーカーから受注している場合もあって，各社のノウハウを全部もっているため，その中で一番良いものが使えるというメリットもある。この生産技術の内外製の問題は，各社の経営・生産戦略からも大きく捉えなおす必要はあるが，日本の自動車企業は，重要な部分の内製化は固持しており，競争力の大きな要因であることはまちがいがない。[4]

内製技術に関しては，日産の方が優位にあるために，ルノーは，車体，プレス関係でルノー車の生産のための型，車体設備の一部を日産の生産技術部門（旧工機工場）に発注している（次期モデルも含めて）。また，ルノー側から，日産との車体，プレス技術の交流を意図した技術員の交換が提案されたが，日産は「日産180」計画の遂行のため技術員工数が非常に逼迫しているため，ルノーからの受け入れはするが，派遣は断っている。生産技術部門の主要な業務である新車立ち上げに関しても，リードタイム（完成車になるまでの所要時間），立ち上げカーブ，初期品質などの指標でみても，まだ日産とはかなりの差があった。ルノーは，新車立ち上げについては日産に学ぶという姿勢が強く，レベル向上のため，生産主担を1名派遣してきており，3年間の予定で日産で教育を受けていた。

なお，工場の組織は大差なく，前にのべた製造CCTなどの活動もスムーズに行われている。日産からNPW関連部門を中心に，現場管理のメンバーがルノーに派遣され，その人たちが核となって，標準書の作成，現場の改善，作業者の技能訓練などがはじめられている。[5] 受け入れ熱意の格差，混流生産に不慣れなど多少の障害はあったが，日産の生産方式は採用され，これまで，あまり現場改善がなされていなかったこともあって，ルノーの1人あたり労働生産性は急激に改善しつつあった。

注
(1) 日産の生産技術部門については，2002年10月に行った，日産の生産技術本部（神奈川県厚木市）における調査に基づいている。本章の内容は，主に現地での，プレゼンテーション，ヒアリング，提供・提示いただいた資料から得たものである。

第7章　自動車企業のグローバル化と生産技術部門

(2)　当時，1プラットフォームあたりの生産台数はルノーが平均28万台，日産が10万台であったが，これを平均50万台まで引き上げることが可能となった。Bセグメントのような大量生産車種の場合，共通プラットフォームをベースとした車両の年間生産台数は両社合計で100万台を上回ると予測された（詳しくは日産ニュースリリース，1999年10月20日を参照）。
(3)　生産技術面での交流では，クロス・プロダクションのために必要な技術情報は，お互いに開示する（特許に絡むのは別として，実質，無償開示と同じ）ということが，アライアンス・ボードで合意された。これは，ルノーにとっては非常に有利な条件であるが，ルノーの言い分では，購買面ではルノーが大きな貢献をしているので当然とのことであった。日産，ルノー提携の一面を示しており興味深い。
(4)　この点は今日においても，内外製と競争力（技術力，コストなど）問題として重要であるが，次の聞き取り内容は，技術の蓄積と競争力という面から重要な内容をもっている。
　「（ルノーは）かなりの部分をアウトソーシングしてしまっていますので，『技術の源』となるところがかなり逃げてしまっています。……私どもが出さないでもっていることが，やはり強みの1つです。もっていることによって，世の中の進み具合がわかり，比較する材料をもつことができる。そうでなかったら何もわからなくなってしまう。そういう意味では，まだわれわれの生産技術部門というところの役割の中に，ものをつくる機能ももっていることは重要でしょう。購買と技術開発と十分連携をもって技術力の蓄積をすることが大切です。」（日産生産技術者への聞き取りによる）
(5)　ルノーはフランス国内の工場において，日産の方式を取り入れた研修制度を導入したと報じられている。新設されたのは，「エコール・ド・デクステリテ」（器用さの学校）といわれ，1人で複数の作業をこなす「多能工」などを育成するのが目的である（『日本経済新聞』2002年12月30日付）。

第8章
グローバル化と生産システムの新動向
――多様化・共通化と柔軟な生産ラインの展開――

　本章では，グローバル化における生産システムの課題に対して，日本自動車企業が，どのような方策を展開しているのかを，多品種大量生産との関連に重点をおいて次の点から明らかにします。①開発・設計面では，開発拠点の分散化と統合，プラットフォームの共通化と多品種大量生産，②生産準備・製造面では，多品種大量生産を遂行するための柔軟な製造ラインの展開（トヨタの車体溶接ラインを事例に）。

　Keywords：多品種大量生産，柔軟性，世界戦略車，グローバル・リンク生産，FBL，GBL

1　トヨタのグローバル展開

1　海外生産の急増

　トヨタは，今日，国内生産を上回る500万台以上の車を海外で生産しているが，その構造は2000年代初めに形成された。2000年から2006年の間に，海外生産は毎年50～60万台のペースで急速に増加し，海外で2.5倍以上の伸びを示している（図8-1参照）。5年間で新たに16の海外工場が生産開始し，生産拠点も2006年で27カ国，52拠点を数えるに至っている。

　トヨタは90年代半ばに「新国際ビジネスプラン」（1995年），「2005年ビジョン」（1996年）を発表し，積極的に現地化，海外販売を推進した。さらに2002年4月には，経営ビジョン「2010年グローバルビジョン」を発表し，「2010年代の早い時期」に，日野自動車，ダイハツ工業を加えたグループ全体で，10％程度の世界シェアを，中国をはじめとした，「エマージング市場」の開拓も含めて，15％に高めることを目指す方針を明らかにした。「グローバルビジョン」

第8章 グローバル化と生産システムの新動向

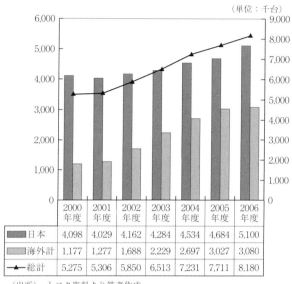

図8-1 トヨタ・海外生産の急増（2000〜2006年）
（単位：千台）

	2000年度	2001年度	2002年度	2003年度	2004年度	2005年度	2006年度
日本	4,098	4,029	4,162	4,284	4,534	4,684	5,100
海外計	1,177	1,277	1,688	2,229	2,697	3,027	3,080
総計	5,275	5,306	5,850	6,513	7,231	7,711	8,180

（出所）トヨタ資料より筆者作成。

では，「実需のあるところで生産し現地とともに発展する」というグローバルなコスト競争力強化や商品・事業展開，次世代技術開発推進の視点から，連結・グループとして最も効率的な体制をとるため，事業領域や技術分野の選択と集中や提携をさらに進め，経営・生産システムの刷新をはかった。

さらに2007年には，創立70周年に合わせ，将来の成長に向けた心構えを示した「2020年グローバルビジョン」を策定した。開発・生産面では，次の方針が示されている。エンジン，プラットフォームなどについてのコア技術の競争力をより一層強化し，効率的な開発を行うため，機能の国際的な分担も含め，グローバルな連携体制整備を行う。必要に応じ，戦略的技術アライアンス（M&A含む）も推進する。IT（情報技術）を駆使したグローバルな開発・生産準備体制の構築と世界に発信できる革新的な生産技術の開発も積極的に進める。

さらに，この「グローバルビジョン」の実現を確実にするために，創業以来受け継がれてきた，トヨタの経営の価値観と，ものづくりについての独自の思想を，言語や文化を超えて世界の従業員が共有できるように，「トヨタウェイ

2001」が2001年に明文化された。そしてトヨタウェイを共有し，21世紀のグローバルトヨタの事業展開を担う人材が，確実かつ継続的に輩出されるよう，経営者，ミドルマネジメントを育成する人材育成機関「トヨタ・インスティテュート」が設立された。現場作業者，管理者の育成のためには，2003年に豊田市の元町工場内にグローバル生産推進センター（GPC）が設立され，さらに，2006年には米国，英国，タイの各地に地域GPCを相次いで開所し，それぞれ北米，欧州，アジア・太平洋地域を対象に同様の活動が始められた。

2　「グローバル・リンク生産体制」の確立

　トヨタでは，グローバルな需要変動に柔軟に対応するための施策として，「グローバル・リンク生産体制（リンク生産）」を導入している。これは簡単にいえば，稼働率の低い工場が，稼働率の高い工場の生産を一部肩代わりするというもので，世界各地の需要動向や工場の稼働状況をみて，グローバル規模の相互支援体制を敷くことで，トヨタグループ全体としての稼働率や生産能力の底上げを狙っている。トヨタでは世界各地で広く生産されている「カローラ」や「ヤリス（日本名ヴィッツ）」「カムリ」，IMVなど，グローバルモデルを中心に「リンク生産」を取り入れている（図8-2参照）。

　トヨタの「リンク生産」は，単なる国内親工場による海外工場の生産支援という役割を超え，グローバル需要の拡大にトヨタグループの総力を結集して対応するための施策へと，その役割を大きく変貌させている。「リンク生産」の基本形は，生産拡大が続く海外工場は安定稼働を目指しつつ，日本の工場は多車種をフレキシブルに生産できる能力を高め，海外工場の需要変動に柔軟かつ迅速に対応することにある。つまり「内・外」間の工場をリンクするというもので，たとえば欧州で「ヤリス」を生産するフランス工場（TMMF）は，日本の高岡工場とリンクをかけて需要変動に対応している。また，最近では「外・外」間の工場をリンクした生産も本格化し，たとえば世界最適生産・供給体制の構築を目指すIMV（Innovative International Multi-purpose Vehicle，詳細は次節と第9章4を参照）プロジェクトでは，タイ，インドネシア，南アフリカ，アルゼンチンの各工場が相互にリンクしている。

第8章　グローバル化と生産システムの新動向

図8-2　グローバル・リンク生産体制

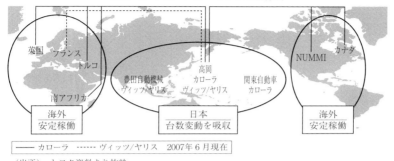

(出所)　トヨタ資料より抜粋。

この「リンク生産」の実施の前提として，各工場のもつ能力最大化や多車種生産に対応するための柔軟性向上が必須であり，そのためにも生産技術の革新が一層求められている。

2　グローバル化と生産システムの課題

「規模の経済」を維持し，世界中のそれぞれの市場固有のニーズに応えながら，いかに経営効率をあげるかという，グローバル化にとっての最大の課題に対応するために，日本の主要自動車メーカーは，各社の独自性を保持しながら，世界の各地域（米州，欧州，アジアなど）で生産，販売拠点の拡充をすすめるとともに，グローバル市場での事業環境の変化に対応しうるように，経営・生産システムを，さまざまな形態での外国企業との連携も伴いながら構築しつつある。

この質量ともに大きく変化しつつあるグローバル化において，日本自動車企業の特質として共通して指摘されるのは，グローバルレベルでの商品の開発，製造，供給を，環境変化に柔軟に対応しながら迅速に遂行しうる生産システムの存在である。具体的には，グローバルな資源を活用した研究開発体制，同時開発活動，高品質を維持し，世界各地域での低コストの生産準備・製造ができる生産技術力などである。

グローバル化の一層の進展による，ダイナミックな社会的，経済的，技術的

第Ⅲ部　自動車企業のグローバル展開と生産システム

　環境条件の変動が生じている状況では，変動要因が予測しにくい，またシステム全体の構造転換を迅速に行わねばならないといった点から，戦略レベルでの柔軟性の確立，すなわち，グローバル市場での事業環境の変化に即応しうる経営力・戦略，具体的には，人的資源も含むグローバルな資源配分，市場の選択能力，特徴ある分野での優位性の確保，他社の活用能力（戦略提携・アウトソーシング）が重要である。そして生産システムについても，何を（新製品の開発），どこで（国内外での工場立地，内製と外注），どのような能力で（生産設備，人的資源）など，生産システム構造全体にかかわる柔軟性を保証するために，開発・設計，量と品種，工程，機械・設備，作業者における一層の柔軟性が求められている。⁽¹⁾

　開発・設計では，世界の多様な需要に応え，しかも安全と環境に配慮した画期的内容をもつ，付加価値の高い製品を迅速に開発できる製品技術力が必要である。グローバル化の進展によって，世界中の地域あるいは国に固有の市場ニーズ（とくに今日では新興国を意識した）に応えながら，開発作業の重複をなくし（開発拠点の分散化と統合），共通設計技術・共通部品の開発による標準化によって，いかに経営効率をあげるかが大きな課題となる。つまり，全社的な開発，技術戦略に基づいて，グローバルな視野で経営資源や技術，部品を最大限に共有化しながら，製品間では，できるかぎりの差異性を実現し，迅速かつ低コストで新製品を開発する戦略が，企業内だけでなく，企業間にまたがる開発システムを視野に入れて検討されねばならない。

　生産準備では，製品の構造・機能・コストをトータルに保証し，多品種中少量生産でも利益のだせる柔軟な生産技術力が求められる。世界全ての生産拠点で少量から大量生産まで量的にも，品質的にも対応でき，しかもコストのかからない生産技術の開発，新車製造の迅速な生産準備，日本と海外拠点での同時開発，生産立ち上げが可能なような機械・設備，工程設計の標準化，海外支援，人材育成などが課題となる。

　製造プロセスでは，生産の同期化のために，生産の流れ化，小ロット化，混流化（1ラインに2種以上の加工品を流すこと）をすすめること，そして設備，人ともに「汎用性」（広くいろいろな用途に使えること）を考慮した工程づくり，不

具合を顕在化する仕組み，柔軟な作業組織（現場参加型の問題解決，作業標準の定着と改訂のサイクル，多能工化）が必要とされる（これらの点については第3章第4節参照）。しかも，質的には，グローバルレベルでの「汎用性」と管理水準（世界のどの工場でも，どの車種でも，大量から少量までも対応できる）が要求されるようになっている。

以下では，この生産システムの課題に対して，日本の自動車企業（主にトヨタ）が，どのような方策を展開しているのかを，多品種化との関連に重点をおいて，開発・設計面では，開発拠点の分散化と統合，プラットフォームの共通化と多品種化，生産準備・製造面では，多品種化を遂行するための柔軟な製造ラインの展開という点から明らかにしたい。

3 研究・開発体制の強化とプラットフォームの共通化

1 研究・開発体制の再編・強化

グローバルな視野で経営資源や技術，部品を最大限に共有化しながら，世界中の地域あるいは国に固有の市場ニーズに応えるために，開発拠点の分散化と統合がすすめられ，従来の欧米中心から，各メーカーで差はみられるが，世界4極（日本，北米，欧州，アジア・太平洋州）での開発体制の構築がすすめられている。

トヨタは，テクニカルセンターを北米，欧州，アジア・オセアニアの各地域に設置し，それらの拠点に加えて，デザインやモータースポーツの領域においても研究開発拠点を各地に整備するなど，グローバルな研究開発体制を構築している。それまでの北米，欧州の拠点に加えて，アジア・太平洋州において，2003年に Toyota Technical Center, Asia Pacific Thailand（TTCAP-TH），Toyota Technical Center, Asia Pacific Australia（TTCAP-AU）が設立され，4極体制が確立された。日本の研究開発拠点（本社 Technical Center など）では，基礎研究，先行技術開発，世界戦略車の開発がなされ，他の地域の拠点では，日本と密接に連携をとりながら，地域のニーズを取り入れた製品開発（デザイン，専用仕様など），規制対応（排ガス規制対応など），現地生産車の開発が主な業

務となっている。
　次に述べるように，最近では，量産効果によるコスト低減を目標にしたプラットフォームと部品の共通化がグローバルに展開されているが，共通化と現地ニーズ（多様性），また現地部品や資材，生産設備の採用と両立させるために，開発業務と生産業務の連携を強化し，開発から生産にいたるまでの業務の効率化が一層求められている。そのために柔軟かつ迅速に対応できる体制づくりを目的として，研究開発組織と生産統括組織の統合がすすめられている。
　トヨタは，北米における現地化を一層強化するために，北米で，2006年4月，北米製造統括会社，Toyota Motor Manufacturing North America（TMMNA：TMMNAは，北米における現地生産の拡大に伴い，意思決定の迅速化とオペレーションの効率化をはかるために1996年に設立され，北米製造各事業体の調整と生産支援を行っていた）と Toyota Technical Center, USA（TTC：TTCは，北米における研究開発業務の現地化推進のために1997年に設立され，自動車に関する設計，製品企画，技術管理といった研究開発業務を行っていた）を統合し，研究開発・製造統括会社，Toyota Motor Engineering & Manufacturing North America（TEMA）を設立した。さらに，2007年4月，アジア地域の開発拠点，Toyota Technical Center Asia Pacific Thailand（TTCAP-TH）と生産支援会社，Toyota Motor Asia Pacific Thailand（TMA-TH）を統合し，新会社として，Toyota Motor Asia Pacific Engineering & Manufacturing（TMAP-EM）をタイに設立した。新会社は，アジア地域における現地生産車の開発・評価から，調達・生産に至る業務の一体化をはかることで，同地域の生産事業体の業務強化とさらなる現地化推進の支援が課題である（以上については，トヨタ自動車ニュースリリースおよびアニュアルレポートによる）。

2　プラットフォームの共通化と多品種化
　①プラットフォームの共通化
　自動車の多品種化は車種を基準にみるのが妥当である。車種の数は企業規模，製品戦略の違いによってかなりの幅が見られる。各セグメント（セダン，スペシャリティ，SUV：Sport Utility Vehicle の略で「スポーツ多目的車」と訳される。

MPV：Multi Purpose Vehicle の略でミニバンあるいはトールワゴンのこと）を総計した車種数は，トヨタ，約65種類，日産，約40種類，ホンダ，約30種類である（数字は各社概況などによる）。

　今日の多品種（多車種）化は，場あたり的な新型車の開発やモデルチェンジではなくて，プラットフォーム（第7章，コラム参照）の共通化とともにすすめられた。たとえば，トヨタの NBC（New Basic Car）プラットフォームを基礎にして，「ヴィッツ」とその派生車，「ファンカーゴ」「プラッツ」「bB」「WiLL Vi」「シエンタ」「ラウム」「ポルテ」「サクシード」などが生産されている。派生車種も含めることによって，1プラットフォームあたりでは大量生産となり（表8-1参照），部品の共通化と相まって大幅なコストダウンが可能となる。日産ではルノーとの提携後，両ブランドが共通プラットフォームをベースに独自の商品ラインアップを発展させる方針で，プラットフォームの共通化がすすめられた（詳細は第6章第1節，第7章第3節，参照）。

　またプラットフォームの共通化は製品開発期間を劇的に短縮し，開発コストも飛躍的に低減する。自動車企業はすでに開発されたプラットフォームをベースとして派生車種を短期間に低コストで開発している。トヨタでは，各開発プロジェクトが「出来合い」のプラットフォームを選べるように，個別の車種開発の前に高い信頼性と最大限のフレキシビリティをもったプラットフォームが開発されており，トヨタが1つのプラットフォームから開発する派生車種が圧倒的に多い理由の1つになっている（モーガン，ライカー，2007，60-61）。

　さらに，プラットフォームを基準として溶接ロボットや治具（⇨第4章5□1）の共有化ができるので，複数の車種で生産ラインを共有する混流生産が容易になり，世界中同じ生産ライン設備を使うことが可能となっている。

　プラットフォームの共通化は，コスト削減，生産性向上を達成するだけでなく，新車を迅速に世界各地域の市場に供給できる体制の確立に貢献しており，自動車企業がグローバルに事業展開を行い，グローバルな規模での「規模の経済」を実現し，同時に地域ごとの多様な需要に対応するための有効な手段となっている。

第Ⅲ部 自動車企業のグローバル展開と生産システム

表 8-1 トヨタ NBC プラットフォーム国別・モデル別生産実績

(単位：台)

生産国	モデル名	2006年生産実績
日 本	ヴィッツ	273,890
フランス	Yaris	249,462
中 国	Vitz	11,230
タ イ	Yaris	—
台 湾	Yaris	4,367
ブラジル	Yaris	—
日 本	プラッツ→ベルタ	25,641
中 国	Platz／Vela（現地ブランド）	55,502
中 国	Vios	36,540
台 湾	Vios	19,421
マレーシア	Vios	21,482
タ イ	Soluna Vios	86,275
ベトナム	Vios	1,580
フィリピン	Vios	—
日 本	イスト／Scion xA	55,502
日 本	WiLL サイファ	—
日 本	シエンタ	39,736
日 本	ラウム	18,135
日 本	ファンカーゴ→ラクティス	71,671
日 本	bB／Scion xB	64,780
日 本	ポルテ	40,195
日 本	サクシード	23,354
日 本	プロボックス	50,676
計		1,149,439

(出所)　FOURIN, 2007,「日本自動車調査月報」No.102, 表「トヨタ, 主要プラットフォーム国別モデル別生産実績（2004〜2006年）・生産予想（2010年）」より筆者作成。

第8章　グローバル化と生産システムの新動向

②世界戦略車の展開

具体的には，各自動車メーカーはグローバル規模で生産する世界戦略車で生産規模の拡大をすすめるとともに，市場特性（グローバル市場は，日本，中国，中国以外のアジア，北米，南米，欧州〔アフリカ含む〕に大別できる）をより強く反映した地域専用車の投入も行っている。世界戦略車の生産は車種によって生産地域も分かれる。世界戦略車のうち，コンパクトカー，小型車（トヨタのヴィッツ，日産のマーチ，ホンダのフィットなど）は，日本以外では小型車需要が根強い欧州，モータリゼーション進行中の中国，アジア，南米を中心に生産されている。中型車（トヨタのカムリ，ホンダのアコードなど）は，北米を中心に生産されている。中国については，低価格車を中心に自動車購入の拡大が見込まれる一方で，上級車種の購入もすすんでおり，コンパクトカーから中型車まで幅広い製品の現地生産が行われている。

さらに，最近ではトヨタのIMVのように，新興国間の分業で生産され，主に新興国に販売される新たな試みが展開されている。タイ，インドネシア，南アフリカ，アルゼンチンの4カ国がグローバルな生産拠点として位置づけられ，アジアをはじめ，欧州，アフリカ，オセアニア，中南米，中近東の世界各国に供給する。また，主要部品についても，タイでディーゼルエンジン，インドネシアでガソリンエンジン，フィリピンおよびインドでマニュアル・トランスミッションを生産し，各国の車両生産国に供給する。IMVプロジェクトは，「Made by Toyota」のコンセプトに基づき，日本以外の製造事業体を車両・部品のグローバルな生産・供給の拠点として活用する点，および上記4カ国ではほぼ同時期にIMVシリーズの生産を開始する点で，従来にない画期的な取組みといえる（トヨタニュース，2004年8月25日，参照）。

IMVプロジェクトでは1つの共有プラットフォームから，ピックアップトラック3車種，ミニバン，スポーツ・ユーティリティ・ビークルの合計5車種が新開発，生産販売されている。IMVは，1つのプラットフォームを共有しながらも世界の新興国の多様なニーズにあわせて生産される新興国専用の世界戦略車として位置づけられている。

このような多品種化は，初期投資が小さく，世界中どの工場でも高品質が確

保でき，量・種類の変動に柔軟に対応できる生産技術力によって可能となる。大きな方向性としては次の3つに集約される。①生産ラインのフレキシビリティを高めること，②シンプル＆スリムな生産手法や生産設備を開発すること，③生産工程で高い品質を確保すること。最初から複数の車種を1つのラインで混流生産できるなど，生産ラインのフレキシビリティが確保されていれば，さまざまな環境変化への対応力を高める決め手になる。市場の販売動向を睨みながら柔軟な生産計画も立てやすくなり，生産車種の切り替えや急な車種の追加にも，最小限の時間と労力で対応できるため，工場の稼働率を高く維持できるメリットがある。トヨタはこれまで，世界の自動車市場でニーズの多様化と短納期化が進む中，多車種をより効率的に生産することができる生産ラインの開発に努めてきたが，その代表的な事例が「GBL（Global Body Line：グローバル・ボディライン）[2]」である。

4 生産ラインの新たなフレキシビリティの確保：GBL の展開

GBL は，1997年にトヨタにおいて開発され導入された，生産変動への低コストでフレキシブルな対応を目的とした車体溶接工程（ボディ工程）における新型システムである。GBL は，高品質な自動車をよりフレキシブルかつ効率的に製造するため，新たなボディ溶接ラインとして開発され，世界各地の生産拠点へ導入され，現在では世界中のボディ溶接ラインが GBL となっている。トヨタが急ピッチですすめる海外生産拠点の拡大に伴い，現地ラインにおける車種の追加や切り替えを短期で容易にでき，かつ市場の需要変動に対応しやすい新たなフレキシビリティが求められているためである。

GBL は大量生産を前提とした従前の FBL（フレキシブル・ボディライン）[3]の進化型で，少量生産から大量生産まで柔軟に対応できる画期的なボディ溶接ラインである。使用する治具も全世界同一仕様で，少量生産工場における手作業での対応も可能になり，世界の全ての生産拠点においてトヨタブランド車の均等な品質確保ができるようになった。

第8章　グローバル化と生産システムの新動向

1　GBL の技術的方策

①内側固定式治具の開発

　GBL は，ボディラインにおける過剰な自動化による過剰投資を避け，生産変動に応じた柔軟な人と機械の分業を可能にしたラインである。その方法は，次のようなものである。

　従来のボディラインは FBL（Flexible Body Line）と呼ばれ，半製品の外側に治具を設置し，さらにその周りから自動溶接機が密集して装置され，溶接作業を行うというものであった。これでは，最大生産量に合わせた設備投資が必要となり，高い費用対効果を得にくい。これに対して，GBL では，治具を半製品の内側に設置することによって半製品の周囲の障害物を取り除いたことで，生産変動に応じて自動溶接機による生産と人手による溶接作業を柔軟に組替えることが可能となった。

　具体的には，GBL では，生産量の多い国においては自動溶接機を用いた生産が行われ，生産量の少ない国においては人による溶接作業が行われる。人による溶接作業が可能となったのは，半製品に対して治具を外側固定式から内側固定式に変更したことによるところが大きい。治具が外側にあった場合，治具が障害となって，作業者が車体に近づいて溶接作業を行うことが困難であるからである（図8-3参照）。

　この方式により，少量生産国において高額な自動溶接機への投資を抑制することが可能となった。また，治具を内側固定式にしたことにより，車種ごとの治具の共通化が可能となったため，治具製造への投資額の大幅削減が実現させられ，車種が変わるたびに治具を大規模搬送させる必要がなくなった。複数車種を生産するうえで必要な治具の数が，FBL では50台必要であったのが，GBL では1台で済むようになった。また，FBL では，治具の搬送のために治具が循環システムを1周するのに20分かかっていたのが，GBL では治具が1台で済むようになったために治具の循環システム自体が不要となった。

　注目すべきは，こうした仕組みが，トヨタ自動車のベトナム工場で開発され，トヨタ自動車の日本国内工場へと移転させられた点である。1996年，生産量が極少であるベトナム・トヨタでのカムリの生産において，内側固定式治具を用

第Ⅲ部　自動車企業のグローバル展開と生産システム

図8-3　GBLの治具と開発のステップ

(例) M/B仮付治具
〈従来〉

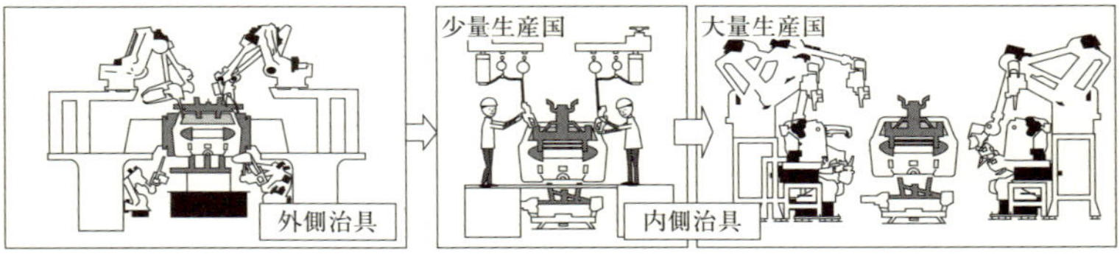

量産国向けの統一仕様
（ロボット使用）
→手作業には適さない

外側治具

少量生産国から開発
（手作業）

内側治具

発想の転換

大量生産国

→量産国へも適用

治具は全世界同一仕様

全世界へ展開

【開発のステップ】

（極少量）　　　（少量）　　　（大量）
ベトナム　⇒　プリウス　⇒　ヴィッツ
カムリ　　　　1997　　　　1998
　　　1996

大量生産
　日本，アメリカ，イギリス，フランス
少量生産
　タイ，インドネシア，トルコなど
極少量生産
　ベトナム，フィリピン，インドなど

（出所）トヨタ自動車資料より筆者作成。

いたラインが開発された。そして，こうしたラインが生産効率性を実現させることが着目され，1997年，日本国内でのプリウスの生産に応用されるために日本国内の工場に輸入された。ここでの生産規模は比較的少量生産であった。しかし，翌年の1998年には，こうしたGBLはヴィッツの大量生産ラインにおいても用いられていった。このように，GBLは，生産量に関係なく適用可能であるため，生産規模が大きく異なる全世界の工場へ展開させられていくことになった（図8-3参照）。

②デジタル・エンジニアリングによる開発支援

こうしたGBLは，デジタル・エンジニアリング技術の向上によっても実現することができた。デジタル・エンジニアリング技術とは，ラインのレイアウトをコンピュータの画面上で設計し，ラインシステムの総合シュミレーション，ボディ品質確保のシュミレーションを実現させたものである。これにより，短期間での開発が可能となったうえに，工程の試作工数を減少させることができるようになった。また，こうしたデジタル・エンジニアリング技術は，現地事業体へのデジタル支援といったかたちでグローバル展開された。デジタル支援

は，次のような内容である。①海外とのビジュアル・ネットワークの構築，②保全・作業マニュアルのビジュアル化，③海外稼動状況のモニタリング，④国内からのリアルタイム・ビジュアル支援（デジタル・エンジニアリング技術については第11，12章参照）。

2 GBL による柔軟性の増大と大幅なコスト削減

GBL が生産変動に柔軟に対応してコストを削減できるようになった要因は次の点である。

①治具を外側固定式から内側固定式にしたことによって車種ごとに治具を交換する必要がなくなったため，必要な治具の数を50から1へ削減させることができた。②治具が多数必要であった際には車種ごとに治具を交換させるために多種の治具を循環させるシステムが工場の天井側に装置されていたが，治具が1つで済むようになったためにこうしたシステム自体が不要となった。その結果，治具の循環システムへの投資コストの削減，スペースの大幅な節減がなされた。③治具が内側固定式になることで半製品の周囲のスペースが空いたため，自動溶接機群の中に作業者が入って溶接作業を行うことができるようになり，自動溶接機の数を必要最小限に減らし，需要が増加して自動溶接機だけでは作業量が不足した場合には，作業者が溶接作業に参加できるようになった。そうして自動溶接機への投資を極力抑えて固定費負担を減らし，需要増加時には作業者の人手によって対応するという生産の柔軟性が生み出された。④治具の循環システムが不要となり自動溶接機が密集した状態が解消させられたため，工場の天井からの自然採光が良くなり，工場環境が飛躍的に改善され，照明電気代が削減された。

GBL は投資コスト面でも画期的な成果を実現している。FBL と比較して，車種切り替え・車種追加のコストは70％減，初期投資額，敷設スペース，メンテナンスコスト，CO_2 の排出量は50％減を実現し，さらに最大8車種の混流生産も可能になったとされている（トヨタ，アニュアルレポート2007，26）。GBLの特質は，だいたい次の4点にまとめることができる。①グローバルレベルでの品質確保とフレキシビリティの向上（世界レベルでの車種追加・切替・相互補完

>> *Column 8* <<

「トヨタウェイ 2001」

「トヨタウェイ 2001」は，トヨタの経営の価値観と，ものづくりについての独自の思想，手法を，言語や文化を超え世界の従業員が共有できるように，2001年に明文化された。「知恵と改善」と「人間性尊重」が2本の大きな柱となっている。「知恵と改善」は，常に現状に満足することなく，より高い付加価値を求めて知恵を絞り続けること，そして「人間性尊重」は，あらゆるステークホルダー（利害関係者）を尊重し，従業員の成長を会社の成果に結びつけることを意味している。それに加えて5つのキーワード，「挑戦」「改善」「現地現物」（現地に行って，現物を見て，ものごとの本質を見極め，素早く合意，決断し，全力で実行すること）「尊敬・尊重」「チームワーク」でまとめられている（下図）。トヨタウェイは，海外での生産が増えるとともに，従業員も急増してきたということから，トヨタの経営哲学を明文化して，トヨタのものづくりの考え方を共有化していくためのものである。

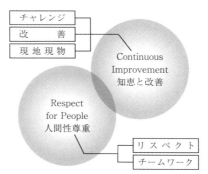

トヨタウェイを共有するため，2002年1月に社内人材養成組織のトヨタインスティテュートが設立され，生産面では，2003年にグローバル生産推進センター（GPC）がつくられた。GPCを設立した目的は，グローバルにトヨタウェイを共有して，体質強化，効率化を実現するとともに，海外事業体を自立化させるためであり，技能についても，ベストな方法で移転できるようにしている。これまでトヨタのいろいろな現場で積み重ねて改善されてきた暗黙知（経験や勘に基づく知識のことで，個人はこれを言葉にされていない状態でもっている）をベストプラクティスとしてを集め，アニメーションや動画を使って，勘やコツを形式知化し，誰でも容易に理解できて，使えるようにしている。さらに，ステップを踏んで技能レベルが習得できるような仕組みがつくられている。

が短期に容易にできる。グローバルにトヨタブランド品質が確保できる，少量から大量生産まで対応できるフレキシブルライン），②容易なグローバル展開（世界の全拠点で誰でもやさしく使いこなせるラインの実現。ラインシステムのスリム化，需要変動への容易な対応，ライン運営のシンプル化），③画期的な低コスト化，④作業条件の向上と地球環境への配慮。

注
(1) この点について，トヨタは次の課題をあげている。①世界各地で刻々と変動する需要への対応力，②世界中の工場の効率と品質を大きく高めていくための生産技術革新，③海外生産事業体の自立化。そしてグローバルな需要変動に柔軟に対応するための生産体制づくりや，生産効率を画期的に高めるための生産技術開発（トヨタ自動車，2007，22）。
(2) GBLについては，2002年2月にトヨタ・高岡工場のGBLラインの調査を行った。本章の内容は，その際に入手したトヨタ内部諸資料，聞き取り内容，およびトヨタのアニュアルレポートに基づいている。
(3) FBL（Flexible Body Line）とは，1985年に，トヨタの日本国内と欧米の量産工場に導入され，その後，GBL導入まで使用しつづけられてきたボディラインの仕組みのことである。これは，高度に自動化された自動溶接機を中心とした溶接作業を行うことによって，車種の変動に柔軟に対応した生産が可能となる仕組みではあったが，生産量に関係なく一定の巨額な設備投資コストを要するという欠点をもっていた。

参考文献
ジェームズ・M・モーガン，ジェフリー・K・ライカー（稲垣公夫訳）2007，『トヨタ製品開発システム』日経BP社，60，61頁
トヨタ自動車，2007，『アニュアルレポート2007，特集「生産競争力強化への挑戦——持続的成長への足許固めに向けて」』

第9章
中国・ASEAN諸国における日本自動車企業

　本章では，日本自動車企業の東アジア諸国への進出状況を次の点について明らかにします。①世界自動車市場と生産における東アジアの占める位置，特徴，②東アジア諸国の自動車産業の中で，日本企業の進出とかかわりが深い中国とASEAN諸国について，それらの国の自動車産業の特色および日本企業の進出状況と生産・調達戦略の内容。

Keywords：ASEAN，BBC，IMV，Eco・Car 政策，LCGC（Low Cost Green Car）政策

1　東アジア諸国の自動車産業

　東アジア諸国は，主要な経済指標でみても，かなり不均等であり（**表9-1**参照），各国の歴史，政治経済状況から規定され自動車産業は多様な発展内容をもつ。主要東アジア諸国の自動車販売，生産の状況は**表9-2**，**9-3**のとおりである。販売では世界販売の40％近く，生産では50％近い比率を占めるようになっており，いずれも中国，ASEAN諸国の伸びが著しい。

　東アジアの自動車産業は大別すると日本，韓国，中国，ASEAN諸国という4つにわけることができる。日本はグローバル企業を複数有し，量質ともグローバルな展開をしている。韓国は，国内市場は頭打ちだが寡占体制となり，現代グループが欧米，日本企業と伍してグローバル競争を行っている。中国は今や販売・生産において数的には世界一の規模に成長している。市場はほとんど中国国内であり，またこれまで外資系との合弁企業が大きな比重を占めていたが，外資と提携しない民族系企業も成長している状況である。ASEAN諸国では，一国の市場の狭さを克服するためにASEANの枠組みを利用して，部

第9章　中国・ASEAN 諸国における日本自動車企業

表9-1　主要東アジア諸国の主要な経済指標（2013年）

国	人口（千人）	名目GDP（百万ドル）	一人当たりGDP（ドル）	実質GDP成長率（%）	自動車保有台数（千台）	自動車普及率（台／千人）
日本	127,144	4,616,335	38,468	1.5	76,619	589
中国	1,385,567	10,380,380	6,959	7.7	126,701	93
韓国	49,263	1,416,949	25,975	3.0	19,401	386
台湾	23,345	529,550	20,925	2.1	7,307	313
インドネシア	249,866	888,648	3,510	5.8	19,200	77
フィリピン	98,394	284,927	2,791	7.2	3,439	35
タイ	67,011	373,804	5,676	2.9	13,922	204
マレーシア	29,717	326,933	10,457	4.7	11,809	415
ベトナム	91,680	186,049	1,902	5.4	1,950	15
シンガポール	5,520	307,100	55,182	3.9	829	150

（出所）　FOURIN『世界自動車調査月報』No. 352, 2014. 12, 15頁, IMF 資料より筆者作成。

表9-2　主要東アジア諸国の自動車販売台数　（単位：千台）

国	2009年	2010年	2011年	2012年	2013年	2014年
日本	4,609	4,956	4,210	5,370	5,376	5,563
中国	13,645	18,062	18,505	19,306	21,984	23,492
台湾	294	328	378	366	378	282
韓国	1,455	1,556	1,580	1,542	1,540	1,730
タイ	549	800	794	1,436	1,331	882
インドネシア	484	765	894	1,117	1,230	1,208
マレーシア	537	605	600	628	656	666
フィリピン	132	170	165	184	212	269
ベトナム	120	113	111	81	97	158
ASEAN 5 カ国計	1,822	2,453	2,564	3,446	3,526	3,183
総計	21,825	27,355	27,237	30,030	32,804	34,250
比率	33.7%	36.8%	35.1%	36.8%	38.6%	38.8%

（注）　比率は世界総販売に対する東アジア諸国の比率。
（出所）　FOURIN『世界自動車統計年刊 2014』, 日本自動車工業会資料より筆者作成。

品の相互補完体制の構築, 集積化をはかり, 各国の市場に適した車の生産とともに, グローバルに輸出もできる世界戦略車の共同生産体制を主に日系企業との連携で築こうとしている（タイのように, 自由化政策を進め, 外資メーカーと連携して世界戦略車の生産, 部品産業の集積を進めているところと, マレーシアのように国民車育成のために一定の保護政策をとっている国など, 違いはみられる）。

表9-3 主要東アジア諸国の自動車生産台数　　（単位：千台）

国	2009年	2010年	2011年	2012年	2013年	2014年
日　本	7,934	9,629	8,399	9,943	9,630	9,775
中　国	13,791	18,265	18,419	19,272	22,117	23,723
台　湾	226	303	343	339	339	379
韓　国	3,513	4,272	4,657	4,558	4,521	4,525
タ　イ	999	1,645	1,458	2,454	2,457	1,880
インドネシア	465	703	838	1,066	1,208	1,299
マレーシア	489	568	536	570	601	595
フィリピン	62	80	65	75	79	89
ベトナム	120	113	111	81	97	121
ASEAN 5カ国計	2,135	3,109	3,008	4,246	4,442	3,984
総計	27,599	35,578	34,826	38,358	41,049	42,386
比率	44.1%	45.2%	43.0%	45.0%	46.3%	47.2%

（注）　比率は世界総生産に対する東アジア諸国の比率。
（出所）　表9-2と同じ。

2　中国自動車産業の発展と日系企業

1　急速な成長と市場構造の変化

　中国における2013年の自動車生産台数は2211万7000台（前年比15.0％増，世界シェア，25.4％），販売台数は2198万4000台（14.8％増，世界シェア，25.9％）で，ともに初めて2000万台を突破し（表9-2，9-3参照），世界一となった。輸出は比率としてはまだまだ低いが着実に伸びている（**表9-4参照**）。

　①車種・セグメント別生産・販売状況

　生産・販売台数を車種別にみると，乗用車の伸びが商用車を大きく上回り，とくにSUV（Sport Utility Vehicle：スポーツ用多目的車）の伸びが高かった。乗用車の生産・販売台数は，それぞれ1808万5000台，1792万8000台で，ともに過去最高を更新している（**表9-5，9-6参照**）。乗用車では，A，Bセグメント（segment：自動車の分類概念。車両寸法，全長，価格，エンジン排気量，装備など複数要件を勘案した分類）等ローエンド車の市場が縮小する一方，小型車のCセグメントが急拡大し，主力製品となっている（**表9-7参照**）。

第9章　中国・ASEAN 諸国における日本自動車企業

表9-4　中国車種別輸出台数　　　　　　　　　　　　　（単位：台）

車　種	2009年	2010年	2011年	2012年	2013年
乗用車	152,086	280,040	470,336	587,220	553,088
トラック	182,031	235,872	328,760	365,255	321,571
バス	28,349	41,937	49,236	60,760	68,507
合計	362,466	557,849	848,332	1,013,235	943,166

（出所）　FOURIN『世界自動車統計年刊 2014』290頁より筆者作成。

表9-5　中国・車種別生産台数　　　　　　　　　　　　（単位：千台）

車種	セグメント	2009年	2010年	2011年	2012年	2013年	構成比（％）
乗用車	セダン	7,280	9,372	9,965	10,556	11,930	53.9
	MPV	2,450	3,187	2,919	2,925	3,081	14.0
	SUV	654	1,338	1,604	2,032	3,074	13.9
	計	10,384	13,897	14,488	15,513	18,085	81.8
トラック		3,049	3,920	3,451	3,242	3,469	15.7
バス		358	447	483	506	563	2.5
合計		13,791	18,265	18,422	19,261	22,117	100.0

（注）　MPV は，Multi Purpose Vehicle の略でミニバンの同義語。SUV は，Sport Utility Vehicle の略で，スポーツタイプ多目的車の総称。
（出所）　FOURIN『世界自動車統計年刊 2014』289頁より筆者作成。

表9-6　中国・車種別販売台数　　　　　　　　　　　　（単位：千台）

車種	セグメント	2009年	2010年	2011年	2012年	2013年	構成比（％）
乗用車	セダン	7,284	9,290	9,953	10,539	11,838	53.9
	MPV	2,392	3,142	2,925	2,922	3,056	14.0
	SUV	655	1,326	1,594	2,033	3,035	13.8
	計	10,331	13,758	14,472	15,494	17,929	81.7
トラック		2,959	3,861	3,545	3,304	3,496	15.9
バス		354	443	488	507	559	2.4
合計		13,644	18,062	18,505	19,305	21,984	100.0

（出所）　表9-5と同じ。

第Ⅲ部　自動車企業のグローバル展開と生産システム

表9-7　中国・乗用車セグメント別生産台数　　（単位：千台）

セグメント	分類定義			2009年	2011年	2012年	2013年
	全長	全高	排気量				
A	3.3〜3.6m		1.0〜1.3ℓ	473	587	473	399
B	3.7〜4.0m		1.3〜1.6ℓ	1,387	2,186	2,057	1,993
C	4.1〜4.3m	1.5m未満	1.4〜2.2ℓ	3,952	5,177	5,867	6,951
D	4.5〜4.8m		1.8〜2.8ℓ	1,220	1,550	1,648	1,957
E2	4.8〜4.9m		2.2〜4.0ℓ	175	278	325	369
E1	4.5〜4.8m		2.0〜3.0ℓ	72	187	196	260
Sports	大小あり		大小あり	0.7	0.1	—	—
F	5.0m超		3.0〜6.0ℓ	—	—	0.7	0.2
B-MPV	4.0m前後		1.0〜1.6ℓ	2,125	2,354	2,383	2,471
C-MPV	4.3〜4.4m	1.6m	1.6〜2.2ℓ	137	243	214	197
MPV	4.6〜4.9m		2.0〜3.0ℓ	188	322	329	413
SUV	大小あり		2.0〜4.0ℓ	654	1,604	2,032	3,074

（出所）表9-5と同じ。

表9-8　中国・地域別乗用車販売台数（2009〜2013年）　（単位：千台）

地域	2009年		2010年		2011年		2012年		2013年	
	台数	比率	台数	比率	台数	比率	台数	比率	台数	比率
東部	4,382	54.4%	5,931	55.8%	5,962	53.1%	6,780	52.2%	7,687	51.2%
中部	1,338	16.6%	1,798	16.9%	2,014	17.9%	2,481	19.1%	3,026	20.2%
西部	1,728	21.5%	2,145	20.2%	2,405	21.4%	2,778	21.4%	3,236	21.6%
東北	607	7.5%	757	7.1%	851	7.6%	949	7.3%	1,062	7.1%
合計	8,055	100.0%	10,631	100.0%	11,232	100.0%	12,988	100.0%	15,011	100.0%

（出所）FOURIN『中国自動車調査月報』No. 219，2014.9，4頁より筆者作成。

②地域別需要構造

　中国乗用車市場の地域別需要構造を分析すると，東部地域は乗用車販売台数が2009年の438.2万台から2013年は768.7万台までに拡大，また，中部と西部地域も，それぞれ2009年の133.8万台，172.8万台から302.6万台，323.6万台に拡大した（表9-8参照）。一方，東部地域の乗用車保有規模は飽和状態に近づきつつあり，販売伸び率は鈍化している。市場需要も東部から中西部地域にシフト

する中，中西部地域が今後，市場全体のさらなる発展を牽引する原動力になると予想されている（FOURIN『中国自動車調査月報』No. 219, 2014.9, 2-6頁参照）。

③系列別・乗用車生産販売状況

生産，販売数ともに世界最大となった中国では，外資系，中国（民族）系合わせて100以上の自動車完成車メーカーが存在している。系列別に乗用車生産販売状況をみると，中国系は，生産・販売とも台数は増加しているが，シェアは2010年をピークに徐々に低下している。外資系は，2014年度では，1位は欧州系で約24.0％，2位は日系で約16％，以下，米国系約13％，韓国系9.0％となっている（表9-9，9-10参照）。

地域別にみると，東部では日系のシェアは，2011年に欧州系に逆転され，2013年は20.8％までに減少している。同地域は欧米系（とくにVW）の拡大が著しく，中西部は東部と比べ中国系メーカーの存在感が比較的強く，日系企業のシェアは低下の傾向にある（表9-11参照）。日系企業が中国市場の急成長にもかかわらず，欧州系，米国系に比べシェアを徐々に低下させている主な理由は，各社に不均等性はみられるが，Cセグメントなど小型・低価格車の車種不足，中西部への進出の遅れであると考えられる。これまで，VWやGMなどの外資系メーカーは現地に開発拠点を設置して自社のモデルを基礎に新たに開発した中国専用車を投入してきた。2011年にVWが投入した中国専用モデル，Dセグメントの「New Passat」は大きく販売を伸ばし，Dセグメントを得意とする日系メーカーを脅かしている。中国専用車は現地でのシェアを拡大させるうえで必要不可欠な存在となっている。

中国の自動車普及台数は，まだ1000人あたり約100台の水準で世界平均の146台に比べてかなり開きがあり，また政府の推進する環境政策で新エネルギー車の需要が喚起されることなどから，中国自動車市場は，今後もこれまでのような急増はないが，安定した拡大が予想されている。中国政府は，内需拡大（とくに内陸部）とともに，環境問題からも省エネルギー車開発の政策をすすめようとしており，この点からも，日系メーカーにとって，中国専用の中小型車，HV（ハイブリッド）車など省エネ車の開発生産，SUV車のさらなる展開，生産，販売網の整備（とくに中西部地域）が急務となっている（VWとGMではC

第Ⅲ部　自動車企業のグローバル展開と生産システム

表9-9　中国・系列別乗用車生産台数の推移

	2011年		2012年		2013年		2014年	
	台数(千台)	シェア(%)	台数(千台)	シェア(%)	台数(千台)	シェア(%)	台数(千台)	シェア(%)
中国系	6,093	42.1	6,532	42.1	7,257	40.1	7,610	38.2
日系	2,817	19.4	2,517	16.2	2,957	16.3	3,195	16.0
欧州系	2,808	19.4	3,342	21.5	4,050	22.4	4,815	24.2
米国系	1,593	11.0	1,793	11.6	2,232	12.3	2,538	12.7
韓国系	1,175	8.1	1,341	8.6	1,589	8.8	1,761	8.8
合計	14,486	100.0	15,525	100.0	18,085	100.0	19,919	100.0

（出所）　FOURIN『中国自動車調査月報』各年度，2月【系列別／ブランド別，乗用車生産台数】より筆者作成。

表9-10　中国・系列別乗用車販売台数の推移

	2011年		2012年		2013年		2014年	
	台数(千台)	シェア(%)	台数(千台)	シェア(%)	台数(千台)	シェア(%)	台数(千台)	シェア(%)
中国系	6,113	42.2	6,485	41.9	7,222	40.3	7,520	38.2
日　系	2,807	19.4	2,542	16.4	2,931	16.3	3,148	16.0
欧州系	2,804	19.4	3,316	21.4	3,976	22.2	4,741	24.1
米国系	1,577	10.9	1,812	11.7	2,222	12.4	2,526	12.8
韓国系	1,172	8.1	1,340	8.6	1,577	8.8	1,766	9.0
合計	14,473	100.0	15,495	100.0	17,928	100.0	19,701	100.0

（出所）　FOURIN『中国自動車調査月報』各年度，2月【系列別／ブランド別，乗用車工場出荷台数】より筆者作成。

表9-11　中国乗用車・日系企業・地域別シェアの推移　　（単位：%）

地区	2008年	2009年	2010年	2011年	2012年	2013年	2014年
東部	35.4	30.2	26.6	26.0	22.3	20.8	21.1
中部	29.6	25.8	23.4	22.6	19.3	16.9	16.4
西部	28.1	23.1	21.9	21.1	18.3	16.5	16.5
東北部	31.0	26.6	25.5	25.8	24.2	23.8	25.0

（出所）　FOURIN『中国自動車調査月報』No.219，2014.9，5頁より筆者作成。

表9-12 日系自動車メーカー合弁状況（2015年1月時点）

日本企業	合弁企業	出資比率
トヨタ	天津一汽トヨタ	中国一汽20%，天津一汽夏利30%，トヨタ50%
	四川一汽トヨタ	中国一汽50%，トヨタ50%
	広汽トヨタ	広汽集団50%，トヨタ50%
日産	東風日産	東風汽車50%，日産50%
	鄭州日産	東風股份51%，東風有限28.7%，日産20.3%
ホンダ	広汽ホンダ	広汽集団50%，ホンダ50%
	東風ホンダ	東風汽車50%，ホンダ50%
マツダ	一汽驕車（技術供与）	中国一汽53%，他47%
	長安マツダ	中国長安50%，マツダ50%
スズキ	長安スズキ	中国長安50%，スズキ50%
三菱自	広汽三菱	広汽集団50%，三菱自33%，三菱商事17%
	東南汽車	福汽集団50%，台湾中華汽車25%，三菱自25%
日野	広汽日野	広汽集団50%，日野50%

（出所）FOURIN『中国自動車調査月報』No.227，2015.2，45頁より筆者作成。

セグメントが販売の約5割を占めているが，トヨタは2割である。その差がシェアの差となっている。しかし，需要拡大が予想されるSUVや省エネ車など自社の有利なセグメントの強化という面もあり，必ずしもCセグメントなど小型車への傾注だけということにはならないことも予想される）。

2　日系企業の新たな中国戦略

①日系企業の乗用車生産販売状況

中国では外資単独での進出は許可されていないため，日本の自動車企業は中国企業と合弁の形態で中国に進出している（**表9-12**参照）。日系企業の乗用車生産販売状況をブランド別でみると，**表9-13**，**表9-14**のとおりである。

②トヨタ，ホンダ，日産の戦略

日系企業は2000年ごろから中国へ進出し，各企業の独自性をもちながら，今日では沿岸部を中心にエンジン工場，完成車工場など，生産拠点を，さらに中国の特性に見合った製品開発のための開発拠点も設けている。2012年の日中領

第Ⅲ部　自動車企業のグローバル展開と生産システム

表9-13　中国・日系ブランド別乗用車生産台数の推移

	2011年		2012年		2013年		2014年	
	台数（台）	シェア（％）	台数（台）	シェア（％）	台数（台）	シェア（％）	台数（台）	シェア（％）
トヨタ	800,796	5.5	752,470	4.8	857,732	4.7	963,961	4.8
ホンダ	621,662	4.3	584,659	3.8	758,347	4.2	836,550	4.2
日産	838,160	5.8	731,986	4.7	864,911	4.8	840,372	4.2
スズキ	301,977	2.1	250,174	1.6	223,999	1.2	266,944	1.3
マツダ	212,609	1.5	169,518	1.1	187,261	1.0	205,510	1.0
三菱自	40,161	0.3	26,595	0.2	63,439	0.4	77,014	0.4
いすゞ	1,345	0.0	1,735	0.0	1,015	0.0	1,541	0.0

(注)　シェアは中国全体に占める比率。
(出所)　FOURIN『中国自動車調査月報』各年度，2月【系列別／ブランド別，乗用車生産台数】より筆者作成。

表9-14　中国・日系ブランド別乗用車販売台数の推移

	2011年		2012年		2013年		2014年	
	台数（台）	シェア（％）	台数（台）	シェア（％）	台数（台）	シェア（％）	台数（台）	シェア（％）
トヨタ	803,463	5.6	745,565	4.8	857,749	4.8	95,6285	4.9
ホンダ	617,315	4.3	588,945	3.8	751,966	4.2	795,399	4.0
日産	832,193	5.8	751,509	4.8	842,847	4.7	859,533	4.4
スズキ	301,632	2.1	251,127	1.6	230,315	1.3	262,779	1.3
マツダ	211,603	1.5	172,732	1.1	184,298	1.0	197,062	1.0
三菱自	39,203	0.3	30,239	0.2	62,541	0.3	73,255	0.4
いすゞ	1,224	0.0	1,865	0.0	906	0.0	1,287	0.0

(注)　シェアは中国全体に占める比率。
(出所)　FOURIN『中国自動車調査月報』各年度，2月【系列別／ブランド別，乗用車工場出荷台数】より筆者作成。

土問題による日中関係の悪化から，日系メーカーの生産台数，販売台数は後退したが，政治問題の影響を減らすためにも，さらに市場構造の変化にも対応するためにも，生産・販売強化によるシェア拡大を意図した新たな中国戦略を発表し，中国専用車の開発，省エネ車の開発生産，SUVの低価格化，部品の現地化を含め，現地開発や新モデルの投入を急速にすすめている[1]。

トヨタは，中国市場で近い将来200万台の販売で，日系メーカーシェアトップ，ブランド別シェア3位を目標にしている。トヨタの販売倍増の柱となるの

は低価格の中国専用車で，新「YARIS」（2013年4月発表。広汽トヨタのR&Dセンターで中国消費者のデザイン，品質，燃費などへのニーズに応えて現地向けに改良。7万～11万元）などが相次ぎ発売され好調な売れ行きを示している。さらにHV生産の現地化を目指し，トヨタは江蘇省常熟市で独自にHVやEV（電気自動車）のパワートレインシステムの現地化を推進するR&Dセンター（TMEC）を設立した。2015年秋より中国市場向けに中国国内で開発したセダン型の新型HV車2車種（「カローラ」と「レビン」）を現地の合弁2拠点で生産・販売する。この2車種は現地の開発センター，サプライヤーと共同開発された中国市場向けのHVで，搭載されるバッテリー，インバータ，トランスアクスルを含むハイブリッドコア部品も海外で初めて開発・生産が現地化された。この現地化により，大きなコスト削減がなされたとされている。

　中国での年産能力も現在の100万台から150万台規模まで引き上げる方針で，広州市などで新工場の建設や工場の拡張がすすめられている。販売も，進出していない都市への販売店の設置など販売網の最適化が計画されている。また，基幹部品の現地調達を拡大するために，中国における合弁拠点（広汽トヨタ発動機など）のエンジン生産能力拡大など，エンジン，変速機の生産を強化している。トヨタの系列サプライヤー各社は，トヨタからのコストダウン要求に応えるため，中国現地での生産事業強化をすすめている。

　ホンダは，2015年までの販売目標を130万台とし，モデルの更新，新規投入を計画している。現地化強化を基本とする中国中期戦略を打ち出し，生産能力を拡大するとともに，従来車パワートレインの更新やハイブリッド車を現地生産する方針である。2015年になり中国の景気後退で自動車市場全体の伸びは鈍化しているが，新型小型乗用車「フィット」，新型SUVの「ヴェゼル」と「XR-V」の好調が持続した。一時は落ち込んだ主力セダン「アコード」ももち直し，日系メーカーの中でホンダの販売回復が目立っている。

　部品コストを削減し，競争力を高めるため，ホンダはこれまでの系列サプライヤーへの依存から脱出し，中国現地系サプライヤーからの部品調達を増やす予定である。東風ホンダは，中国現地資本のサプライヤーからの部品調達を拡大し，2013年までに調達比率を15％に引き上げる予定。プレスや樹脂部品など

を中心に採用を増やし，1台あたり1000元程度のコスト低減につながるとみている（FOURIN, 2013, 96）。

　日産は2018年までに，販売台数200万台，中国での市場シェア10％獲得を目指す中長期目標を掲げている。日産の中国事業は，2013年は自主開発ブランドである啓辰ブランドや新モデルの販売増により，販売は拡大傾向を維持している。今後の成長維持に向けて，開発・販売の強化やEV（電気自動車）事業の強化（2014年9月にEVの啓辰e30を投入，EV市場20％を狙う），高級車ブランド「INFINITI」の現地生産化等を進める計画である。また，SUV市場への進出を進めており，大連に新工場を建設し生産能力を拡大するとともに，中国市場向けの製品開発を強化している。2015年8月に投入する新型SUV「ムラーノ」は従来より250万円も価格を下げ，HVモデルを世界に先駆けて中国に投入する予定である（『日本経済新聞』2015年8月9日付）。同じく「ラニア」は，中国の若者向けに開発された初のモデルで，開発初期の段階から若手の中国人デザイナーがかかわり，消費を牽引する20代，30代の取り込みを狙っている。

　部品の現地調達に関しては，傘下部品サプライヤーと日系部品サプライヤーから部品を調達する戦略から，エンジン，変速機，ABS（Antilock Brake System）等コア部品など重要部品についても中国現地系サプライヤーから部品を調達する戦略へと転換をはかり，現地調達率を100％にする目標を打ち出している。地域別サプライヤー分布では，同社の花都工場が位置する広東省や江蘇省，上海市等の長江デルタ地域に集中している。コア部品の現地調達からみると，東風日産は2011年10月に河南省鄭州市でエンジン60万基の産能増強プロジェクトの定礎式を行ったことに続き，2012年9月に花都エンジン工場の年産能力を48万基から96万基まで引き上げた（FOURIN『中国自動車調査月報』No. 208, 2013.7, 40頁）。[2]

3　ASEAN自動車産業の発展と日系企業

1　ASEAN地域協力体制と自動車産業

　ASEANは，東南アジアの10カ国（インドネシア，マレーシア，フィリピン，シン

第9章　中国・ASEAN諸国における日本自動車企業

ガポール，タイ，ブルネイ，ベトナム，ミャンマー，ラオス，カンボディア）が加盟する地域協力機構である。ASEAN は1967年，インドネシア，マレーシア，フィリピン，シンガポール，タイの5カ国により創設され，その後1984年にブルネイが加盟。経済のグローバル化進展を背景として1990年代に入りベトナム，ミャンマー，ラオス，カンボディアを順に加盟国として迎え入れ，現在の10カ国体制となった。ASEAN は，国土の規模，政治，経済のほか，宗教，文化，言語などきわめて多様な性格をもった国で構成されている。たとえば，約2億5000万人という世界4位の人口を擁するインドネシアに対して，シンガポールは500万人台である。また，1人あたりの GDP でみると，5000から1万ドルのタイ，マレーシアなどがいわゆる中進国として位置し，5万ドル超のシンガポールと1000～2000ドル程度の後発加盟の4カ国（ベトナム，ミャンマー，ラオス，カンボディア）との間には大きな格差がある。こういった経済格差を是正することは ASEAN の重要な課題であるが，ASEAN はこの多様性の中で，サービス，人，資本の移動の自由化を目指す経済統合を進め，一体となり経済発展を遂げようとしている。2015年12月末には，貿易，投資の自由化と円滑化を主な目的とするアセアン経済共同体（AEC：ASEAN Economic Community）が発足した。またグローバルに各地域と繋がることを通じて経済成長をはかるという政策もとられ，ASEAN が1つの経済主体として各国とそれぞれ FTA（Free Trade Agreement：自由貿易協定）を締結する動きを強めてきた。これは「ASEAN＋1」と呼ばれ，たとえば日中韓各国との間でそれぞれ FTA をすでに締結している。

　自動車産業はすそ野の広い中核産業であり，経済発展のための不可欠な産業として各国でその育成・発展がはかられている。自動車産業は基本的に，輸入代替（ノックダウン生産），国産車の開発，モータリゼーションと量産化，輸出拡大，グローバルな生産体制の構築の段階を経ると考えられるが，ASEAN 自動車産業は，各国政府の輸入代替工業化政策の下で，海外からの資本と技術の導入によりスタートし，とくに80年代後半から90年代にかけて生産規模を拡大してきた。しかし，輸出競争力をもたず，国内市場が狭く，部品産業が未成熟という状況から，主にノックダウン方式による小規模な生産に止まらざるを得ず，最適量産規模を実現することはできなかった。そのため，各国で全部品をそれぞれ小規模生産す

るよりも,それぞれ得意な部品を補完的に供給することにより,量産効果が生まれ,効率的でコストを低減させることが可能であるとの発想から,一定の量産体制確立のために域内部品相互補完が進められた。この域内での自動車部品相互補完は,1988年のBBC (Brand to Brand Complementation) に始まり,その後, ASEAN工業協力協定 (AICO：ASEAN Industrial Cooperation Scheme),共通有効特恵関税 (CEPT：Common Effective Preferential Tariff) を経て,ASEAN自由貿易協定 (AFTA：ASEAN Free Trade Agreement) というかたちで進展していった。

当初の相互補完体制は,各国の「民族系」自動車メーカーを保護・育成するという観点での域内ネットワークの形成という点が色濃く,補完し合いながらも,現地の民族系自動車メーカーを育て,これによって自国の経済発展を実現するために,完成車や部品に対する関税・非関税輸入障壁や国産化規制により自動車産業を保護する側面も有していた。しかし,1998年の経済危機以降, ASEAN自動車産業は,一層の貿易・投資の自由化,グローバル競争に晒されることになり,このグローバルな競争において国際競争力を確保することが共通の戦略的課題となった。ASEAN域内における完成車に関する関税は,2010年1月にAFTAにより先行加盟国であるASEAN 6については撤廃され, CLMV(カンボディア,ラオス,ミャンマー,ベトナム)については2018年までに最終的に撤廃の見込みである。AFTAは,相互補完体制の構築,再編だけにとどまらず,AFTAのもとで導入された共通効果特恵関税 (CEPT) が引き下げられたことにより,これまで国内市場だけだったASEANの自動車産業を輸出に誘導した。タイはASEAN域内だけでなく,FTAも活用してオーストラリアなどへも輸出を大きく伸ばしている。これまで国産車(国民車プロトン)育成のため保護政策を堅持してきたマレーシアも自動車の輸入税自由化に踏み切り,輸出も含めてAFTA域内貿易に積極的にかかわることで,国民車の存続をはかろうとしている。ベトナムでは関税撤廃により,輸入車との価格逆転が生じる可能性があり,現地生産の存続が懸念されているなど新たな問題も生じている。

2 日系企業による生産ネットワークの構築

BBC, AICO, AFTAといったASEAN域内経済協力・自由化と各国の自

動車産業育成政策（保護主義）の両面を考慮し，日系自動車メーカーと部品企業は，内需規模・成長性，各国政府の投資優遇策，輸出市場へのアクセス，関税撤廃スケジュール，産業基盤の集積度，労働コストなどを勘案しながら生産ネットワーク（分業・補完体制）の構築と再編に取り組んできた。ASEAN 自動車産業の大きな特徴として，日系自動車メーカー中心に，域内優遇関税による相互融通を活用した完成車や自動車部品の相互供給体制が構築されてきた点があげられる。

　日系自動車メーカーは，生産拠点の再構築に加えて，分業を統括する機能を ASEAN 内に移管し，現地の変化に迅速に対応できる自律的な域内生産分業を展開している。また，コスト競争力のある製品については，当該生産拠点をグローバルな輸出拠点としても活用している。たとえば，トヨタはシンガポールに統括会社を設置するとともに，タイなど4カ国で完成車，主要部品の工場を稼働させている。さらにそれを発展させたかたちで IMV を展開している。IMV プロジェクトは，トヨタの重要な新興国戦略である（2004年8月生産開始，2015年7月全面刷新）。IMV は，新たに開発した車台を使い，ピックアップトラック3車型，ミニバン，SUV の計5車種によって構成されている。タイ，インドネシア，南アフリカ，アルゼンチンの4カ国が IMV の主要生産拠点で，そこからアジア，オセアニア，ヨーロッパ，アフリカ，中南米，中近東に供給されている。ASEAN 関連でみると，市場規模が大きく，自動車部品産業が集積されているタイは，4つの生産拠点の中でも世界最大の生産拠点で，グローバル供給拠点として位置づけられている。タイは，ピックアップトラックと SUV のマザー工場であり，IMV 用のディーゼルエンジンの世界供給拠点である。インドネシアもタイに次ぐ主力生産拠点であり，ミニバンのマザー工場である。また IMV 用のガソリンエンジンの世界供給拠点である。フィリピンでは完成車も生産されているが，マニュアル・トランスミッションを主に供給している。IMV はマレーシア，ベトナムでも生産されている。IMV プロジェクトでは，主にタイ，インドネシアから輸出も行われており，ASEAN 各国だけでなく，オーストラリア，サウジアラビアなどへも輸出されている[3]。

　このような長年にわたる取組みの結果，ASEAN 自動車産業においては，日

第Ⅲ部　自動車企業のグローバル展開と生産システム

表9-15　ASEAN主要6カ国・ブランド別自動車販売台数　(単位：台)

	2008年	2009年	2010年	2011年	2012年	2013年	2014年
日系	1,711,006	1,507,884	2,061,270	2,105,252	2,931,745	3,032,629	2,725,545
比率（％）	(84.8)	(82.5)	(84.8)	(82.9)	(85.7)	(86.8)	(86.6)
欧米系	109,630	108,338	131,217	185,758	258,025	242,588	218,311
比率（％）	(5.4)	(5.9)	(5.4)	(7.3)	(7.5)	(6.9)	(7.0)
韓国系	50,947	57,502	73,155	83,113	84,276	78,616	85,266
比率（％）	(2.5)	(3.1)	(3.0)	(3.3)	(2.5)	(2.3)	(2.7)
Proton	146,802	153,533	164,920	165,855	146,742	140,538	116,776
比率（％）	(7.3)	(8.4)	(6.8)	(6.5)	(4.3)	(4.0)	(3.7)
総計	2,018,385	1,827,257	2,430,562	2,539,978	3,420,788	3,494,371	3,145,898
比率 (100)	(100.0)	(100.0)	(100.0)	(100.0)	(100.0)	(100.0)	(100.0)

(注)　日系は次の12社．トヨタ/lexus，ダイハツ/Perodua，ホンダ，三菱自，スズキ，日産/Datsun/Infiniti，マツダ，スバル，いすゞ，三菱ふそう，日野，UDトラックス．韓国系は，起亜と現代自の2社．欧米系は次の9社．FORD，GM，Mercedes-Benz，BMW，VW，Peugeut，Audi，Volvo Car，Renault．Protonはマレーシアの自動車メーカー，Peroduaもマレーシアの自動車メーカーであるが，ダイハツと提携しているため日系に入れている．
(出所)　FOURIN『ASEAN自動車産業 2015』36-39頁より筆者作成．

系企業が圧倒的な比重を占めるようになった。表9-15，表9-16，表9-17は，ASEAN諸国における日系企業の生産販売台数とシェアを示しているが，全体で8割以上，各国においても大きなシェアをもっている。

3　ASEAN域内分業の変化と市場拡大・多様化

ASEAN域内での自動車部品補完体制は，小規模生産を各国で行うより，部品を補完的に供給し合い量産効果を生み出すという当初目的とした部品生産の完全な棲み分けという状況には必ずしもなっておらず，域内部品供給拠点としてのタイの重要性が高まってきている。(4)

今日では，域内分業における各国の位置づけが明白になってきている。タイは，域内最大の自動車産業の集積国，域内における完成車の供給拠点，輸出拠点となり，生産機能だけでなく開発，調達面でも域内分業の中核としての役割を強めている。市場の潜在力の大きいインドネシアは，タイとの補完関係を重視しながら完成車，部品の域内供給拠点となっている。国内市場が小さいフィリピンは，部品輸出国として成長している。

第9章　中国・ASEAN 諸国における日本自動車企業

表9-16　ASEAN 主要5カ国　ブランド別国別自動車販売台数・シェア

(2014年, 単位:千台)

	タイ	インドネシア	マレーシア	フィリピン	ベトナム	主要5国計
トヨタ	327 (37.1%)	400 (33.0%)	101 (11.3%)	107 (39.4%)	41 (30.8%)	976 (29.9%)
ダイハツ	未参入	186 (15.3%)	197 (29.5%)	未参入	未参入	383 (11.9%)
ホンダ	106 (12.1%)	159 (13.2%)	77 (11.6%)	13 (5.0%)	6 (4.9%)	361 (11.4%)
いすゞ	206 (18.2%)	32 (2.3%)	12 (1.9%)	12 (5.2%)	2 (2.8%)	264 (6.9%)
三菱自	63 (7.1%)	86 (7.1%)	14 (2.1%)	49 (18.1%)	2 (1.5%)	214 (6.7%)
スズキ	20 (2.3%)	155 (12.8%)	4 (0.6%)	7 (2.6%)	4 (3.3%)	190 (5.9%)
日産	59 (6.7%)	54 (4.5%)	45 (6.8%)	7 (2.8%)	2 (1.1%)	170 (5.4%)
マツダ	34 (3.9%)	9 (0.8%)	11 (1.7%)	4 (1.3%)	9 (7.1%)	67 (2.2%)
Ford	88 (9.0%)	12 (1.0%)	14 (2.1%)	20 (7.5%)	14 (10.5%)	99 (3.1%)
GM	26 (2.9%)	10 (0.8%)	2 (0.3%)	5 (3.0%)	5 (3.8%)	48 (1.6%)
起亜	0.7 (0.1%)	9 (0.7%)	10 (1.5%)	6 (3.0%)	22 (16.8%)	47.7 (1.6%)
現代自	4 (0.5%)	2 (0.2%)	3 (0.5%)	22 (8.5%)	0.7 (0.2%)	31.7 (1.0%)
VW	0.5 (0.1%)	1 (0.1%)	9 (1.3%)	0.6 (0.2%)	未参入	11.1 (0.4%)

(注)　( ) 内がシェア。ダイハツのマレーシアは、Perodua 分も算入している。
(出所)　FOURIN『ASEAN 自動車産業 2015』34-39頁より筆者作成。

表9-17　タイ・インドネシア・マレーシア　日系ブランド別自動車生産台数・シェア

(2013年, 単位:千台)

タイ		インドネシア		マレーシア	
ブランド	台数・シェア	ブランド	台数・シェア	ブランド	台数・シェア
トヨタ	860 (35.0%)	ダイハツ	488 (40.4%)	トヨタ	73 (12.1%)
三菱	360 (14.7%)	トヨタ	163 (13.5%)	ダイハツ (Perodua)	207 (34.4%)
いすゞ	288 (11.7%)	スズキ	180 (14.9%)	ホンダ	48 (8.0%)
日産	240 (9.8%)	ホンダ	82 (6.8%)	日産	50 (8.3%)
ホンダ	273 (11.1%)	三菱	129 (10.7%)	いすゞ	13 (2.2%)
スズキ	53 (2.2%)	日野	51 (4.2%)	マツダ	5 (0.8%)
日野	22 (0.9%)	日産	60 (5.0%)	日野	7 (1.2%)
三菱ふそう	2 (0.1%)	いすゞ	29 (2.4%)	スバル	5 (0.8%)
AAT	216 (8.8%)				
小　計	2,314 (94.2%)	小　計	1,182 (97.8%)	小　計	408 (67.8%)
総　数	2,457 (100.0%)	総　数	1,208 (100.0%)	総　数	601 (100.0%)

(注)　AAT は Auto Alliance (Thailand) Co.,Ltd. の略、マツダ50%、フォード50%の資本構成である。2014年からは提携を解消。マツダ専属に。
　　　小計は日系分、総数はその国の全生産数。
(出所)　表9-15 と同じ。

ASEAN は日系自動車メーカーにとって，次の点から重要な拠点でもあり，その動向が日系自動車メーカーのグローバル戦略に影響を与える可能性が高い。

　第1に，ASEAN 自動車産業は生産販売とも300〜400万台の規模に達しており（前掲表9-2，表9-3参照），タイの政変などがあり，2014年には一定の後退が見られたが，2015年以降については，タイでの生産回復が進む一方，インドネシア自動車産業が内需と輸出の両輪で成長を続けるとみられ，人口増加に加え，1人あたり GDP の増大などにより，中長期的には各国の独自性を保ちながらも拡大基調が続くことが予想されている（ASEAN の人口は日本の約5倍の6億人超，GDP の合計は約半分の2兆4000億ドルで世界6位の英国並みの規模となる）。第2に，ASEAN は日系自動車メーカーが圧倒的な市場シェアをもっている地域であり，利益への貢献度も高い。第3に，ASEAN は域内での自由貿易体制を構築しているだけでなく，域外の近隣諸国を中心に，自由貿易・経済連携体制の構築を積極的にすすめている。多くの日系企業がこれらの自由貿易・経済連携の枠組みを利用したグローバル展開を進めている。ASEAN は比較的早い段階から日系自動車メーカーの進出が始まり，現在では日系を中心とした自動車産業の集積が進んでいる地域である。ASEAN は，この自動車産業集積を利用したグローバル供給拠点としての役割を果たしており，日系自動車メーカーのグローバル供給拠点として，日本を含む多くの地域へ製品を供給している。

　タイ，インドネシア，マレーシア以外の国においても，モータリゼーションが始まろうとしており，各国のニーズも多様化し始めている。タイではピックアップトラック中心のシンプルな市場から小型乗用車も売れる多様化した市場へ，インドネシアでは MPV だけでなくタイよりもさらに小型の乗用車も売れる市場へと変化している。各国の低燃費車優遇の政策も，この動きを促進しており，多様化する市場動向を国別に把握し，域内の分業体制を柔軟に深化させることが日系企業に求められている（次節ではタイとマレーシア，第10章でインドネシアの自動車産業の現況を明らかにする）。

第9章　中国・ASEAN諸国における日本自動車企業

4　ASEAN主要国の自動車産業の状況と日系企業

1　タイ：ASEAN最大の自動車生産国

　タイでは，外資を積極的に誘致する自動車産業マスタープランに沿って，2000年代初めから自動車産業が急速に発展し，アジア地域ないし新興地域向けの車両・部品の生産拠点化がすすんだ。現在では，タイはASEAN最大の自動車産業の集積国となり，域内における完成車の供給拠点としてのみならず，グローバルな完成車の輸出拠点として，域内分業の中核としての役割を強めている。

　2012～13年に自動車購入補助策導入により国内販売が80万台水準から130～140万台に急増した後，2014年には補助策の反動と政情の影響で88万台に急減した。しかし2014年も過去3番目の販売水準であり，中期的には拡大基調とみられる。自動車生産は現在200万台規模となり，ASEAN最大の自動車生産国となっている。自動車の輸出も2012年には100万台を超え，2014年には輸出が112万台と国内販売を上回り（輸出先はASEAN周辺国，中近東，オーストラリア，中南米，アフリカなど世界150カ国以上），自動車の生産・輸出拠点に台頭してきた。なお，タイの自動車生産の約9割は進出日系自動車メーカーによるものである（前掲表9-17参照）。

　第3次自動車産業マスタープランでは，2017年の生産台数の目標値が300万台とされ，グローバル自動車生産拠点としての一層の発展，ピックアップトラックと小型乗用車に加えてSUVや小型のEco Carの生産など生産車種の拡大も意図されている。その達成に向けて，生産能力の拡大とともに，研究技術開発，人的資源開発成長基盤づくり，インフラ整備がすすめられている。これに対応して，日系企業は，政情不安なども考慮しながら，完成車工場，エンジン工場の能力増大などを行い，生産能力を拡充している。2016年からの『Eco Car政策』第2弾には10社が参加申請しており，順調に行けば50万台を超える生産能力が新たに追加される予定である。

159

2 マレーシア：自由化と国民車メーカーの強化

　マレーシアは国家自動車産業政策，NAP（National Automotive Policy）を基本方針に，国民車メーカーの競争力の維持・拡大を目指しており，国民車メーカーであるプロトン（Proton）とプロドゥア（Perodua）の比重が大きい。ASEAN 3位の自動車市場は2010年に初めて60万台を超え，2011年には前年実績をわずかに下回ったが，2012年以降は過去最高の更新を続けている。2013年には65.6万台に拡大した。今後も拡大基調が続くと予想されている。国民車メーカー2社で約50％のシェアをもつが，近年は外資メーカーの新規参入や販売車種の増加，国民車メーカーの政策上の優位性の低下などにより，競争が激化しており，国民車メーカーのシェア低下が鮮明となっている（製品開発力に限界があり商品開発力が弱いことが一因とされている）。

　2006年に導入された国家自動車政策，NAPは，AFTAのCEPT（共通効果特恵関税）の完全導入を促進するとともに（ただし物品税制による国産メーカーの支援など，市場自由化の圧力から国内産業を保護する方針も維持されている），国民車メーカーを中心とした国内産業の競争力強化を重視している。2014年1月に施行された最新版，NAP2014では，こうした従来の基本方針を維持しながらも，いくつかの新しい数値目標と具体的な施策が盛り込まれている。NAP2014では，2020年の乗用車生産目標を125万台（20万台を輸出）と設定している。その具体的な施策の1つが，エネルギー効率の良い車両「EEV（Energy Efficient Vehicle）」の生産促進策である。EEV政策は，車体重量を基準に区分された車種・カテゴリーに対してそれぞれの燃費基準を設定するもので，基準を満たす車両に対して優遇を付与するものである。現在までPeroduaの「Axia」が認定を受けている。[7]

　日系企業のシェアは，トヨタが15％前後，ホンダが5～8％であったが，2014年には11.6％へ急増している。日産は7％前後である。ダイハツはPeroduaと提携し，車両とエンジン生産を行っている（「Axia」はインドネシアLCC対応車「Ayla」をベースにした車である。Aylaについては第10章参照）。さらに，スズキは2015年6月にプロトンとの提携を発表した。エンジンなど主要部品を供給し，プロトンブランドで生産・販売する予定である。[8]

第9章　中国・ASEAN諸国における日本自動車企業

▶▶ Column 9 ◀◀

モータリゼーション

　モータリゼーションとは，自動車普及率の急上昇のことであり，経済力・工業力が一定の水準に到達すると，急速な進展をみせることが多い。モータリゼーションの進展には所得要因と価格要因があり，1人あたりGDPが3000ドルから7000ドルへの中所得水準の移行期に入り，国民の年収のおよそ3分の1で自動車を購入できるようになるとモータリゼーションがすすむといわれている。

　モータリゼーションの考察は，自動車市場の分析，さらに地域，国の経済・工業発展の状況を把握するうえで不可欠である。たとえば中国，タイ，インドネシア，インド，ベトナム等は，現在，日本の1965年頃の所得水準にあり，今後10年間に所得水準の向上とともに自動車普及率が飛躍的に上昇することが見込まれる。モータリゼーションを規定する1000人あたりの自動車保有台数，1人あたりGDPは，先進国，移行国，新興国の区分によく用いられる（下表，参照）。

先進国，移行国，新興国の区分

	① 1000人あたりの自動車保有台数	② 1人あたりGDP（年間：USドル）
先進国	500台以上	25,000以上
移行国	100〜400台	10,000〜20,000
新興国	100台以下	10,000以下

主要国を上記の基準で分類すると，下表のようになる。（年度：2013年）

先進国			移行国			新興国		
国名	①	②	国名	①	②	国名	①	②
日本	589	38,468	マレーシア	415	10,457	中国	93	6,959
アメリカ	771	53,101	ブラジル	196	11,311	タイ	204	5,676
ドイツ	561	44,999	ロシア	319	14,819	インドネシア	77	3,510
フランス	591	43,000	ハンガリー	342	13,405	インド	25	1,505
イギリス	563	39,567	メキシコ	278	10,630	ベトナム	15	1,902

（出所）　FOURIN『世界自動車統計年鑑2014』より筆者作成。

以上で，東アジアの自動車産業と日本自動車企業の進出の現状について，主に中国と ASEAN 諸国に焦点をあてて考察してきた。そこで明らかになったのは次の点である。

　第1は，東アジアの自動車産業は，生産では世界の50％，販売では40％近くを占めるようになっており，大きな極を形成するようになってきている。いずれも中国，ASEAN 諸国の伸びが著しい。

　第2に，中国自動車産業は，販売・生産において世界一の規模に成長し市場構造も変化してきている。乗用車，とくに SUV，小型車のCセグメントが急拡大し，市場需要は東部から中西部地域にシフトしている。これまで外資との合弁企業が大きな比重を占めていたが，外資と提携しない民族系企業も成長してきている。2014年度で，日系企業は約16％の乗用車販売シェアを有しているが，シェアは低下傾向にあり，日系企業はシェア維持，拡大を意図し，中国専用車の開発，SUV の低価格化，部品の現地化を含め，現地開発や新モデルの投入を加速化している。

　第3に，ASEAN 自動車産業は生産販売とも300〜400万台の規模に達しており，域内分業における各国の位置づけが明白になってきている。タイは，開発生産，調達など域内分業の中核としての役割を強めている。日系自動車メーカー中心に，完成車や部品の相互供給体制，輸出体制が構築され，日系自動車メーカーは圧倒的な生産販売シェアをもっている。各国の低燃費車優遇の政策などの展開も念頭において，多様化する市場動向を国別に把握し，開発，生産，調達の一層の現地化も含めて，域内の分業体制を柔軟に深化させることが日系企業に求められている。

注
(1) 各社の戦略については，各社広報資料，FOURIN『中国自動車月報』，FOURIN，2013 を参照にした。
(2) 日産の中国展開に関しては，東風日産・広州花都工場と日系部品企業2社（2007年3月，2014年9月），東風日産・大連工場（2014年9月）の現地調査を行った。
(3) ASEAN における生産ネットワークと IMV については次の文献を参照。
　　清水，2010；トヨタ自動車，2012；野村，2015。

(4) この点について，時間が経過するに従い補完というよりもむしろ，競合関係が出現しており，その傾向が強まりつつあること，さらに，その競合関係はタイを中心にすすみつつあり，域内部品供給拠点としてのタイの重要性が高まる可能性が指摘されていた（小林，2009，参照）。

(5) タイでは完成車メーカーが23社（4輪車16社，2輪車7社），1次サプライヤーが690社，2，3次サプライヤーが1700社，計2413社がバンコク周辺に存在している。それに対しインドネシアでは，完成車メーカー20社，1次サプライヤーが約550社，2，3次サプライヤーが約1000社，計1570社とされている（FOURIN，2015，59，89）。

(6) Eco Car 政策第2弾における製品の認可（要求）条件は，燃費が $4.3\ell/100$ km（約23.3 km/ℓ）以上であること。エンジン排気量はガソリンエンジンで1300 cc 以下，ディーゼルエンジンで500 cc 以下。環境規制は Euro 5 基準に対応し，CO_2 排出量は 100 g/km を超えないこと。そして，ABS（Antilock Brake System）や ESC（Electronic Stability Control：横滑り防止機構）のような安全装置を搭載することが必要となるほか，NECE（United Nations Economic Commission for Europe）が定める前面衝突事故と側面衝突事故に対する安全基準の確保が求められる。このほか，投資要件として，10万台規模の生産ラインを設置するとともに，認可から4年以内，2019年までに Eco Car を年間10万台以上生産すること，さらにエンジン部品などの現地化が義務づけられる。Eco Car の物品税については第1弾での17%から第2弾では14%に軽減される。トヨタ，ホンダ，日産，三菱，スズキ，マツダ，Ford，GM，VW，上汽集団が参加申請している（Eco Car 政策の詳細は FOURIN，2015，62，参照）。トヨタは Eco Car 政策対応車として，ダイハツのインドネシア LCC 対応車「アイラ」をベースにした車の生産を検討している。

(7) NAP 2014 の詳細は，FOURIN，2015，116，参照。
マレーシアの自動車産業についても，現地調査を行った（2015年3月，Perodua 社の車両組立工場，訓練センターの見学とヒアリング）。国民車企業と日系も含む外資系企業との競争，国民車企業への日本企業の支援など複雑なマレーシア自動車産業の実情を知ることができた。

(8) 『日本経済新聞』2015年6月15日付。

参考文献
石川幸一・清水一史・助川成也，2013，『ASEAN 経済共同体と日本——巨大統合市場の誕生』文眞堂
小林哲也，2009，「ASEAN 自動車部品域内貿易の現状」『城西経済学会誌』35巻，

21-33

清水一史，2010，「ASEAN 域内経済協力と生産ネットワーク——ASEAN 自動車部品補完と IMV プロジェクトを中心に」『九州大学大学院経済学研究院，Faculty of Economics Discussion Paper 2010-04』1-14

トヨタ自動車，2012，『アニュアルレポート　特集　新興国におけるトヨタの取り組み』http://www.toyota.co.jp/jpn/investors/library/annual/2012/efforts/，2015年8月26日

陳晋，2012，「中国自動車市場の変化と日欧米韓中企業の戦略に関する比較分析——セダン販売上位グループメーカーを中心に」『赤門マネジメント・レビュー』11/4，255-275

野村俊郎，2015，『トヨタの新興国車 IMV——そのイノベーション戦略と組織』文眞堂

橋谷弘・蒋芳婧，2010，「グローバル時代における東アジア自動車産業の再編——中国・東南アジア・韓国の事例」『東京経大会誌』第267号，73-113

FOURIN，2015，『ASEAN 自動車産業　2015』株式会社フォーイン

FOURIN，2014，『世界自動車統計年刊　2014』株式会社フォーイン

FOURIN，2013，『中国自動車部品産業　2013』株式会社フォーイン

FOURIN『中国自動車調査月報』株式会社フォーイン，No. 208

FOURIN，2014，『中国自動車調査月報』株式会社フォーイン，No. 219

第10章
新興国（インドネシア）市場における新車開発と生産
―― ダイハツ・アイラの開発・生産 ――

　本章では，日本自動車企業の新興国市場への対応について，より具体的に考察するために，ダイハツのインドネシアの子会社であるADM（アストラ・ダイハツモーター）社が開発に関与し，生産している新車「アイラ（AYLA）」に焦点をあてて，次の点を明らかにします。①インドネシア自動車市場の概要，②アイラ開発の体制とアイラの技術的特色（開発の現地化とダイハツの低燃費イース技術との関連），③アイラの生産体制（ADMのカラワン新工場の各工程での取組み，従業員教育）。

Keywords：ADM，MVP，LCGC政策，新たな「三現主義」，開発の現地化

1　インドネシア自動車市場概要

1　高い成長率と特徴的な車種構成

　インドネシア共和国の国土面積は約189.08万km²（日本の約5倍）で，約1万3500の島々からなり，東西約5110km（米国の東西両海岸間の距離に匹敵），南北約1888km（赤道を挟む）におよぶ。人口は，約2.4億人（2013年）。中国，インド，米国に次いで世界第4位の人口であり，大半がマレー系（ジャワ，スンダ等，約300種族に大別される）である。総人口の約6割が，全国土面積の約7％にすぎないジャワ島に集中している。宗教は，イスラム教88.1％（世界最大のイスラム人口を有するが，イスラム教は国教ではない），キリスト教9.3％，ヒンズー教1.8％，他である。経済指標については，日本との比較で**表10-1**を参照されたい。

　インドネシアの自動車生産・販売は，2004年に発足したユドヨノ政権のもと

表10-1　インドネシア共和国概要（日本との比較）（2013年）

項目	面積	人口	GDP	1人当たりGDP	失業率	インフレ率
インドネシア	189万km²	2億4,500人	8,580億$	3,500$	5.9%	8.4%
日　本	37万8,000km²	1億2,800万人	5兆9,840億$	4万6,900$	4.2%	0.05%
対日本比	約5倍	約2倍	約1/7	約1/13倍	約1.4倍	―

（出所）　政府刊行物，各種資料より筆者作成。

で6％台の堅実な経済成長率によって政治経済が安定しはじめたのを反映して，拡大基調に入っている。2010年にインドネシアの自動車販売台数は，前年比60％近く伸び，2011年に89万台に達し，タイを抜いて東南アジア最大の自動車市場国となった。生産台数は2012年には100万台を超えた（第9章，表9-2，表9-3参照）。その後も，需要の拡大が続くことが予想されている。

インドネシアの乗用車保有率は，まだ4.0％にすぎない（人口100人あたりの乗用車保有台数比率）。モータリゼーションが飛躍するといわれる1人あたり所得3000ドルの水準を2010年に超えたばかりなので，2.4億人の人口を有する国内市場を背景に，中国，インドに次いで成長するアジア新興大国のインドネシアが，アジアでも有数の自動車市場になるのは時間の問題であろうと予測されている。

車のタイプ別の販売構成比をみると，インドネシアの自動車市場の特徴は，乗用車7割，商用車3割という比率で（2011年で乗用車は60万1945台，商用車は29万2219台，日本自動車工業会資料による），低価格の家族向け多目的車（MPV：Multi Purpose Vehicle）が全体の約40〜50％を占めている。これは，MPV Lowといわれる小型のミニバンタイプの車で，3列シート，7人程度の乗車定員というのが，インドネシアで売れているMPVの典型である。販売価格は1.5〜2億ルピア（130〜180万円程度）が中心とみられる。また，1トン未満のピックアップトラック，SUVの需要も高く，各，30％，10％ぐらいの比率を占めている。一方，セダン型の車については，上級車（1500 cc 以上）のみならず，日本でコンパクトカーと呼ばれているような排気量が小さい（1500 cc 未満）タイプ（ジャズ，ヤリスなど）も，シェアはごく小さい。MPVが売れている背景と

第10章 新興国(インドネシア)市場における新車開発と生産

表10-2 インドネシアのメーカー別新車販売台数(2012年, 2013年)

(単位:台)

メーカー	2012年 (1~12月)		2013年 (1~12月)		前年同期比
	台数	シェア	台数	シェア	
トヨタ	406,026	36.4%	434,854	35.4%	7.1%
ダイハツ	162,742	14.6%	185,942	15.1%	14.3%
スズキ	126,577	11.3%	164,006	13.3%	29.6%
三菱	148,918	13.3%	157,353	12.8%	5.7%
ホンダ	69,320	6.2%	91,493	7.4%	32.0%
日産	67,143	6.0%	61,119	5.0%	-9.0%
いすゞ	33,165	3.0%	31,527	2.6%	-4.9%
その他	102,339	9.2%	103,610	8.4%	1.2%
合　計	1,116,230		1,229,904		10.2%

(出所) GAIKINDO(インドネシア自動車製造業者協会)資料より筆者作成。

して,インドネシアは日本などと比べ家族の構成人数が多い点があげられる。大人数の家族が買い物などのために移動するにあたり,排気量の割に乗車定員の多い小型 MPV が好まれている。

　自動車販売のメーカー別の構成比をみると,トヨタを筆頭に,ダイハツ,三菱などの日系企業が上位を独占しており,日系合計でのシェアは,2013年では9割近くを占めている。欧州,米国,韓国,中国系メーカーの存在感は薄く,日系以外のメーカーのシェアは合計でも1割に満たない(表10-2参照)。

　2012年と2013年の販売数をメーカー別にみると,主力のミニバン「キジャン・イノーバ」,小型 MPV の「アバンザ」をもつトヨタは,7.1%増の43万5000台で,過去最高を更新し,市場シェアは35.4%である。2位はダイハツで14.3%増の18万6000台となり,市場シェアは15.1%だった(トヨタ,ダイハツ合計で50.5%)。3位はスズキで29.6%増の16万4000台となり,MPV「エルティガ」が大きく伸びている。4位は三菱で5.7%増の15万7000台。ホンダは32.0%増の9万1000台で,ハッチバック「ジャズ」と SUV「CR-V」が大きく貢献している。日産は9.0%減の6万1000台であるが,2014年にはダットサンモデルの投入で巻き返しを図っている。

　日系自動車メーカー各社は,インドネシア市場の中長期的な成長を見込んで現地生産を強化しようとしており,生産能力増強,新工場設立の発表が相次い

でいる。販売シェアトップのトヨタは，2013年にカラワン第2工場を開設，2016年にはエンジン工場の新設予定を発表している。ダイハツも2012年に第2工場を増設し，工場内にR&Dセンターを建設中である。スズキは，既存工場の増強，2015年1月の稼働を目指す新工場によって年産能力の倍増をはかっている。ホンダは，2014年1月に新工場の稼働を開始，年間生産能力は20万台となる。三菱は，2015年をめどにフィリピンに新工場を建設する。約200億円を投じ小型車や多目的スポーツ車などを年20万台生産する予定である。日産は，2014年5月にプルワカルタ第2工場を新設。新工場の稼働により，日産のインドネシアでの年間生産能力は従来の10万台から25万台へと拡大する（以上は，各社の『ニュースリリース』などによる）。

最近になって欧米メーカーも生産・販売の増強をはかっている。ゼネラル・モーターズは，2000年代の半ば，インドネシアの現地生産から撤退していたが，Bekasi（ブカシ）工場を2013年に再開，小型車の販売を大幅に伸ばしている。独フォルクスワーゲンも自社工場を建設してMPVの現地生産に乗り出すことが予想されている。

2　LCGC政策と各企業の取組み

GAIKINDO（インドネシア自動車製造業者協会）によると，2014年の販売見通しは134万台であり，ルピア安に伴う車両価格の値上げなど，引き続き厳しい環境が続くとみられるが，自動車販売の増大が予想されている。しかし，まだ産業としての裾野が狭く，人的資源・天然資源といった強みが，自動車産業としての競争力には結びついていない。そのため，今後インドネシアが自動車生産・輸出拠点として発展していくには，インドネシア政府による政策面での強い後押しが必要である。インドネシア国内自動車市場の拡大と産業育成に向けた政策として，とくに注目されるのがLCGC（Low Cost Green Car）政策である。

LCGC政策は，2013年9月から正式に実施された。低価格で低燃費，一定量の国内産部品を使用した小型車に対して，物品税（消費税）・輸入部品の輸入関税等の減免といった税制面の優遇を与え，自動車需要を喚起し，自動車産業

第10章 新興国（インドネシア）市場における新車開発と生産

表10-3 LCGC適合の技術要件の概要

項　目		内　　　容
車　両		セダン・ステーションワゴン以外の乗用車
エンジン	排気量	ガソリンエンジン（GE）980〜1200 cc ディーゼルエンジン（DE）1500 cc以下
	燃費	20 km/ℓ
最小回転半径		4.6 m以下
価　格		9,500万ルピア（約82万円）以下（最廉価グレード） （エアバッグなど追加的な安全技術適用車は、この価格に対して10%の上乗せが、AT搭載車は15%の価格の上乗せが、それぞれ認められている）
燃　料	GE	リサーチオクタン（RON）価92のガソリン （インドネシアで最もポピュラーな補助金付き燃料のPremireは要件を満たしていないため、その使用は推奨されない）
	DE	セタン（CN）価51以上の軽油
現地調達		定められた構成部品の5年以内の現地調達が推奨される。現地生産化に係る実行計画の提出が求められ、6ヵ月ごとに実施状況の監査を受ける必要がある。これらの部品生産全てを現地化した場合、現地調達率は8割を上回る見通し

（出所）　FOURIN『アジア自動車調査月報』No. 82, 2013.10, 7頁より筆者作成。

の発展を目指している。LCGC適合の技術要件は、価格が9500万ルピア（約81.6万円）以下、ボディタイプはセダン・ステーションワゴン以外、ガソリンエンジン（GE）車であれば排気量980〜1200 cc、ディーゼルエンジン（DE）車であれば排気量1500 cc以下で、燃費20 km/ℓ以上を達成することが求められており（表10-3参照）、この要件を満たせば、奢侈品販売税（車両価格の10%）が免税となる。

現在までにLCGC対応車の投入しているのは、トヨタ、ダイハツ、スズキ、ホンダの4社で、日産は2014年内に投入予定である。車名は、トヨタ「アギア（Agya）」、ダイハツ「アイラ（Ayla）」、スズキ「カリムン・ワゴンR（Karimun Wagon-R）」、ホンダ「ブリオ・サティヤ（Brio Satya）」、日産「ダットサン（Datson）」である。LCGCは、これまでの収入レベルでは自動車の購入に手の届かなかった層を対象にしている。販売されている車種は、ほとんどがハッチ

バックであり，新たな購入層，小型 MPV と並ぶボリュームゾーンの拡大につながると予想されており，これまでのところ順調な売れ行きを示している。

2　ダイハツのインドネシア進出と新型車アイラ

1　新たな「三現主義」の展開

　トヨタグループの中でスモールカー分野（中心は軽自動車）を担うダイハツは，軽自動車事業に適した事業モデルを確立し，低コスト・低燃費・省資源のクルマづくりで，グローバルに通用する事業展開を目指している（詳細は第14章参照）。海外では，重要地域であるインドネシア，マレーシアを中心に将来の発展につながる基盤づくりを推進している。

　インドネシアでは，1975年に CKD（Complete Knock Down）生産を開始し，逐次，現地化をすすめて，1992年には，現地の AI（Astra International）社と合弁で，車両生産会社 ADM（Astra Daihatsu Motor）を設立し，2002年には ADM を子会社化（出資比率61.75%に）している。ダイハツは高い出資比率を有しているが，ADM の社長は現在，インドネシア人である。2013年には受託車を含む生産台数は45万7000台となり，生産シェアトップの企業となっている（ダイハツ，2013．3）。今日では，インドネシア以外の世界45カ国（アフリカ18，中近東13，アジア8，オセアニア1，中南米5カ国）に完成車も輸出しており，ADM 生産分の15%が輸出向け（トヨタブランド：80%，ダイハツブランド：20%）となっている。販売体制は AI 社と共同で AI-DSO（Daihatsu Sales Operation）を設立している。AI 社の支店は，約100店舗，ディーラーは約110店舗である（以上は，ダイハツ提示資料による）。

　得意とするコンパクトカーに資源を集中した事業モデルを，インドネシアでも確立するために，ダイハツは現地の材料や人材を活用し，現地に任せるところは任せていくという新たな「三現主義」を展開している。「三現主義」とは，一般的には，「現場」「現物」「現実」の3つの現のことで，問題解決は，現場に行き，現物を見て，現実を知ることから始まり，生産分野においてとくに重要とされてきた。ダイハツの「三現」は，「現地」（需要を創造する現地商品開発，

第10章 新興国(インドネシア)市場における新車開発と生産

低コストを実現する現地生産),「現物(材)」(低コストとフレキシブルな生産を可能にする現地材料・部品調達),「現人」(現地最適を実現するインドネシア人によるオペレーション)とされ,アイラの開発・生産はその象徴となっている。

2 新型車アイラの投入

ダイハツは,LCGC 政策に対応し,LCGC 政策の導入により期待されている新規自動車購入層向けのモデルとして,他社に先駆けて新型小型ハッチバック・アイラの販売を2013年9月より開始した。

すでにみたように,LCGC 政策では,自動車の本格普及を目指して価格の上限を9500万ルピア(約82万円)に規定しているが,それに対応して,アイラの小売価格(税込,付属品・用品含む)は,MT(Manual Transmission)車は7610万ルピア〜9750万ルピア(約65〜約83万円),AT(Automatic Transmission)車はMT+900万ルピア(MT+8万円,1ルピア=0.008524円換算,2013年9月6日為替レート)に設定されている。初めて自動車購入を考えるユーザーや中古車からの乗り替えをターゲットにして,夫婦共働きで世帯月収10万円のユーザー層でも余裕をもって購入できる価格設定としている。

また,トヨタとの協業の一環として,アイラはトヨタへ「アギア(AGYA)」として OEM(Original Equipment Manufacturer:他社ブランドの製品の製造,またはその企業)供給されている。アギアは,ベースモデルでもエアバッグやパワードアロックなどを標準装備としており,アイラよりも上級な位置づけとして棲み分けをはかっている[2]。

両車ともに ADM が2013年4月に開所したカラワン新工場で生産されている。アイラの月販規模は4000台であったが,目標を超える売り上げを示しており,アイラは売り上げの15%を占めるようになってきているとのことである(聞き取りによる)。

アイラは,排気量1.0ℓ,全長3.6mの5人乗りのコンパクトカーであり(車両の寸法,エンジン,トランスミッションなどの基本構造を数字で表した諸元については,表10-4を参照),主要な特徴として,次の点があげられている。①市場調査による現地ニーズの追求や現地デザイナーの起用など徹底した現地化,

第Ⅲ部　自動車企業のグローバル展開と生産システム

表 10-4　アイラの諸元

駆動方式	FF（前輪駆動）
エンジン	998cc（型式：1KR-DE）
トランスミッション	5MT/4AT
乗車定員	5名
全長×全幅×全高	3600×1600×1520㎜
車両重量	730kg

（出所）ダイハツ現地販売店資料（カタログ）から筆者作成。

②現地調達化の推進などにより低価格の実現。さらに，低燃費のアプローチとしてエネルギー効率の最大化や軽量化を推進，③新開発プラットフォームの採用によりコンパクトなボディサイズながら，5人乗車の広い室内空間と十分な荷室空間を両立，④インドネシア人デザイナーがデザインコンセプトから参画しつくり上げた，ダイナミックかつ流麗なスタイリング，⑤悪路や冠水路でも走破できる最低地上高や，狭い道でも取り回ししやすい最小回転半径を実現（以上についてはダイハツ・プレス・インフォーメーション・Press Information　2013年9月9日を参照）。

　アイラは，日本の「ミライース」で培ったコンパクトカーづくりのノウハウをベースに，ADM が参画した開発体制のもと，インドネシアのニーズを追求して低価格と低燃費を実現した「インドネシア発のインドネシアのためのクルマ」といわれている（ダイハツ，2013，11）。ダイハツの軽自動車「ミライース」で採用した諸技術が応用されているが，「ミライース」を改良した車ではなく，開発には ADM も早い段階から参画し，インドネシア向けに徹した専用車として開発されている。

3　開発の現地化と低燃費技術の活用

1　徹底的な市場調査と現地企業の開発への参画

　一般的に，製品開発から量産までの流れは，商品企画，デザイン，設計（機能・構造設計），試作・実験，量産という流れであるが，アイラの開発では，現

第10章 新興国(インドネシア)市場における新車開発と生産

表10-5 アイラの基本性能

項　目	内　容
燃　費	ASEAN Aセグメントトップ 22km/ℓ
安全性	日本と欧州の衝突安全基準に対応した衝突安全ボディ
最低地上高	冠水,未舗装路を考慮した180mm
取り回しの良さ	最小回転半径4.4m

(出所) ダイハツ提示資料より筆者作成。

地市場に即した車にするために,市場の動向調査などに基づく商品企画,デザイン開発において現地化が強化されている。アイラの開発にあたっては,ADMとダイハツとの共同による徹底的な市場調査とADMの早い段階からの参画が特徴的である。

①現地の潜在的ニーズをつかむ市場調査

所得分布と今後の展望,バイクや車所有層の分析,他ブランドとの比較をすすめながら,東西5000kmにわたって多くの島々からなるインドネシア市場をにらみ,いろいろな地域で(ジャカルタ,バンドン,スラバヤ,ソロ,マラン,マカッサル,メダンなど),2000名以上のインドネシアのさまざまな階層の人々への直接のインタビュー,またインドネシア全土の道路事情(数キロにわたって急坂が続くプンチャク峠や悪路,冠水の状況など)の調査がなされた。そこから,勢いある中間層が台頭してきていること,新車市場(最安値価格が大体100万円以上)とバイク市場(15～20万円)の間に大きな空白があることなど,商品企画の貴重な視点が得られ,100万円以下の燃費のいいエントリーカーとしてのコンパクトカーの開発という基本コンセプトが形成された。インドネシアの使用実態と環境に対応した乗り心地,走破性等の性能,品質(大人5人が楽に乗れ,悪路や冠水路でも走破できる最低地上高や,狭い道でも取り回しが容易な最小回転半径)を目指した開発がすすめられた(アイラの基本性能については表10-5を参照)。

②現地主体のデザイン開発能力の強化

デザイン開発能力の強化のために,人材(デザイナーとモデラー)の確保・育成,現地リーダーの育成,さらに現地でのR&Dセンターの建設がすすめられた。人材の確保・育成に関しては,2010年から,大学訪問(ジャカルタ2校,

バンドン3校，スラバヤ2校），学内での自動車デザインに関するプレゼンテーション・講演，企業内インターンシップを行い，優秀な人材を採用している。採用した人材に対しては，インドネシアでのOJT，ダイハツでの研修，ダイハツからのデザイナー派遣と交流などによって能力育成がはかられている。アイラの車体デザインは，インドネシア人デザイナーのデザインが採用されている。さらに2012年のカラワン新工場の立ち上げと並行して，工場の隣接地にR&Dセンターを開設した。このR&Dセンターは，インドネシアの道路事情を再現したデコボコ路，急坂を設けたテストコースも有している。インドネシア人中心で運営されており，日本からは「アドバイサー」として1〜2名が派遣されている。

2 イース技術の応用

ダイハツは，「低燃費」「低価格」「省資源」なクルマづくりの核となる技術として，エンジン・トランスミッション・ボディ構造などの既存技術に対して，あらゆる面から徹底的な検討を行い，低燃費技術「イース（e：S＝Energy Saving Technology）技術」を開発している。イース技術の主な内容は，①パワートレイン（エンジン・CVT）の進化，②車両の進化，③エネルギー・マネジメントに大別される（⇨第14章2）。ダイハツは設計段階から部材の配置や形状，材料を徹底的に検証し，低コストにする手法を軽自動車「ミライース」で取り入れたが，このイース技術がアイラに応用されている。

①パワートレインの進化

エンジンに関しては，新興国に最適な低価格，軽量の998ccエンジンが開発された。現地生産を可能にしたオールアルミ製で，エキゾーストマニフォールドと一体化したシリンダヘッドなどで低排出ガスと低コストを両立させている。さらに道路事情を考慮した低回転トルクを実現している。

②車両の進化

シェルボディの骨格構造の最適化・合理化により軽量化をはかっている。フロントメンバー内のリーンフォースの部品適正化，ダッシュ部合理化，フロントピラーまわりのリーンフォース合理化，クオーターまわり補強部材の合理化，

さらにシート骨格合理化（レール断面変更など），インパネリインフォースメントの構造合理化（部品点数の削減など）など，部材の配置，形状，材料選定をひとつひとつ点検し直し，730 kgの軽量車体を実現している。

③走行抵抗の低減

フロントのコーナー形状改善，床下流速の減速化によって，空力性能（Cd値）0.32を達成し，さらにインドネシアの仕入先とダイハツの共同で開発した低転がり抵抗タイヤの採用などで，走行抵抗の低減を実現している。

④低コスト化の取組み

インドネシア市場の特性に合わせ，原価低減が，①良好な設計素質（第14章，注9参照），②車両特性にふさわしい仕様の追求，③オープン＆フェアな調達という点からすすめられている。①②によって，たとえばワイヤーハーネスは，従来の軽自動車に比べ，電線重量で60％，外装長さで64％削減されている。またインストルメント・パネル（instrument panel：計器や操作スイッチを並べた前面のパッド入りパネル全体をさす）の部品点数は58％，質量は40％削減されている。

③に関しては，コストと品質でオープン＆フェアな廉価調達，現地調達化が展開されている[4]。現在の仕入先数は，約200社で，そのうち日系企業は約110社，現地企業は約80社であり，約3割が新規仕入先である。前述した低転がり抵抗タイヤも日系仕入先から現地の仕入先に変更されている。エアバッグ，エキゾーストパイプ，ステアリングホイール等も新規仕入先からの採用である。従来，ASEANの他国（タイ，フィリピン等）から調達されていたヒーターコントロール，オルターネーター，フューエルポンプなども現地調達化されている。またこれまで日本から鋳鉄ブロックを送付していたエンジンブロックはADMで内製化（粗材＋機械加工）されている（以上については聞き取りとダイハツ提示資料による）。

4　新型車・アイラの生産体制

1　カラワン新工場の概要

ADMの生産体制としては，ジャカルタとその近郊のスンター地区，カラワ

ン地区に工場,さらに関連仕入先を有し,2007年にはスンター工場で第2ラインを増設し,2012年には,カラワン地区に年間生産能力10万台の新工場を稼働させている。アイラは2012年に開設されたカラワン新工場で生産されている。カラワン工場は,ジャカルタの南東,約80kmの東カラワン工場団地にあり,94万㎡の敷地である(将来は第2工場も建設予定で,その分も合わせると121万㎡)。プレス,ボディ,塗装,組立工程を有する一貫生産工場で,LCGCのアギア,アイラ,MPVのセニア,アバンザを生産している。人員は2013年度で2600名である。日本からは,工場立ち上がり前後(1年間ほど)に生産技術者が20名ほど応援で出張してきていたが,今日では日本人は13名が出向してきており,基本的には各ショップに2名(生産技術者1名,職長・技能員1名)が配置されている(聞き取りによる)。

工場のコンセプトは「Just Fit For Indonesia」であり[5],日本で最新鋭のダイハツ九州・大分第2工場を基本にしながらも(第2工場のSSC化については,第14章第3節を参照),インドネシア特有の条件を考慮して設計されている。インドネシアに適したかたちで,生産工場のSSC(Simple Slim Compact:シンプル・スリム・コンパクト)化がはかられ,時間,エネルギーのムダを抑えた効率的な生産体制が築かれている。

インドネシア特有の条件については,カラワン工場だけでなく,ADM全体の生産体制とその発展の歴史を視野に入れ,生産技術のハード面(設備の移転,内製化,改良)とソフト面(管理と従業員教育),さらに市場規模,賃金,労使関係,教育水準,法律などといった点から多面的に考察する必要がある。ADM全体の生産体制とその発展の推移,市場の展望という点からみると,2007年のスンター工場で第2ラインを増設した時点でも生産台数は年15万台ぐらいであった。当時,塗装を完了したボディは牽引車を用い,メイン組立ラインに投入されていた。また大がかりなリフトを使わず工夫された簡易装置を使い,工程間搬送を行っていた(聞き取りによる)[6]。U-IMVの拡大,LCGCの生産によって生産数は,この5年ほどで急増しており,今日ではADM全体で年60万台近くに達している。この急激な市場,生産の成長という点は,工場の拡大,新設,設備の大規模化,自動化,さらに従業員教育,管理面に色濃く反映され

第10章　新興国（インドネシア）市場における新車開発と生産

ている。次に，日本からの急激な技術移転に際して，設備とその運用，管理・教育面での取り組みがいかになされているかという点について重点的に明らかにしたい。

2　各生産工程での特徴的な取組み

①プレス工程

カラワン工場には，2つのプレスラインがあり，大分第2工場と同じように，サーボプレスとロボット搬送ラインとなっている。1つのラインではインナー部品が，もう1つのラインではドアなどのアウター部品が製造されている。設備は，トヨタとコマツ共同で開発された（製造はコマツ）1600tのサーボプレス（型抜部の駆動をサーボモーターで制御して加圧する方式のプレス機）が導入され，人員は100名余である。最大能力は1分あたり16ショットである。その能力を引き出すには，①材料供給装置，②取り出し装置，③パレット積込み装置がスピードに追いついていかないといけないが，これらの装置にはダイハツのアイデアが盛り込まれており，最大限の能力が出せるようになっている。2つのラインは全く同じラインで互換性がある。1ロット，400～500個で段取替えを，大体1日8回行い，段取時間は約3分である。生産性，品質などはダイハツも含めたトヨタグループ内で比較されており，製造している部品によって特質はあるが，両ラインともグループ内で生産性，品質においてトップを争う高水準の成果をだしている。

カラワン新工場で特徴的なのは，品質保証のために，クオリティゲート（QG：Quality Gate）といわれる品質チェックの場が工程の流れの中に設けられている点であり（このQGはボディ工程などプレス以外の工程でも設けられている），大体，複数の作業員が目視チェックを行い，不良品の次工程への流出を防止している。さらに防塵対策も強化されており，金型スペースと加工スペースは壁で仕切られており，金型の整理・整頓，加工部品へのほこりなどの付着の防止などに大きな効果をあげている。

②溶接工程

溶接工程は，ダイハツ九州・大分第2工場を基本として設計されているが，

インドネシアの状況を踏まえて，保全性に考慮したレイアウトとなっている。大分第2工場のボディ溶接工程では，世界初の固定治具を排除した工程とし，固定治具を用いずにロボットで位置決めして溶接を行い，プログラムの変更だけで車種変更に対応している。このことによって治具費，治具搬送設備・スペースが大幅に節減され，混流生産が可能な柔軟なラインとなっていた（詳細は第14章第3節参照）。基本的には，この点は同じであるが，カラワン工場のメインボディ工程では，ロボットは，間隔を確保し配列され，さらに工程は2分割されており，メンテナンス，故障時の対応などが簡単にできるようになっている。またメインボディラインとサブアッシィラインが直結されているため（大分工場では直結していない），2次搬送のムダがなくなっている。自動化率は日本の半分程であるが，品質確保のために自動化率の向上がすすめられている。

③組立工程

組立工程も，基本的には大分第2工場の基本設計（組立メインライン工程数の削減，生産ラインの長さの短縮）を踏襲しているが，物流の動線を短くするために，エンジン，トランスミッション，タイヤ，シートなど大物部品を3面から入れるなどの工夫がなされている。組み付け部品は1台毎にセットされて，箱に入れて供給されている。これは SPS（Set Parts Supply）といわれており，誤組付け防ぐことが主目的であるが，ラインサイドの部品棚がなくなり，みやすいラインとなっている。

2012年秋から，アバンザ，セニアの生産が開始され，2013年9月にアイラの量産が開始されている。2013年4月からは2直体制となり，さらにタクトタイムも1.0分目標とされたために，人員は1100人から2600人に急増している。

3 従業員教育の展開

作業者は，日本の正規社員のように，入社と同時に正規社員になるのではなく，最初の2年間は契約社員であり，契約は1年ごとに更新され，3年目の契約時に正社員として採用される制度となっている。新規採用を急増させたので，まだ正規社員の比率は低い。ADM はインドネシア最大のアストラグループのイメージがあるため，多くの応募がある。高卒以上が多く，日本人に比べて基

第10章　新興国（インドネシア）市場における新車開発と生産

本的能力，働きぶりについて遜色はない（聞き取りによる）。

スンター工場でも2007年頃から，カラワン新工場は本格稼働してからまだ1年ぐらいの期間で作業者が急増しているため，6年勤続でも「古参」であり，6,7年の勤続年数でマネジャーになっている人もいる（スンター工場から配転）。平均年齢は23歳である。まだ大分工場などのスキルからみれば見劣りする水準であり，また先輩から技術・技能の伝承ということはむずかしいために，教育のための「道場」をつくりOJT教育が強化されている。たとえば，組立工程では停止している車への組みつけ作業で，同じ作業を3000回繰り返し（「3000回タッチ」といわれている），習熟した後でライン作業に入っている。

日本との関係でみると，作業者の教育については基本的にはインドネシアで行われるが，トレーナーや監督者養成を目指して，毎年20名ぐらい日本で研修を受けるようにしている。ダイハツもトヨタのグローバルな教育体系を参考にして，海外の従業員教育も強化しようとしており，その一環として作業者，管理・監督者の教育充実のための努力がなされている。

以上から明らかになったのは次の点である。

第1は，インドネシアの自動車生産・販売は，2010年以降，急増しており，この傾向は低い乗用車保有率，1人あたり所得3000ドル突破を考えると今後も続き，アジアでも有数の自動車市場になることが予想されている。LCGC政策によって，低燃費，低価格の新車投入も要請されており，日系企業を中心として新車の投入，現地生産能力の拡大がはかられている。

第2に，この状況に対し，ダイハツは得意とするコンパクトカーに資源を集中した事業モデルを，インドネシアでも確立するために，日本とも連携をとりながら，新工場，R&Dセンターの建設をすすめ，現地の材料や人材を活用し，現地に任せるところは任せていくという開発，生産の現地化を積極的にすすめている。アイラの開発・生産はその象徴となっている。

第3に，アイラは，LCGC政策の導入により期待されている新規自動車購入層向けのモデルとして，他社に先駆けて販売された小型ハッチバック，コンパクトカーで，日本の「ミライース」で培ったコンパクトカーづくりのノウハ

▶▶ *Column 10* ◀◀

開発と調達の現地化

　今日，日本の自動車企業は，新興国市場において，各国に適したかたちで，地域専用車の開発，省エネ車の開発生産，SUVの低価格化，部品の現地化を含め，現地開発や新モデルの投入を急速にすすめている。部品の現地調達に関しては，傘下部品サプライヤーと日系部品サプライヤーから部品を調達する戦略から，エンジン，変速機といったコア部品など，重要部品についても現地系サプライヤーから部品を調達する戦略へと転換をはかり，現地調達率を高める目標を打ち出している。これまでのように主要部材を日本など先進国から供給していたのでは，また現地の日系企業から調達していては，大幅なコストダウンがすすまないからである。また新興国も自国経済発展のため現地調達義務などを強めており，そうした法規制に対応する必要もある。従来，仕様は日本で決め（そのため日本からしか調達できない材料などもあり高コストになる），現地開発機能はローカルサプライヤーを探すためという位置づけから，海外拠点の権限を拡大し（仕様の変更なども可能なように）開発の現地化をすすめており，調達活動にも大きな影響を与えつつある。

　この開発と調達の現地化の関連については，完成車メーカーのグローバル開発生産体制の概要（日本と現地との開発の分業体制・内容），大手部品メーカーのグローバル展開（開発生産拠点，部品の供給先），完成車メーカーの新しい開発手法とその影響（共通化と多様化の新しい展開）などを踏まえたうえで，開発機能を区分し（製品企画，機能・構造設計，試作・実験などに），開発機能の現地化との関連で，調達の現地化を考察することが重要になる。たとえば，現地がほぼ日本と同じ機能・構造設計機能をもつと，現地仕様展開により部品の現地化が大きく進むことも予想される。現地開発の規模・内容，部品企業との関係が具体的に明らかにされることによって，いわゆる「深層の現地化」（部材や製造機械の脱日本調達を目指し，現地調達率をあげること）の分析もさらに進展するであろう。

ウをベースに，現地子会社が参画した開発体制のもと，インドネシアのニーズを追求して低価格と低燃費を実現している。アイラの開発にあたっては，現地の潜在的ニーズをつかむ徹底的な市場調査，デザイン開発能力の強化のために，人材（デザイナーとモデラー）の確保・育成，現地リーダーの育成，さらに現地でのR&Dセンターの建設がすすめられた。さらに設計段階から部材の配置

や形状，材料を徹底的に検証し，低コストにするダイハツの中核技術であるイース技術の手法がアイラに応用され，エンジン，車両の開発，低価格化に大きな効果をもたらした。

第4に，アイラはカラワン新工場で生産されているが，工場のコンセプトは「Just Fit For Indonesia」であり，日本で最新鋭のダイハツ九州第2工場を基本にしながらも，インドネシア特有の条件を考慮して設計されている。インドネシアに適合したかたちで，設備とその運用，管理・教育面でさまざまな工夫がなされて，生産工場のSSC（Simple Slim Compact：「シンプル・スリム・コンパクト」）化がはかられ，効率的な生産体制が築かれている。

日本での開発と生産プロセスの連携，技術集積によって何をつくり出し，いかに海外の現地化と連携するのか。ダイハツの取組みは1つの解を与えている。中核技術の開発，その海外現地に即した応用，効率的でシンプルな工場設備の開発，その海外現地の諸条件に適合した展開である。

注
(1) ダイハツとADM関連では，以下の聞き取り調査と見学を行った。聞き取り調査（ダイハツ本社，2014年1月24日），インドネシア現地調査：販売店見学（2014年3月29，30日），工場見学と聞き取り調査（カラワン新工場，2014年4月1日），部品企業工場見学と聞き取り調査（PT Dasa Windu Agung〔DWA〕社，2014年4月2日）。
　　聞き取り調査などでは多くのご教示をいただき，また資料を提示していただいた。本章の内容は，その際の聞き取り内容，資料に多く基づいている。
(2) AGYAは，古代インドネシア語で「速い」，AYLAは「光」という意味。
(3) 特筆すべきインドネシアの環境としては，次の点があげられる。気候は年中夏日で常時エアコン使用，大渋滞（アイドルストップのニーズは少ない），長い使用距離（20万km以上），ガソリンはオクタン価が低く高圧縮化には不適，オイルや油脂類の純正カバー率が低い。
(4) 調達の状況については，現地でもダイハツの調達担当の方，さらに部品企業の経営者の方からも聞き取り調査を行い，現地調達の「流れ」が大きく変化していることを実感した。従来のように仕様は日本で決め，それに合わせて現地サプライヤーを探すというスタンスから（この場合どうしても仕入先は日系企業に偏る傾向にな

る)，仕様も含めて現地企業の参画をはかり，その地域で求められる部品の価格と機能，品質を反映した，まさにオープン＆フェアな調達への移行もすすみつつある（実際は，設計との関連，品質管理の展開，人的，経済的ネットワークなど，解決すべき問題も多く残されている）。この点については，さらに実証的調査研究が必要である。

(5) 「Just Fit For Indonesia」とは，「インドネシアのお客様の声を吸い上げ，開発・生産し，商品としての最高の満足を届ける，インドネシア人が自らの手で行う」（ダイハツ提示資料より）ということである。この内容はカラワン工場では，品質と保全性に力点をおいて，次のように具体化されている。①品質不具合，再発防止を織り込んだ高品質を維持できる工場，②メンテナンスが容易で管理しやすい，生産現場が一望できる工場（聞き取りによる）。

(6) U-IMV は，インドネシアにおいて，トヨタ，ダイハツが共同開発した小型ミニバン（MPV）（ダイハツ・ゼニア〔Daihatsu Xenia〕，トヨタ・アバンザ〔Toyota Avanza〕）のこと。

参考文献

佐藤百合，2011，『経済大国インドネシア』中公新書
ダイハツ工業株式会社，2013，『アニュアルレポート 2013』
　　なお，『アニュアルレポート』『ニュースリリース』『技術広報資料』に関しては，ダイハツ工業株式会社，公式ホームページ（http://www.daihatsu.co.jp/　2014年8月31日，アクセス）から閲覧することができる。

第 IV 部

新技術開発と生産・事業革新

第11章
多車種混流生産と開発プロセスの新たな展開
──日産車体・湘南工場のフレキシブル生産──

本章では多車種混流生産を具体的に考察するために、日産車体・湘南工場を対象にして次の点を解明します。①多車種混流生産の大きな前提となる生産車種、開発・生産体制（組織、人員、工場ライン）、②生産車種の種類、生産量、それらの混流の状況、日産車体の多車種混流生産の特質、③多車種混流生産を可能にしている技術的、管理的条件、④3D-CADを技術的手段とした開発プロセスの変革の状況。

Keywords：多車種混流生産，開発プロセス，IBS，開発品質，モジュール化，CAE

1　日産車体の概要

1　経営概要

日産車体は、1949年、鉄道車両および自動車の車体製造メーカーとしてスタートし、1951年より日産グループの一員となった。2000年には神奈川県平塚市の湘南工場に量産車種を集約し、2007年には、新たに福岡県苅田町（日産自動車九州工場内）に日産車体九州㈱を設立している。湘南工場ではLCV（Light Commercial Vehicle：小型商用車）を中心に生産し、日産車体九州では、ミニバン、SUVなどを生産している。2015年3月の会社概要は**表11-1**のとおりである。

湘南工場は多車種少量生産車のフレキシブル生産拠点として、乗用車、商用車、SUVなど6車種を混流生産するとともに、そのノウハウを海外工場に展開するためのマザー工場の役割も担っていた。その技術は長年の蓄積によるが、本章では、それがほぼ確立された2000年ごろの状況を詳細に考察したい。[1]

第Ⅳ部　新技術開発と生産・事業革新

表11-1　日産車体・会社概要（2015年3月31日現在）

売上高	4753億6700万円
経常利益	103億3300万円
従業員	1942名（本社・湘南工場など）
	885名（日産車体九州）
売上台数（単位：台）	
乗用車	91,120（46.6％）
商用車	85,172（43.5％）
小型バス	19,394（9.9％）
計	195,686（100.0％）

（注）　数値は，日産車体九州はじめ連結6社を含む。
（出所）　日産車体資料より筆者作成。

1999年から開始された日産リバイバルプラン（第6章第1節参照）では，最適な生産効率およびグローバルでのコスト競争力を実現するためとして，日本国内の過剰生産能力の削減がすすめられ，車両組立工場では，村山工場，日産車体・京都工場，愛知機械・港工場，パワートレイン工場では，久里浜工場，九州エンジン工場の生産が中止された。生産は，残された工場に集約され，そこでは，稼働率の向上とともに，市場の需要変化に即応できる一層柔軟な生産システムの構築がすすめられた。

日産車体では，京都工場の量産車種移管が実施され，主要な生産は神奈川県の湘南工場に集約された。日産車体は，これまでも日産グループ内において，セグメントの違う比較的少量の車種を多く生産する（多車種中小量生産）企業で，早くから多車種混流生産，デジタル化に取り組んできたが，さらにフレキシブルな多車種混流生産体制，効率的な開発プロセスを確立するための企業活動を展開していた。

日産車体は，2001年度の時点では，日産自動車の出資比率が42.6％の関連会社で，資本金79億400万円，売上高は4629億円であった。生産規模は約31万台（マイクロバス含む）で，生産指定車種が12車種（2002年度からは13車種）であった。

主要製品は，乗用車（セドリックセダン，クルー，エルグランド，サファリ，リバ

ティ，アベニール，ウイングロード，FX45），商用車（キャラバン，エキスパート，ADバン，ダットサン），マイクロバス（シビリアン，分社化されたオートワークス京都で生産），自動車部品等である。売上高比率は，2001年度では，乗用車61％，商用車30％，小型バス３％，部品・その他６％の比率となっていた。セドリック（1991年型），クルー（1993年型）など古い年式のものから，FX45（2003年より北米に輸出されたSUV車）のような新型車，さらにセダンから大型RVまで，まさに多車種を生産していた。日産自動車との国内生産における生産分担をみると，生産車種では（2003年１月時点），38車種のうち13車種（約34％），生産台数（2001年度実績）では，123万台のうち30.5万台（約25％）であった。輸出比率は30〜37％で，中近東などを中心に139国に輸出していた（日産車体資料による）。

2 開発・生産体制

日産車体は，販売を除く，個別商品企画，開発，調達，生産，品質保証機能など，商品を軸とした一貫機能を有しており，組織と人員は，図11-1のとおりであった。

商品企画から，開発，技術，生産・品質保証までを一貫して行うために，神奈川県湘南地区に「湘南工場」と「開発部門」の２つの拠点があった。「湘南工場」には，隣接また少し離れて５地区（1，2，4地区は車両生産，3地区は物流センター，5地区はプレス工場）とテクノセンター（試作工場，工機工場）があり，本社オフィスと，プレス，車体組立，塗装，車両組立など８つの工場および検査棟からなる生産部門，計算センターなどを有する日産車体の最大拠点となっていた。「開発部門」では，（NSデザインという別会社も含めて）市場調査，商品企画の立案，デザイン設計，モデル製作，試作車製作まで開発の全てを担当していた。開発から生産のより一層の一体化を目的として，先行開発車両の試作等を行う試作部門が生産部門に属していた。先行開発の段階から生産要件を考慮した活動をしているのが日産車体の特徴である。その他，日産栃木工場内に実験部門の一部，東京銀座の日産本社（当時）に隣接してLCV事業部門の一部，日産追浜工場内に商品保証部門の一部があった。

第Ⅳ部　新技術開発と生産・事業革新

図11-1　組織と従業員数（2002年4月）

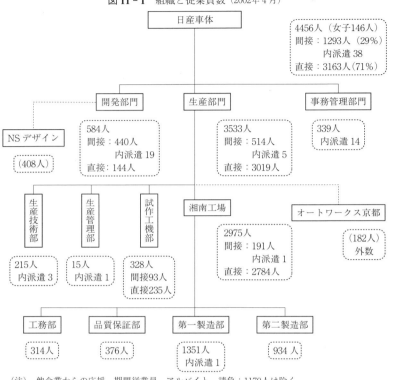

（注）　他企業からの応援，期間従業員，アルバイト，請負：1170人は除く。
（出所）　日産車体資料より筆者作成。

3　中期経営計画（2002～2004年）とコア技術の強化

　日産車体では，ステークホルダーからの高い信頼感，確かなコア技術に裏づけられた存在感という「ありたい姿」を掲げて，「NS-130」という中期目標を設定していた（NSというのは日産車体のこと，130というのは30万台を生産することによって，130億円の連結営業利益を得ること。この利益目標は，当時の水準〔10～20億円〕からみるとかなり高い目標であった）。そして，2002年から2004年にいたる3年間の中期的な重点活動項目として，「本当の意味のCS（顧客満足）に，また収益につながっているか」を指標に，商品力の強化，総合収益改善，コア技

術力の強化が提起され，その実現のために，長年にわたって培われてきたフレキシブルな多車種混流生産技術，効率的な開発・生産準備体制の一層の発展がはかられた。

いかなる需要変動にも対応できるように，ライン統合と工場間（地区間）補完体制，さらに一部の部品企業との補完体制が推進されるとともに，車体汎用ラインの開発，柔軟な車体技術と情報技術の統合による「バーチャル・ファクトリー（仮想工場）化」，さらに開発プロセスへの3D-CADの徹底した適用拡大が進められた。

2　日産車体における多車種混流生産の特徴

1　あらゆるタイプの車種の生産

日産車体における多車種混流生産は，単なる複数の混流生産を超えている。混流生産をみる場合，工程別にどのような車種が生産されているかを把握することが大切である。**表11-2**は，工程別の生産分担を，**表11-3**は，各車体組立ラインで生産されている車種を分類している。車体組立ラインは混流ラインが2本，単独ラインが1本の計3本。車両組立ラインは混流ラインが2本，単独ラインが2本の計4本である。

1，2地区の主要な2ラインでは，車体，車両ラインとも多くの車種（最大1ラインで7車種）と多様な車が，同じラインで生産されていることが明らかである。1地区では，L，M，Sクラスの乗用車，RV，商用車が，2地区ではLクラス以上の商用車，RV，MクラスのRV，商用車が，同一ラインで生産されている。1地区車体ラインでは，高さ1.8m，幅1.8m，長さ5m，2地区ラインでは，高さ2.1m，幅1.9m，長さ5mまでの車の生産が可能であり，両ライン合わせると，商用車，乗用車，RVまどのようなタイプの車体構造をもった車でも生産することができ，技術的には，日産全車種の生産をすることができるようになっていた。

第Ⅳ部　新技術開発と生産・事業革新

表11-2　湘南工場・工程別生産分担（2002年）

工程	区分	1地区	2地区	4地区
車体組立 （車体）	混流ライン	ウイングロード ADバン アベニール エキスパート セドリック クルー FX45 （7車種）	エルグランド キャラバン リバティ サファリ （4車種）	
	単独ライン	ダットサントラック		
塗　装	混流ライン	1地区生産車	2, 4地区生産車 ＊アベニール ＊エキスパート	
車両組立	混流ライン	ウイングロード ADバン ＊アベニール ＊エキスパート セドリック クルー FX45 （5～7車種）	エルグランド キャラバン リバティ ＊アベニール ＊エキスパート （3～5車種）	
	単独ライン	ダットサントラック		サファリ

（注）　＊印のアベニール，エキスパートは2002年9月より塗装移行，2地区側で生産。1, 2地区能力バランスで相互補完している（現時点2003年2月では，2地区にて生産）。
（出所）　日産車体資料より筆者作成。

2　多車種中小量混流生産と需要（量的）変動への対応

　表11-4は，車両組立ラインの車種別生産台数を示しているが，1車種では，月産数百台から5000台程度の車を混流させて，1ラインあたり1～1.5万台の量産規模にしている状況がよくわかる。さらに，生産の平準化によって調整はされているが，需要の変動により，総量および車種毎の月々の生産量はかなり変化している。別の日産車体資料によると，2地区の車体組立ラインでは（エルグランド，キャラバン，リバティ，サファリの4車種を生産），1997年3月～1998年3月の1年間でみると，まず総量については，9時間（1直）あたり最大330台（9月），最小223台（12月）と1.5倍の変動があり，車種別では，たとえば，

第11章　多車種混流生産と開発プロセスの新たな展開

表11-3　湘南工場・車体組立ライン生産車種（2002年）

クラス	カテゴリー	生産車種	発売時期	1地区	2地区
Lクラス以上	＊(RV)	FX45	03/1	○	
	CV	キャラバン	01/4		○
	RV	エルグランド	02/5		○
		サファリ	97/9		○
	PV	セドリック	91/6	○	
		クルー	93/6	○	
Mクラス	RV	リバティ	98/11		○
		アベニール	98/7	○	
	CV	エキスパート	99/5		○
Sクラス	RV	ウイングロード	99/4		○
	CV	ADバン	99/4	○	

（注）○印が生産されているライン。
　　　PV（Passenger Vehicle：乗用車），RV（Recreational Vehicle：多目的車），CV（Commercial Vehicle：商用車），＊FX45はSUV（Sport Utility Vehicle）の区分でRVより派生した新ジャンル。
（出所）日産車体資料より筆者作成。

エルグランドの最大生産量は1直あたり168台（9月），最小47台（5月）で3.6倍の変動があった。表11-4からみても，この状況は2003年時点でもあまり変わっていない。この需要変動に対しては，勤務体制面での対応（時間外労働時間，期間従業員の調整など）はあるが，設備などへの追加投資と準備期間なしに円滑な対応ができていた。

3　新型車用ラインの現行車での立ち上げ

多くの車種数，量の変動に対応できるだけでなく，湘南工場のラインは，同一ラインでの新車の立ち上げという点でも「汎用性」を発揮していた。1997年から2003年までの間に，1地区ラインでは，3車種，2地区ラインでは，5車種のフルモデルチェンジが実施された（表11-3の各車の発売時期参照）。

通常は新設備の更新は，新車の立ち上げに合わせて実施されるが，日産車体では，次に考察するIBS（Intelligent Body Assembly System：多車種少量生産を実

第Ⅳ部　新技術開発と生産・事業革新

表11-4　湘南工場・車種別生産台数（車両組立ライン分・実績と予定）

（単位：台／月）

生産車種	2003年1月	2003年2月	2003年3月
ウイングロード	4,283	5,155	4,974
ADバン	2,870	3,018	4,139
アベニール			
エキスパート			
セドリック	421	524	448
クルー	278	417	321
FX45	4,492	4,682	4,165
1地区車両組立ライン　計①	12,344	13,796	14,047
ダットサントラック（1地区）②	4,593	4,787	4,700
エルグランド	2,455	4,081	4,820
キャラバン	2,899	3,677	3,431
リバティ	2,246	3,212	2,856
アベニール	259	343	391
エキスパート	319	459	581
2地区車両組立ライン　計③	8,178	11,772	12,079
サファリ（4地区）④	2,556	2,859	2,853
総計（①+②+③+④）	27,671	33,214	33,679

（出所）　日産車体資料より筆者作成。

現するためのフレキシブルな車体組立システム）ラインの特性を活かして（IBSライ
ンでの設備対応は，基本的にNCロケータといわれる位置決め治具とロボットのプロ
グラム追加，および搬送系で専用の受け部分の追加だけであり，設備自体の大きな変更は
必要ない），既存の車で新設の汎用設備をいったん立ち上げ，初期不具合を対策
した後に新車を投入していくという方法がとられた。まず，新旧の車に対応で
きる設備が入れられ，そこで現行車によって，設備の状況が点検される。新型
車は工場試作時（5カ月前くらい）からライン生産されるため，現行車と並行生
産の後に立ち上げとなる。この「汎用ラインの現行車での立ち上げ」の目的は，
初期故障の早期発見と対策，次期車へのノウハウの蓄積，投資回収の早期化
（フル生産への迅速な移行）である。通常のラインでは，新ライン設置後6カ月

第11章　多車種混流生産と開発プロセスの新たな展開

表11-5　多車種混流生産を実現するための取組み

分類	小分類	取組項目	車体組立	車両組立	状　況
技術	汎用化	IBS化	○		1地区、2地区採用
		サブ工程の汎用化	○		エンジン・コンパートメント、FR/RR フロア工程、B/SIDE　INR/OTR 工程
管理	シンクロ化	①シンクロ納入	○	○	車体：28%（722/2630部品） 車両：4%（795/21479部品）
		②社内ピッキング	○	○	車体：33%（854/2630部品） 車両：30%（6395/21479部品）
		③社内サブ・モジュール供給		○	車両：12%（2624/21479部品）
		モジュール化 （同一部品・同一工程取付）		○	エルグランド：6部品 FX45：8部品
	平準化	定タクト編成化		○	組み付け工数の平準化推進
		ロット生産	○	○	少量生産車の最適ロット生産のトライ
		仕様指示システム		○	適用部品点数30405点 （オートワークス京都含む）

（注）①シンクロ納入とは、生産着工順に近隣協力会社にて、サブアッシィ、または荷揃えして日産車体に納入し、ラインサイドに供給すること（メーカー社内アッシィ含む）。
　　　②社内ピッキングとは、生産着工順に社内で部品を並べて、ラインサイドに供給すること。
　　　③社内サブ・モジュール供給とは、生産着工順に社内でサブアッシィして、ラインサイドに供給すること。
　　　総計（①+②+③）は、車体組立で1576/2630＝59.9%、車両組立で9814/21479＝45.7%である。
（出所）日産車体資料より筆者作成。

で立ち上げ、フル生産までは1〜2年かかることが多いが、日産車体では、実際に、故障による停止時間も少なく、20日ぐらいでフル生産に入っていた。

3　多車種混流生産のための技術と管理

　以上の多車種混流生産を実現するためには、製造技術、生産管理、作業者への指示といった点で多くの取組みを必要とする。**表11-5**は、その概要を示している。
　製造技術面では、IBS化によって柔軟なラインづくりがすすめられ、また、

多車種混流生産に伴う諸問題(工数のアンバランス,スペース,順序)などを克服するための諸方策が展開された。

1 IBSの特色と3D-CADとの統合

　IBS[(4)]は,専用治具による位置決め,専用装置による搬送と異なり,NC制御のサーボモーターを使用し,従来固定であったワーク位置決め治具をロボット化するなど,汎用性を高めたもので,NCロケータによる位置決め,サーボモーター(またロボット)による搬送などに大きな特色がある。当初のIBSは,車体工程のボディメインの位置決め工程用設備としてスタートしたが,IBSは単なるボディメインの位置決め工程用設備だけではなく,ボディサイド,フロアまわりの溶接工程設備にも拡大している。ボディメインの位置決め工程用設備は,次世代IBSを開発済であり,従来のIBSと比較して,NCロケータの数を減らすとともに治具構成を簡素化し,弱点であった保全性が大幅に向上した。日産車体は,このIBSを自社の工機部門で設計製作しており,1,2地区の車体ラインで展開していた。

　このIBSの展開によって,すでにみたように多車種混流生産,需要変動への対応,迅速な新車立ち上げ(同時に新車車体設備の大幅な低減)が実現されたが,それ以外にも,溶接作業の自動化,溶接ロボットとパソコンをつないでの溶接条件(ヒート率,電流値差異など)の集中管理などもすすめられ,品質向上に貢献した。さらに重要な点は,オフライン・ティーチング等のためのCADソフトの利用である。

　車体溶接設備は,ワーク搬送装置,位置決め治具,溶接ロボット等の構成要素が予め定められた順序(シーケンス)に従って動作する。その1サイクルの動作の中で起こる干渉を検出し,対策しておくこと,そしてロボットも含めた設備全体のプログラムを精度よく設定しておくことは,設備準備上,重要な問題である。IBSは,基本的には,NCロケータとロボットのプログラム変更によって,多車種混流生産に対応が可能であるが,たとえばRV-CV系車は,車種あたり,2000以上のプログラムが必要であり,実機ではなくCADデータを利用しコンピュータ上でティーチングする,オフライン・ティーチングが不

可欠となっている。日産車体は，このために，「ROBCAD」(ロボキャド)，「DYNAMO」(ダイナモ)，「eM-PLANT」などの CAPE (Computer-Aided Production Engineering：プロダクション・エンジニアリング支援システム) ツールを利用している (このような情報技術の自動車企業での展開は第12章も参照)。

ROBCAD によって，次の点が可能になった。生産技術業務の標準化の促進，標準的な製造部品の再利用，ロボット，生産設備，および作業者モデルの3次元化，マニュファクチャリング・セル (作業現場) のシミュレーション，およびロボットと人間作業の検証による，ロボット配置の最適化，ロボットや他の専用機械の教示プログラムのオフラインでの作成である。DYNAMO は，製品パッケージングと組立工程計画，および解体・整備方法の検討を行うためのデジタル・モックアップツールである。DYNAMO は，自動的に，製品とその部品を3次元ソリッド (体積をもっているモデル) で表示し，コンピュータの画面上で組立性，および分解性のための最適な方法を分析することができる。DYNAMO による検討結果は，設計者にフィードバックされ，組み立てやすい設計 (DFA：Design for Assembly) を促進し，またサービス技術者にアニメーションで組立方法，解体方法を教えることを可能にしている。eM-PLANT は，生産システムと工程の設計，シミュレーション，ビジュアリゼーション，最適化 (ボトルネックを分析して，生産量やバッファサイズを最適化) を行うことができる。

さらに，これらのソフトウェアは，主要な CAD システム (I-DEAS, CATIA など) とデータ変換することなく，シームレスにデータの共有化が実現されるために，データの重複管理とデータ交換にまつわる諸問題が解決されており，後でのべる 3D-CAD による開発プロセスの変革と密接に関連している。

2　生産の同期 (シンクロ) 化と平準化

混流ラインでは，車種により作業量が異なり，また部品点数が車種分だけ増加するため，工数のアンバランス，部品点数の増大によるスペースの狭小化，部品の誤着・欠品，誤取付など多くの困難を伴う。それらを克服し，車種と需要量についての市場の変化に対し，必要な製品を必要な時に完成させるために，

生産の同期化と平準化をすすめる諸方策が展開された。

①「順序」と「時間（タイミング）」の管理

まず，円滑な多車種混流生産を遂行するために，日々の受注情報を反映した順序確定計画が策定され，生産計画どおりの「順序」「時間（タイミング）」「量」で生産できるように，管理指標として，NPW（Nissan Production Way：日産生産方式）に基づく「順序遵守率」「時間遵守率」が強調されている。

順序と時間で同期生産を測る，この指標は，NPW独特のものであるが，海外工場も含めてグローバルレベルで定期的に比較され，進捗度が確認されていた（第5章第5節参照）。日産車体においても，月1回の取締役を入れた推進会議が開催され，同期生産の徹底がはかられていた。

②部品供給方式の改善

同期化，平準化のための部品供給方式として，表11-5に示しているように，「シンクロ納入」「社内ピッキング」「モジュール化」が，そしてラインサイドのシューター，部品棚，ピッキング台車の改善がすすめられた。[6]

とくに，モジュール化は，車種による作業量のバラツキ吸収，メインラインの負荷軽減のために，作業の平準化（同一部品・同一工程取りつけ）とライン短縮化を進めることをねらいとして，新型車から大きく取り入れられている。たとえば，新型のSUV車，FX45では，①フロントエンド，②インストルメント・パネル，③ルーフ（ヘッドライニング），④バックドア，⑤ドアトリム，⑥ドアレギュレーター，⑦フロント・ストラット，⑧リアアクスル&サスペンションの8部品（新型エルグランドは④⑥以外の6部品）がモジュール化された。[7]

また，作業者が取付部品を誤らないように，そして作業習熟期間の短縮のために，仕様指示システム（とくにランプ表示による部品選択指示システム）が全部品に適用され，月々の変動に対するメンテナンスは製造部署自身で実施されることもあって，定着し効果をあげていた。

4　SE（同時開発）の新たな展開：3D-CAD 化と開発プロセスの変革

1　3D-CAD の特質

　日本の自動車企業では，新車の企画から量産までのプロセスは，研究開発・設計，試作・実験，生産技術，製造の各部門の担当者が，最初の計画段階から同じ土俵（基盤）に立って，並列に協調してすすみ，開発の途中では情報を交換しながら，同じ目標（リードタイムの短縮，生産設計，設備，型，部品コストの削減など）を目指して最終製品を仕上げる方式をとっており，それが，開発期間の短縮，品質向上，原価低減ひいては競争力の強化につながり，外国企業にも大きな影響を与えてきた。このＳＥ活動では，これまで情報技術の利用の不均等性がみられたが，今日では，情報技術のハード，ソフト面での発展も伴って（大容量化，高速処理，3D-CAD 化，従来の大型ホストコンピュータで稼動する内製ソフトウェア中心の形態から，ワークステーション等で稼動する市販ソフトウェアを活用する形態へ），情報技術を基礎にした開発プロセスの統合化がすすみ，新たな展開をみせている。

　最近の高性能の 3D-CAD は，3 次元立体としての映像化による視認性の良さに加えて，3 次元の機能にかかわる形状の定義や操作，自由曲面，集合演算，丸め変形操作などの基本的なモデリング機能を有し，またソリッド表現によって，材料密度からの質量計算，モデル同士の干渉チェック，応用解析（熱変形，圧力変形，動作）までも行いえる。さらに重要なことは，立体の内部構造まで含めた製品情報をデジタル情報として定義，流通できる点にある。これにより開発から生産に至るまで，一貫したデータで効率良く車両開発を進めることができ，これらのデータを解析，デジタル・モックアップ等，多くの業務で活用することが可能となる。また，端末は各人が占有する EWS（エンジニアリング・ワークステーション）と呼ばれる小型コンピュータと，データを管理・共有するサーバーを適宜配置し，これらをネットワークで接続する分散環境となるため，最新の設計情報に必要な誰もが，いつでも，どこからでもアクセスできる。3D-CAD を核として各部門がデータを共有し，設計エンジニアが機能，

性能など基本仕様を満足するような製品の基本設計を行い，同時に生産技術エンジニアが工程，設備，型の構想設計を進行していくことで，機能と生産要件を両立させた製品をリアルタイムに設計していくことが可能になる。結果として，3D-CAD は，製品設計上の（ツールとして）技術的な面のみならず，デザイン，設計，生産準備，製造間の組織的意思決定の仕組みにも重大な変化をもたらしている。

ツールと組織的な仕組み（部門間分業の変化）は開発プロセス変革の両輪であり，この両面について日産車体の活動を次に考察する。

2　3D-CAD 化をメインツールとした全員参加による同時開発

①3D-CAD の広範な利用

日産車体においては，従来の CADⅡから 3D-CAD への転換は，1997年のウイングロード開発から，部分的に適用され，その後フルモデルチェンジ車への全部位適用，マイナーチェンジ車の変更部位（エンジンルームなど）適用によって，設計部門の 3D-CAD 化率はほぼ100％となっている。

基本となる設計 CAD には，米国 EDS 社の市販 CAD システムである I-DEAS に，日産既存システムとの直接データ変換機能や設計検討補助機能を組込んだ DIPRO MASTER（デジタルプロセス社製）が適用され，各部門，ユニット会社（パワートレイン設計），サプライヤー（部品設計）とネットワーク化されている。この 3D-CAD は，すでに述べたように，立体としての部品形状の作成・変更・検討，解析による強度・剛性の確認，これらを組み合せたアセンブリを作成，検討部位毎に動きを含めた干渉検討を行う機能をもつ。さらに，形状作成等の機能に加え，部品形状やアセンブリに，3次元の状態で寸法，公差，注記，仕上げ記号といった，従来，図面に記載していたような情報を付加・表示・出力することができた。ただ，全ての部門のニーズをカバーすることは不可能であり（専用ソフトの方が使いやすい。無理に1つのツールで実現しようとするとムダな開発コストがかかる），関連部門では，I-DEAS と DIPRO MASTER を基礎にして，各部門での最適 CAD（デザインでは ALIAS，生産技術では ROBCAD など，工機では CADCEUS），さらに性能・成形シミュレーションのた

第11章　多車種混流生産と開発プロセスの新たな展開

表11-6　3D-CADの具体的な利用状況（新型エルグランド開発時）

項　目	事　例
デザインデータの3D化	・デザイン3D-CADによる1/4スケールモデルの廃止 ・3Dデータでの設計への提示
全部位（部品）における設計データの3D化	・データ作成部署との協業 ・サプライヤーとの3D-CADによる共同開発 ・大物からボルト・ナットに至る全部品の3Dデータ化 ・3DデータによるD.R（Design Review：設計審査）の充実
3Dデータ活用によるCAE解析	・早期モデル作成による性能検討（空調流れ解析，衝突解析，振動・乗り心地解析など）
3Dデータ活用による性能予測	・3D人間ソフトによる人間工学性能検討（シフトレバーの操作性など） ・保安防災，整備性の検討（エンジンルーム整備性など） ・部品干渉により生じる低級音の防止
生産準備への3Dデータ活用	・プレス・樹脂成形シミュレーションの拡大と精度向上 ・3D-CADによる型・治工具の設計 ・ライン設備の3D化による組立性・搬送性の検討 ・IBS（ロボット・治具）のオフライン・ティーチング
帳票類への3Dデータ活用	・生産ラインでの工程作業表への活用 ・各種販売促進用資料，カタログ等への活用

（出所）　日産車体資料より筆者作成。

めにCAE（Computer Aided Engineering：コンピュータ支援による性能解析）ソフトが使われていた。これらのデータは，データ変換により一元化されている。

3D-CADの具体的な利用状況を，新型エルグランド（2002年5月発売）開発時にみると（表11-6参照），デザインから帳票類への活用までと幅広い範囲，内容で利用されていたのがよくわかる。

②部位別計画チーム活動とデータ試作

広範な3Dデータの活用によって，開発の初期段階から，設計変更の少ない開発プロセスを構築し，低コストで高品質な製品開発を実現するために，日産車体では，組織的意思決定の仕組みとして，部位別計画チーム活動とデータ試作を展開している。

部位別計画チームは，車両開発主管の下にあって，各部署（商品企画，デザイ

ン,設計,実験,技術,試作)代表による部門横断的な実行チームであり,コンカレント(同時)設計の基本組織である。部位単位でのレイアウト,構造成立性,生産要件などの保証,部署間,コンポーネント(構成部品)間の課題解決が,その職務である。基本的に車種別に各部位ごとに(「エンジンルーム」「ボディサイド・ドア」「フロア」「ダッシュ・インストルメント」)4つのチームから構成されていた。

　チーム員は,商品企画,デザイン,設計,実験,生産技術,試作などの各部署から出ているが,レギュラーメンバーは,設計と生産技術である(その他の部署は必要に応じ出席)。通常は,チーム長1名(設計),生産技術1～2名と各担当設計者で構成されている。担当設計者は,検討するテーマにもよるが,たとえばエンジンルームのレイアウト検討であれば,車体,エアコン,パイピング,サスペンションの各設計者が集まるといった具合で,チーム長まで含めて,全部で5～10名程度である。会議は,各部位別チームとも,毎週1回・半日程度の定例開催であるが,開発が佳境に入るピーク時には,課題が片付くように,週2～3回実施される場合があった。

　データ試作とは,バーチャル・プロトタイピングとも呼ばれ,3Dデータによりバーチャルにモデルをつくり,それを関係部門が集まって検討し精緻化していくことであり,これまでの実車試作に準じた役割分担と実施体制がとられている。開発の各節目において3Dデータを集結し,組立工程順に組立モデルを作成し,「ゼロルーム」などで検討される体制となっている(以上については,図11-2,11-3を参照)。計画段階では設計部門主体で,正規手配段階では生産準備部門主体で実施され,製造部,品質保証部も参画し,現場のノウハウをデータ化して織り込んでいくこともなされている。データ試作の中で,製造部の新車要員(現場の熟練者)と生産技術員と開発担当が一体になって不具合検出をしていき,検出した不具合の中でノウハウとなる項目についてデータベース化して,検索,開発要件に反映できる仕組みも構築された。

　「ゼロルーム」とは,部位別チームの検討会,デザインレビュー(DR),データ試作を行う部屋のことで,設計変更ゼロを目指すという点から名づけられた[8]。この部屋には,高性能なEWS(3Dの大容量データをハンドリングするた

第11章　多車種混流生産と開発プロセスの新たな展開

図11-2　従来のプロセスとデータ試作プロセス

	設計計画	開発試作			正規手配	データ検証	工場試作
従来のプロセス	部品設計 試作手配	部品集結	工順に基づき試作車組立	課題検出 フィードバック	設計対策 正規手配		ラインでの生産試作
		実車試作					実車生試
データ試作プロセス	部品設計 3Dデータ作成	データ集結	工順に基づきデータ組立	課題検出 フィードバック	設計対策 正規手配 3Dデータリリース	3Dデータによる検証	ラインでの生産試作
		データ試作				データ生試	実車生試

(注)　生試＝生産試作。
(出所)　日産車体資料より筆者作成。

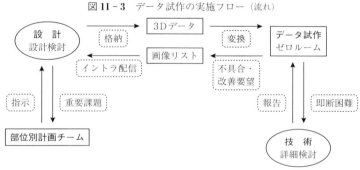

図11-3　データ試作の実施フロー（流れ）

(出所)　日産車体資料より筆者作成。

め）やプロジェクタ，100インチ・スクリーン，パソコン（データ試作の場合は，課題をその場で打ち込み，リストを作成し，その日の内にイントラネットで社内関連部署がその内容を確認できるようにしている）等の機器が常設されていた。

　データ試作の実施目的は次の点である。実車試作およびインストルメントなどの実物大の模型（モックアップ）を廃止し，3Dデータによる代替確認，設計不具合，生産要件不具合の大幅低減，生産設備の事前確認，製造部のバーチャルな作業習熟訓練などである。そのために，部品取付構造，部品組付工順の整合

201

性,組付作業性(作業スペース,作業姿勢,難易度など),工場ライン設備との整合性,原価低減効果,部品統合の可能性などが検討,確認される。データ試作で明らかになってきた重要課題は,部位別計画チームで検討されていた(図11-3参照)。

３ 3D-CAD を軸とした諸活動の成果と今後の課題

　3D-CAD 利用による大きな成果は,開発プロセスにおいて,開発試作プロセス,さらに工場試作プロセスが廃止されたことである。1997年のエルグランド開発の時点では,モデル凍結から量産までの間に,正規手配以降,開発試作があり,そして２回の生産試作という開発試作を含む３サイクルプロセスであった。この段階では,試作のために,専用の型(試作型)を使って,それで確認をしながら開発・生産準備をすすめてきたが,費用と時間が多くかかっていた。1998年のアベニールの開発からは(アベニール〔1998年〕,リバティ〔1998年〕,ウイングロード〔1999年〕,キャラバン〔2001年〕),開発試作は廃止され,それに代わる工場試作および,２回の生産試作の３サイクルプロセスとなった。さらに,2002年のエルグランドの開発では,工場試作も廃止されて,２サイクルプロセスだけとなった。正規の型が試作型なしで製作され(一発製作,暫定型費０),正規ラインでの一発流しがなされることとなり,開発費用の低減(約30％減),開発期間の短縮につながった。

　設計変更通知件数は,1997年のエルグランド(前の型)の開発を起点とすると,2002年の新型の開発では,71％減となった(日産車体資料による)。

　日産車体では,このような成果にたって,設計変更０(ゼロ)を究極の目標にして,開発品質を革新的に向上させ,開発期間の大幅短縮,開発費用の一層の削減をはかった。そのための課題として,技術面,組織面にわたる各項目で**表 11 - 7** に示されているような点があげられている。3D-CAD の充実とともに,評価・解析力の向上,技術ノウハウの継承,整備とその活用,サプライヤーとのネットワーク化,コラボレーション環境の構築など,今後の開発プロセスの革新のうえで重要な課題が提起されていた。

表11-7 開発プロセス変革のための課題

項　目	課　題
3D-CAD （3D-CADベンダー〔vendor〕との協業）	・大容量データ対応能力とレスポンスの向上 ・操作の簡略化と自動化 ・異なる3D-CAD間のデータ交換精度 ・バージョンアップ　リリース前の品質確認の徹底 ・不具合の早期発見 ・サポートの充実
開発試作廃止プロセス （開発品質の向上）	・基盤技術・先行開発の充実と評価精度向上 ・CAE解析適用領域の拡大と実施時期の前倒し ・データによる性能評価，生産要件評価の精度向上 ・技術ノウハウなどの再整備とマネジメント
データ試作	・サプライヤーのデータの早期充実 ・データによる評価・判断スキルの向上 ・部品バラツキ・組付バラツキの評価精度向上 ・剛性・柔らかものの評価 ・全車種バリエーション，オプション部品の確認
開発期間の短縮	・設計品質の向上 ・型・部品製作の一層の期間短縮 ・高精度な工場試作車の短期配車 ・実験車評価期間の短縮 ・営業・宣伝・広報活動への3D-CAD活用の仕組みづくり ・コラボレーション（collaboration：共同）環境の構築

（出所）日産車体資料より筆者作成。

　以上で，生産車種，開発・生産体制を踏まえて，日産車体における多車種混流生産の特徴，それを可能にする技術，管理の内容について，さらに3D-CADを技術的手段とする開発プロセスの変革について考察してきた。そこで明らかになったのは，次の点である。

　日産車体においては，1車種では，月産数百台から5000台程度の車を，1ラインで最大7車種を混流させて生産する多車種混流中小量生産が行われていた。商用車，乗用車，RVまたどのようなタイプの車体構造をもった車でも生産することができ，需要の変動にも対応しうる汎用生産ラインとなっている。さらに，同一ラインでの新車の立ち上げという点でも「汎用性」を発揮していた。

　この多車種混流生産を実現するために，技術面では，車体ラインのIBS化，サブ工程の汎用化が，管理面では，生産の同期化・平準化がすすめられ，「シ

第Ⅳ部　新技術開発と生産・事業革新

▶▶ *Column* 11 ◀◀

今日の生産活動の課題

　今日，競争環境に対応する戦略性をもって，新興国も視野に入れた新技術の開発を軸に，生産過程の変革，さらに組織革新をすすめている製造企業が多くみられる。開発・生産技術・製造部門の連携，生産工程における機械設備・労働の多品種対応能力，部品企業との連携など，日本的特質でもあり日本企業の優位性をもつ内容についても，国内と「現地化」といった国際分業の中で，その特質をより広い視野で見直し，活かす方向での展開が模索されている。今日の技術的（IT，デジタル化）・社会的条件下（グローバル化，新興国の台頭など）で，どこに付加価値の源泉を求めるか，効率的な資源活用でいかに迅速に対応するかが今日の生産活動の課題であり（下図参照），その課題に対する企業の活動について，一層の理論的実証的研究が急務である。

今日の生産活動の課題

| 市場分析 | ブランドパワーの強化（開発・生産の強みを，販売・マーケティングと顧客にとっての価値創造の領域に拡大）　市場ニーズの分析　製品開発への市場ニーズの反映 |

| 開　発 | 開発プロセスの標準化　社内外との協調設計環境の実現　グローバル開発拠点の展開と連携　開発の現地化 |

| 調　達 | 共通化による集約調達　サプライチェーンのグローバル対応・最適化　調達の現地化 |

| 生産準備・製造 | 生産委託を含めた製造拠点の再編　共通製造プロセスの最適化　生産現場の徹底改善　グローバルでの生産体制の実現 |

| 販　売 | 地域特性に合わせた販売体制の構築　効率的な販売促進　サービス事業の利益化　メンテナンス対応力の強化 |

（出所）　筆者作成。

ンクロ納入」「社内ピッキング」「モジュール化」などが展開された。

　開発プロセスの変革に関しては，日産車体は，3D-CAD を広範に利用し，さらに，それを有効に活用するための組織的意思決定の仕組みとして，部位別計画チーム活動とデータ試作を展開した。結果として，開発品質の向上，開発費用の削減，開発期間の短縮などで大きな成果が生み出された。

　今日，グローバルレベルでの環境変化に迅速に対応し，商品を顧客の望む価格，品質，タイミングで供給する責任を果たし，企業利益も十分得るために，開発，生産リードタイムの短縮，柔軟性の確保という点で，日本自動車企業は，これまでに比べ飛躍的に高い目標をかかげて，諸方策を実践しつつある。デザインから出荷までの期間（リードタイム）の大幅な短縮，新機種投入時，増産時などの設備投資の大幅な削減，世界のどの地域でも展開できる（多様な車種，大量生産から少量生産に対応し，日本からの応援なしでも立ち上げ，高品質で生産できる）生産ラインの構築などである。

　その結果，初期投資が小さく柔軟な生産ライン，ドア，インストルメント・パネルモジュール化によるサブライン化，3D-CAD 利用による開発期間の短縮，世界同時立ち上げ・販売の強化（「母工場制度」の見直し）といった点は，日本自動車企業にとって「グローバルスタンダード」となってきている。少量から大量生産まで対応でき，投資とスペースの大幅削減を実現したトヨタの「グローバル・ニューボディライン」（⇨第8章4参照），ホンダの多車種混流生産ラインなどである。日産でも，NIMS の海外展開など，世界中どの工場でも高品質が確保でき，量の変動に柔軟に対応できる多車種混流生産が可能なラインづくりのための，技術開発に力が向けられている（⇨第5章4）。日産車体の2000年ごろの諸活動も，この点で今日に続く先駆的な内容であった。

注
(1) 本章の内容は，主に2003年1月に行った日産車体㈱・湘南工場における調査に基づいている。
(2) 一般的に車両の開発プロセスとは，商品企画から生産立上げまでの一連のプロセスであるが，その期間を主要業務で分けると，3つの段階で構成される。それらは，開発宣言から試作図面出図までの企画・設計段階，試作からその確認実験を行う試

第Ⅳ部　新技術開発と生産・事業革新

作・実験段階，及び工場での生産を軌道に乗せるための生産試作から生産立ち上がりまでの生産準備段階である。

(3) 以下では，「湘南工場」と「　」をつける場合は，本社やテクノセンターも含めている。「　」をつけない場合は，1〜5地区を示している。

(4) IBS は，日産自動車において1983年に構想され，要素技術開発，試作を経て，1988年に栃木工場に1号機が設置された。1991年には，大河内賞を受賞している。現在も日産車体も含めて日産の国内外の工場において展開されている。当初のIBSは改良を加えられて，日産自動車では，次世代IBSを含んだNIMSとして展開されている（第5章4参照）。

(5) CAPE は，生産技術エンジニアが製造システム，オペレーション，品質工程などを製品設計と関連して設計，解析，最適化するのを支援するソフトウェア群である。

　　CAPE は，独自の製造シミュレーション技術に基づき開発されており，コンピュータ利用化率が低かった生産技術部門に，画期的なイノベーションを引き起こすとともに，上流の設計部門，また下流の製造部門にも大きな影響を及ぼしている。CAPEを使用することにより，生産技術エンジニアが，仮想生産機器のモデルを作成し，これらを対話的に仮想生産ラインに配置，操作して画面上で製造活動を行うことが可能になる。つまり，詳細設計を行う前に，製品設計者と生産技術エンジニアが，製品の組立と生産コストの予測を行い，最適な工程設計計画を立案し，実際の工場ラインを疑似制御できる。それにより，製品設計と製造エンジニアリング，製造部門間のより大規模な協同が行えるようになった。

(6) 混流ラインでは，部品を直接投入した場合，ラインサイド面積（長さ）が生産能力以上に必要になるとともに，ライン作業者の部品取りの歩行が増加し，生産性が悪化する。ライン作業者が回り込まないで部品が取れる状態にするために，部品供給に関しては，日産車体では，「顔出し率」という独特の基準で管理されていた。「顔出し」とは，組立ラインにおいてラインサイドの部品の取り出しがライン側に面しているという意味で，「顔出し率」は，総点数に対してライン側に面して配置されている部品点数で表している。「顔出し率」100％が目標である。

(7) モジュール化は，工程削減，部品点数の減少によって，混流生産，平準化を安定させ，効率を高めることだけでなく，開発・生産リードタイムの短縮，コスト削減，品質向上，作業者の負担軽減（作業性の向上），また構成部品の仕様統合化，一体成型等による部品点数，重量の削減といった点からも展開されている。このモジュール化は，共同開発による相乗効果をねらって，部品企業（カルソニックカンセイなど）と共同ですすめられているが，主要モジュールに関しては開発から生産

まで自動車メーカーが品質保証に責任をもち，原価管理を含めルールを決めるか，部品企業に任せるにしても，責任と管理については細かく取決めしていく必要があると考えられている。

(8) 自動車開発におけるさまざまな活動の中で，その成否を決める最も大きな要因は，設計の良し悪しである。しばしば，開発コストの5％程度しか使わない設計の企画構想段階で，製品コストの85％を規定するといわれている。このことは設計の，とりわけその初期段階の活動や意思決定がいかに重要かを端的に物語っている。よい設計とは何か，一言でいえば，「その商品開発に求められている，さまざまなねらいや目的を満たす商品を，最も安くかつ合理的に製作するための指示が変更することなくできるということ」(間瀬，1997，2) であろう。逆にいえば，開発の初期段階で下流工程の要件を十分に取り込むことができれば，後工程で発生する設計変更を大幅に削減できる。

この点から，日産車体では，開発プロセス改革のキーワードとして「設計変更0（ゼロ）の世界の実現，開発品質の革新的向上」があげられていた。

(9) 開発品質とは，商品仕様や設計スペック，実験で確認する諸性能というような，いわゆる開発部門としての品質だけではなく，量産性を考慮した，生産設計，公差設計，工程設計，バラツキ精度を含めた工程能力など，生産準備部門としての品質までを含めたものである。

生産品質とは，上記のように開発・生産準備されていることを前提に，決められた定常作業により，達成されるべき量産品の品質のことである。

参考文献
間瀬俊明，1997，『自動車開発のシミュレーション技術』自動車技術会編集「自動車技術シリーズ」3，朝倉書店

第12章
情報技術の新展開による生産革新
――マツダ・デジタル・イノベーション（MDI）の展開――

　本章では，自動車企業における情報技術の展開について，次の点を考察します。①自動車企業における情報技術の活用状況，②企画から量産までのプロセス・業務の流れと，そこでの情報技術の利用と問題点，③マツダで展開されている MDI（マツダ・デジタル・イノベーション）の具体的内容，とくに，設計，生産技術，製造の連携に果たす機能。

　Keywords：情報技術，MDI，CAD，CAM，CAE，バーチャル技術，SE活動

1　自動車企業における情報技術活用の概要

　日本自動車企業は，需要構造の急激な変化，顧客の価値観の多様化，グローバル化の進展に直面している。一方，欧米メーカーは，日本自動車企業の長所もとりいれながら，同時に，とくに情報技術[1]（IT：Information Technology）を使って企業活動のさまざまな側面において改革をすすめ，日本企業に対する優位な競争力を確保しようとしている。世界各国の自動車企業の戦略は，表面的には共通化してきている。すなわち，顧客志向，短いリードタイム（車の開発から販売までの期間），情報技術・組織・労働力の有機的利用（ネットワーク化，バーチャル化，組織能力，人的資源管理，チームワーキングなど）である。日本自動車企業が，競争力を確保するには，企業活動のプロセス・業務の抜本的な見直しとともに，最先端の情報技術の活用によって，優れた生産技術力に加えて，これまで日本自動車企業の優位性を支えてきた技術・知識・技能の蓄積，体系化およびそのシステム化（ソフトウェア技術の開発，共有化，標準化），さらに開発，生産準備，製造部門間のいっそうの組織的・技術的連携が求められている。

第12章 情報技術の新展開による生産革新

　前章までに考察してきたように，日本自動車企業は，高度化した情報技術の利用によって，新車の企画から開発・量産準備・購買・生産までの全過程と業務とを抜本的に見直し，プロセス間の連携を円滑にし，さらなるトータルコスト低減，品質向上，リードタイムの短縮をはかろうとしている。これまでに，自動車企業は，商品開発および生産・販売等の企業活動全般に，情報技術の活用を行って経営効率を高めてきた。情報技術は，販売，開発，生産準備，生産管理，製造，調達，物流などの諸機能を有機的に連結・統合し，柔軟な生産・経営を実現するためのインフラストラクチャ（基盤設備）として構築されてきた。具体的には次の分野に活用されてきた。

　第1に，生販統合である。すなわち，情報技術によって，販売部門と製造部門との情報の共有化をはかり，生産の平準化，的確な生産指示を行い，受注から納車までのリードタイムを短縮し，完成品在庫を削減することである。たとえば，生産管理部門では，販売部門とは相互に情報を交換しながら，生産計画，人員配置，生産スケジューリングの決定，さらに生産計画の修正，スケジュールの変更などの複雑な問題を，コンピュータ・シミュレーション技術を駆使して行っている。

　第2に，柔軟な工程づくりである。多品種小ロット生産に対応するために，情報技術を利用したFMS（Flexible Manufacturing System：柔軟な製造システム）の構築である。CIM（Computer Integrated Manufacturing：CIMは一般的に設計・製造・管理という異なった機能を，情報ネットワークシステムで統括した，柔軟な市場適合的戦略体系といわれている）が形成され，工場経営管理から自動機器制御までが統合されるようになった。具体的には，自動組立ライン制御，自動検査システム，ロボット制御，工作機械制御，生産計画・生産スケジューリングなどに情報技術が利用されている。

　第3に，開発・生産準備期間の短縮である。主にCAD（Computer Aided Design：コンピュータ支援設計）・CAM（Computer Aided Manufacturing：コンピュータ支援による製造）・CAE（Computer Aided Engineering：コンピュータ支援による性能解析，コンピュータを用いた製品機能や製造性のシミュレーション）システムによって，技術情報の共有化をはかり，車両開発作業と生産準備作業とを同時並

行化し，企画から量産立ち上げまでの開発期間を短縮することである。この分野では，金型・車体の形状設計，プレス・鋳造・樹脂成形・鍛造の成形加工・解析，構造強度解析，制御解析，車体まわりの空力流体解析，車体衝突解析，エンジン部分の固体・熱流体解析などに情報技術が利用されている。

自動車業界における CAD・CAM・CAE システムは，1970年代初より，ボディ開発工程の外板，内板部品を中心に展開され，順次エンジン，サスペンションなどのユニット部品の設計，型製造などに拡大されてきた。近年では，デザイン創作段階や，ワイヤーハーネス設計等への適用範囲の拡大や，システム機能が拡充されてきている。製品開発期間を短縮し，市場ニーズに即応した開発・生産体制を目指して，CAD・CAM・CAE システムの適用範囲，機能の拡充およびダウンサイジングを含む統合化，再構築が，各企業でなされた。開発から生産までの各段階でのシステム開発に加えて，設計部門間の連携強化，データ管理，データベースの確立に重点が移りつつあり，また海外企業，部品企業まで含めた各段階のシステム連携がすすめられている。

うえの第1，第2の点については第3章，第11章でも考察してきたので，主に第3の点について，本章および第13章で考察したい。

2　バーチャル技術の活用

情報技術の利用は，需要構造の変化（価値観，製品の多様化），生産環境の変化（「人と地球にやさしい」製品・生産）に対応して，また将来の生産システムを展望して，人間，地球環境と生産・製品の最適化という方向に展開されつつあるが，その点で，バーチャル（virtual：仮想）技術が大きな位置をもつようになっている。

バーチャル技術は，簡単にいえばコンピュータ内部に種々の実体や現象を仮想的に生成し，評価する仕組みであり，多方面で応用されている。自動車の開発・生産では，バーチャル・マニュファクチャリング（仮想生産），さらにバーチャル・ファクトリー（仮想工場）が重要である[2]。それらを実現するための主要な技術は，①モデリング（実物を仮想的に表現する）技術，②シミュレーショ

ン（モデルを使っての解析・評価・実験）技術，③仮想と現実のプロセスを統合・調和させる情報ネットワーク技術である。

　まず，モデリングでは，部品や製品，各種生産設備，生産ラインや加工現場，工場，そこで働く人間などを，できる限り正しくコンピュータ上の仮想空間に表現する。そのモデルを用いて，現実のプロセス（設計・解析・試作・加工・生産）をコンピュータの中で仮想的に解析，評価，実験するのが，シミュレーション技術である。

　従来，CAD・CAEで作成された図面や加工データ，加工シミュレーションから出力される，機械やロボットの制御データなどは，別個のものとして存在していた。バーチャル・マニュファクチャリングでは，デジタル化された情報ネットワークを介して，相互につながっていて，統合化されている。たとえば，CADデータをベースに，ロボット制御や生産工程向けの3次元ソフトを活用し，最適な製造工程の設計がなされている。これによって，仮想の世界でシミュレーションされたデータは，すぐに現実の生産過程にフィードバックされて機械・設備やロボットを動かし，また逆に，現実のデータは，リアルタイムに仮想の世界にフィードバックされて，シミュレーションに活かされていく。デジタル情報の相互互換を通じて，バーチャルとリアル（現実）は密接に結びつき，影響し合っているのである。個々の最適化，さらにはそれらを統合する統合最適化が，試行されることになる。データの共有などの標準統合化がすすめられ，巨大なコンピュータ・ネットワークが実現される。

　さらに，バーチャル技術は，人間の能動的な関与を，コンピュータ仮想空間内で実現する技術でもあり，人間の知識・技能，アイデアを活かしながら，最適な状況をコンピュータ内の仮想空間に実現し，また知識データベースとして蓄積し，同時にそれらを現実に移転して，さまざまに応用されている。

　これらの技術の展開のためには，低価格で高性能のコンピュータ，最新の解析手法，優れたソフトウェア，さらに情報通信手段が必要であるが，今日では，あらゆる分野で実際に利用できる段階に到達しており，格差はみられるが，日本自動車企業でもバーチャル・マニュファクチャリング，バーチャル・ファクトリーは積極的に展開されている。具体的には，実物による試作・実験からコ

ンピュータ・ソフトウェア・ツールを活用した，仮想モデリングとシミュレーション技術の開発・応用，制御ソフトウェア・ツールおよび運転管理ソフトウェアの共有化と標準化，そしてそれに対応したプロセス制御機器および機械装置の開発，さらにそれらを統合・調和させる情報ネットワークの構築である。その内容を，マツダ株式会社（以下，マツダ）の MDI（マツダ・デジタル・イノベーション：Mazda Digital Innovation）を事例にして，次に考察したい。

3　SE（同時開発）の展開と情報技術（バーチャル化）

1　SE（同時開発）活動の特色と開発期間短縮

　日本自動車企業では，新車の企画から量産までのプロセスは，研究開発・設計，試作・実験，生産技術，製造の各部門の担当者が，最初の計画段階から同じ土俵（基盤）に立って，並列に協調してすすみ，開発の途中では情報を交換しながら，同じ目標を目指して最終製品を仕上げる方式をとっており，それが，開発期間の短縮，ひいては競争力の強化につながり，外国企業にも大きな影響を与えたことは周知のとおりである。SE（同時開発）といわれる，その活動について，その特色と問題点を検討してみよう。

　一般的に SE 活動は，設計，生産技術部門（製造部署の参画もまじえて）が製品構想段階より，組織的に共同して，製品構造と製造技術，製造方法を決めていく活動であり，新車開発時の費用と時間の一層の節約，より合理的な製品設計構造の選択を目的としている。そのためには，車両開発の初期より，製品の性能，付加価値と現実のコスト，作業性といった各部門の要求事項を出し合い，製品要件と生産技術要件が融合するまで検討し，製品図面をつくり上げていくことが必要である。この活動を支えるために，生産技術部門は初期検討段階から量産車の生産開始まで，問題点と要望事項の提起，その対策状況のフォローを行っている。

　標準的な生産準備のプロセスは，基本構想→構造計画図→ボディ構造現図→試作図出図→正式図面出図→量産試作→量産の流れに沿って展開される。大別して初期検討（基本構想から計画図まで）と試作・号試車検討段階（号試：試作生

産を終えて本生産で製品を流す前段階で製品をラインに流し、不具合や不都合などをチェックする量産試作のこと) があるが、基本構想から現図の段階で、前工程の製品企画、設計の段階での検討をふまえたうえで、生産技術面の必要要件 (作業性・品質・コストからみた車両要件、組付要件) が製品図面に折り込まれる。

　以上の基本条件がはっきりして、そのあと生産技術部の方で車両要件、組付要件を盛り込んだ要件書がつくられる。作業性も含んだ車両の構造上の問題、品質の確保のための要件、組みつけの作業性 (インパクト・レンチが入る寸法かなど) などである。要件書に示された条件を加味して、構造計画図が生産技術部に示される。それらが問題ないということになって現図になる。この時点で、生産技術部のノウハウも含めたかたちで、生産技術の目でみた設備計画、作業性、投資、原価、品質といった点から検討され、設計部署にフィードバックされる。その構造で一応良いということになれば、試作図がでて、試作車がつくられる。事前に検討したことが、実車でみて確認され、問題点がさらに洗い出される。

　同時に、基本計画に基づいて工程計画が作成される。加工 (組みつけ) 順序、工程要求品質基準、測定方法、作業時間見積、人員配置、部品点数などが検討される。

　工程計画を基礎として、設備・治具・型・工具・ゲージ・資材などの細部仕様が決定され、投資額の見積がなされ、治具・設備などの調達が開始される。構造計画図、試作段階で、必要設備の仕様・金額の見積がだされる。試作が終わった段階で、治具・設備の調達に入っている。設備は、大体は試作を終わった段階で調達されている。

　1990年代半ばでも、この業務の流れは変わらず、期間は、次のようになっていた。大体36カ月前にモデルとか主査構想がでる。20～24カ月前に構造計画図、現図がでる。これをもとに試作図がで、1次、2次、3次試作がなされる。18カ月ほど前に1次試作が、7カ月ほど前に3次試作が行われ、4～5カ月前に1次号試、2カ月前に2次号試がなされていた。しかし最近の新型車の開発、製造ではこの期間は大幅に短縮されている。それは、情報技術の導入とくにバーチャル化が大きな要因になっている。

2 バーチャル化の進展と課題

コンピュータを使ってシミュレーションする「デジタル・アセンブリ」をすめることによって，1回試作，1回号試になり，試作で型をつくることは，できるだけ避けられている。バーチャル技術を使って，画面上の3次元で組みつけの検討がすすめられ，補足的に，紙とか透明な樹脂など安い材料でモデルをつくって，実際の干渉状況などが調べられている。モノを実際につくらないで，バーチャルの世界で不具合を発見し，その場で直すということが展開された。

従来は，モノができてから推進していたのを，モノができる前に図面段階でなされるようになり，開発・生産準備期間が大幅に短縮された。効率的な SE 活動，バーチャル化によって，開発試作や量産試作を各1回ですませ，大幅な費用削減，開発期間の短縮がなされたが，バーチャル化初期の段階では，問題点も多く残されていた。

第1は，完成された図面（正式図面）にいたるまで，かなり改善されてきているが，元の図面の修正が幾度もなされている点である。設計者は，後工程での問題点（生産技術や実験部門からの製造性，耐久性などの指摘）については，全ての情報を得ておらず，問題が明らかになって，図面の修正や変更を行っている。この点は，また逆に，後工程に大きな影響を与えることになる（たとえば，図面変更による手配ずみの設備，型・治工具の変更など）。

第2は，設計から量産へ展開するためには，型・治工具，設備の設計・製作・調達そして工程設計など，主に生産技術部門のノウハウが活用されなければならず，設計図面とは異なる図面，帳票類の展開が必要であることである。

そのことは，統合化という点からみると，業務ごとに異なる言語が使われているような状態であり，貴重な各プロセスでのノウハウが，初めから全て設計に折り込めないなど，業務間のスムーズな連携やマネジメントを難しくしていた。あらゆる部門の業務上のデータを情報ネットワーク上で共有し，相互に利用しえるようにはなっていなかったのである。

第3は，うえの点とも関連しているが，情報技術の利用の不均等性である。金型などの製作，試作・実験におけるバーチャル化においては，CAD・

CAM・CAE・CAT（Computer Aided Testing：コンピュータ援用検査）などの情報技術が有効に活用されていた。しかし，組立工程の自動機，搬送装置の設計・製作，さらに工程計画になると，バーチャル化の動きもみられるが，生産技術者のノウハウに大きく依存していた。

4 マツダの MDI

1 MDI のねらいと目標

1996年12月に，マツダは，新車の企画から開発・生産準備・購買・製造までの全プロセスと業務を抜本的に見直し，最先端の情報技術と設備を使い，「デジタル革新」を行う計画を発表した。その後，デミオ等いくつかの車種でMDI を試行的に実施し，1997年の春以降，デザイン決定するクルマから，本格的に実施された(3)（MDI は，2004年4月から，第2段階の「MDI-II」に入っている。本章が考察している MDI-I でデジタル開発基盤の整備，目標とする開発期間の短縮がなされ，MDI-II では，バーチャル開発の適用拡大により業務の品質とスピードをさらに高めることが目標とされている。そのために，バーチャル開発の核となる3次元のCAD データは，解析・生産性評価・設計等の領域で CAE などにも積極的に活用されている）。

MDI は，人事管理まで含めて会社全体を変革しようとする，改革の重要な柱であり，会社トップの強力な指導のもとでなされている。MDI は，プロセス・業務の抜本的な見直し，最先端の情報技術の活用，日本の製造業の優位性を支えてきた技術者，技能者の蓄積されたノウハウの体系化・システム化，さらにデジタル化対応が可能な工作機，設備等により，真にフレキシブルな自動車企業になるために，開発，製造の競争力の抜本的な強化をはかろうとするものである。

MDI は開発，生産準備などの分野の革新だけにとどまらず，試作，型・治工具，設備の製作など，実際に「物」をつくる世界までを含めた，自動車生産の全領域にわたる「デジタル革新」を行うものとされている（MDI の全体像については，図12−1 参照）。

第Ⅳ部　新技術開発と生産・事業革新

図12-1　MDIの全体像

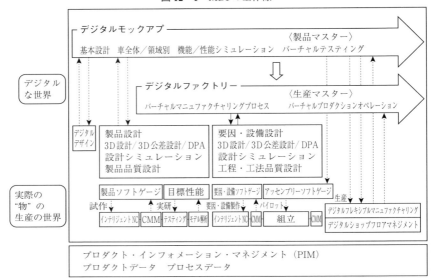

(注)　CMM：コンピューター・メジャリングマシン
(出所)　マツダ資料より抜粋。

　MDIに対する投資額は，180億円（1996～1999年・第1期分）で，目標については，従来の水準を大幅に上回る，次のような高い目標がかかげられていた。
　①デザイン決定から量産までの期間を短縮して，18カ月にする（従来は27カ月，最終的には15カ月以内を目指す），②R＆D（研究開発）開発工数については，設計領域で30％，実験領域で30％削減する，③デザインモデル製作費を38％削減する，④試作製作費を20％削減する（ただし社内製作費は約50％削減），⑤量産準備工数を30％削減する，④要具（型・治工具，検査具など）制作費を38％削減する，⑥品質革新については，最高水準の品質を実現し，クレーム費を30％削減する。
　この目標に沿って，全プロセス（とくに，開発から量産にいたるプロセス，具体的にはデザイン，設計，実験・試作，生産準備のプロセス），業務の見直しと統合化がすすめられた。次の点が特徴的である。
　第1は，各々のプロセスの期間が短縮され，全体の開発期間が大幅に短縮さ

第12章　情報技術の新展開による生産革新

図12-2　量産までの期間短縮

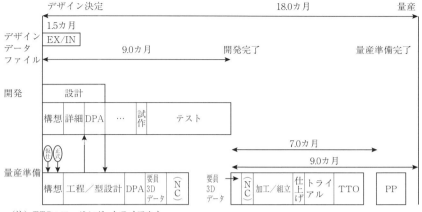

(注) TTO：ツーリング・トライアウト
(出所) マツダ資料より抜粋。

れている。デザイン決定から，開発完了までは，12.5カ月が9.0カ月に，開発完了から量産開始までが，14.0カ月が9.0カ月に，合計18カ月となった。

第2は，設計変更による改造を最小にするために，MDIでは開発完了を受けて，要具，設備の製作に入るプロセスに変えられている。

第3は，開発試作・実験の回数の減少である（1回が目標），そして従来，2回行われていた量産試作（PP：Pilot Production）を1回にしていることである（以上については図12-2参照）。

これらを実現するためには，とくに開発完了までの期間の短縮（その中で図面の完成度の向上）と，その間のバーチャル技術の活用，その実際の製作・製造への活用（統合されたデータ授受による）が重要な条件となる。

2　バーチャル化とデザイン期間の短縮

エクステリア（外装）・インテリア（内装）デザインの同時開発，新しいソフトウェアによるデータファイル（形状データ）作成期間の従来比30％削減などによって，デザイン決定から，データファイル作成まで数カ月間かかったものが1.5カ月に短縮された。

また，3次元化されたデザインによってコンピュータ・グラフィックスで，デザイン確認（約50部品）ができるようにし，デザイン確認のために，実際に「物」をつくることが必要な部品（約50部品）は，ラピッド・プロトタイピング（Rapid Prototyping：高速3次元成形，3次元CADと連動し，加工しやすい材料を使った実物形状モデルの迅速な製作）により，従来1～1.5カ月間だった製作期間を，2日～1週間に短縮している。後工程での設計変更の発生を最小化するため，量産型の段階でのモデル承認は廃止されている。

従来，5分の1サイズと原寸大のデザインモデル（デザイン検討用粘土模型）をつくっていたやり方から，コンピュータ上でエクステリア，インテリア，カラー，材質等を3次元デザインし，モデル化する方法に変えられた。粘土など，物によるデザインモデルをつくらずに，デジタルデザイン・モックアップ（デザイン検討用画像データ）でデザインが検討され，評価されるようになった。

実際の物によるデザインモデルが必要な場合は，デジタルデザイン・モックアップのデータを基に，従来の1～1.5カ月間の製作期間を，一週間に短縮してモデルが製作された。このデジタルデザイン・モックアップのデータに対して，さらに，設計，部品のCADデータ（部品形状）が付加され，整合がとられ，開発およびCAEシミュレーションをスタートするための，デザイン形状のマスターデータになっている。3次元デザインデータによる，ダイレクトで迅速なモデル製作の展開である。

3　設計，SE活動でのバーチャル技術の展開

設計，生産要件を順番に，現物で検証するプロセスから，コンカレント（同時並行）にバーチャルで行うプロセスに変えて，設計期間の大幅な短縮がはかられた。

設計活動自体では，まず，製品設計（基本設計，車両全体，領域別，部品別）を，3次元化し，デジタルデータに基づいて組み立てるDPA（Digital Pre Assembly）によって，あたり，干渉，スキ，機能，および従来，主に実車で確かめていたサービス性，組付性についても，短時間で確かめることができるようにされた（たとえば，これまで1週間かかったエンジンルームのあたり，干渉，スキの

チェックが半日でできる）．さらに，設計者自身が，即座に強度や剛性などのCAEチェックができるようになった．品質設計は公差も3次元化し，品質の寄与度解析をし，設計段階のシミュレーションによって，量産品質を保証できるようにしている．

設計出図後に「物」をつくって，機能や生産性を確認する従来のやり方に対して，設計プロセスの中で，機能，生産性などを確認するやり方に変えることで，暫定図をなくし，設計データの質的改善が行われている．

3次元設計されたデータを使うことによって，基本設計，車全体，領域別，目的別の一元化されてないデータではなく，最新の全社一元的なデータが作成できる．そうして，これまでの，バラバラなデータによる検討，シミュレーション結果の矛盾，信憑性のなさ，それによる繰り返し作業，検討や設計変更のために，最新のデータを集める工数の発生，関連する設計変更の発生等，設計活動の効率の悪さが解消された．さらに今まで，できていなかった車全体のCAEや，バーチャル・テスティング（仮想実験）を行って，開発の質的向上をはかるとともに，後工程での開発工数の削減が可能となった．

コンピュータ支援の高度化によって，いわゆる，フロント・ローディング（front loading：設計段階における後工程の「つくり込み」．後工程で，出そうな問題をあらかじめ，前工程にフィードバックして，開発の初期段階で，できる限り解決すること）が，さらに進められた．

前にのべた，SE活動による生産要件の設計への折り込みにおいても，3次元設計されたプロセス，要具，設備等のデータを使って，プロセス，要具，設備設計そのもの，そしてプロセス，要具間の基準の一致性，加工性，溶接性，搬送性，組付性，作業性をバーチャル・シミュレーションで確認して，期間短縮するとともに，設計データのいっそうの高度化がはかられている．

バーチャル・シミュレーションで検証された，プロセス，要具，設備，プロダクション・オペレーションに必要なデータ群によって，一元的で，かつ最新の「デジタルファクトリー」（コンピュータ上の仮想工場）データが作成され，生産のマスターデータとなる．この「デジタルファクトリー」データによって，次の点を，一元化されたデジタルデータで行えるようになり，設計効率が高

第Ⅳ部　新技術開発と生産・事業革新

まった。

　①単一部品からアセンブリ（複数部品の組立品），車体，車両までの基準の一致性の確認，②各々独立につくられた部品が，支障なく，ダイレクトに組み立てられるかの確認，③設計の重点管理ポイント，検査の管理ポイント，工程能力基準データの一致性の確認，④工場運営のためのプロセスごとの基準時間，作業編成，ロボットプログラム，設備の制御ロジック等が，工場全体として矛盾がないかの確認である。

　同時に，今までできていなかった車全体の，そして社外を含めての全プロセスのバーチャル・シミュレーションが行えるようになり，生産設計の質的向上(4)がはかれるとともに量産生産準備工数の削減がなされている。

4　試作・実験の合理化と熟練技術者・技能者ノウハウのシステム化

　試作段階の製品3次元設計プロセスの，設計への移管とともに，インテリジェント（加工と同時に測定が可能な）で，高速，高精度の工作機の導入により，従来のNC（Numerical Control：数値制御）テープ（NC切削指示データ）の作成プロセス，仕上げプロセスが大幅に短縮（従来比約10分の1）されるために，試作期間および社内試作製作費（試作と同じように，要具製作期間，要具製作費も）の大幅削減も可能になった。

　エンジン，車体，車両の組立の領域においても，図面データおよび試作自身の製作精度向上による，組付け不具合の削減によって，期間短縮および組立費用の削減がはかられた。

　試作では，早く，安く，実験車両が試験されるだけではなくて，単体部品，アセンブリ，工程間変位・変形の設計見込値等の品質造り，および量産性にかかわる全てのポイントが3次元測定され，設計，生産技術にその情報がフィードバックされた。

　また製品，プロセス，要具，設備とも，全てデータ基準で行うので，量産試作の車造り，品質育成の各期間，および，各工数を削減でき，量産試作の回数もこれまでの2回が1回にされた。

　実験では，次の方策によって実験期間・工数の削減がはかられた。

1つの実験プロセスの中でテストを数回繰り返す，従来のやり方から，せいぜい3回以内のテストで収束するプロセスへの変換。実験項目の実車テストから，ラボラトリー・シミュレーション（実車テストを再現する試験機器によるテスト）へ，そしてCAEシミュレーションへのシフト。さらに実車のテスト状態の負荷や，さまざまなパラメーターがシミュレートでき，かつ，テスト結果を即座にモデル解析できる，最新の試験機器の投入などである。従来の「物」基準，熟練技術者・技能者の調整による車づくり，品質育成というやり方から，設計データ，生産設計データを基準にするやり方に変えられた。

　デジタルデータ通りにつくれない部位やプロセスは，熟練技術者・技能者のノウハウに依存している。しかし，MDIでは，製品，プロセス，要具，設備の熟練技術者・技能者による修正量，およびディビエーション（deviation：公差，変形，ゆがみ，工程間変位量など）は，全て3次元測定され，それぞれのデータは定量化され，蓄積，体系化される方向が追求されている。デジタルだけの世界ではカバーできない，ものづくりの世界の技術，ノウハウを蓄積し，人間系を含めて，うまくシステム化することは，製造業としてのデジタル革新の1つの大きなカギを握っているからである。

5　バーチャル・プロダクションと製造工程

　プロセス，金型などの治具，車体治具，検査具，設備が3次元化され，バーチャルに製品を製造プロセスに流し，バーチャルにプロダクション・オペレーションが行われる。その中で，製品データとプロセス間の基準の一致性，加工・組付性，作業性，生産性，機能・性能シミュレーションがなされ，部品が支障なく，ダイレクトに組み立てられるようにされている。品質についても，製品同様，量産品質を保証する工程・工法能力設計シミュレーションが行われる。工場運営のための基準時間，作業編成，工程能力，ロボットプログラム，設備の制御ロジックなどもバーチャル・プロダクションによって設定される。

　そしてデジタル・データによって，バーチャルな生産と実際のモノの製造が継ぎ目なくつながれる。たとえば，製品CADデータに基づいて，オープンでインテリジェントな工作機がNCデータの創生，加工，測定を行い，製品ソ

フトゲージと照合することにより，実際に，公差内に入るモノをつくる。デジタルデータに対して，実際の製造のデータを関連づけ，データの統合化が行われる。

設備についても，製品ごとに専用設備を起こすのではなく，違った製品でもソフトウェアで対応し，加工や組立ができる汎用設備に転換される方向である。CADデータに基づき，違った製品でも，同じ設備で，変化および小ロット化に対して，速くフレキシブルに製造できるようになる。

実際の工場管理においても，工場の運営に必要な，標準時間，作業編成，品質管理，メンテナンス（保守管理），不良率，歩留まり，工程能力などのデータをセンサー，測定器によって集める。そして，バーチャル・シミュレーションした製品，設備，オペレーションの計画値と対比して，問題の早期解決をはかり，工場運営の効率化，コスト削減，品質の改善がはかられた。

5 MDI 支援システム（MDI Support System）

1 支援システムの特徴

MDI は，開発から量産にいたる広範な領域をカバーしており，最先端の情報技術が活用されているが，特徴的なのは，ソフトウェアとして，世界最先端のデファクト・スタンダード（世界標準）の市販システム群で統合した，支援システムが構築されている点である。コア・システムは3次元CAD が I-IDEAS（SDRC 社製，CAD・CAE のベース機能，システム統合機能をもつ），デジタル・モックアップツールが DYNAMO，公差解析ツールは VALISYS，プロダクション・エンジニアリング（生産技術）ツールは ROBCAD（この3つは日本テクノマティックス社製），PIM（Product Information Management）ツールは Metaphase（米メタフェーズ社，SDRC 社の子会社），グループウェアはロータス・ノーツが採用された。

MDI の多様な活動の支援，グローバル規模での情報・データの円滑な授受を目指して，高度な機能をもたせるために，MDI では，自社開発をやめ，世界最先端の市販システム群を統合する方式が採用された。現行システム（GNC,

第**12**章　情報技術の新展開による生産革新

New GNC, CADAM) から MDI 支援システムへの移行は，システムの併存期間を設け，数年かけて段階的にすすめられた。

2　CAPE の活用

　MDI の支援システムで，さらに重要な点は，生産技術部門の機能に注目し，生産技術業務全体を目標にした生産ラインの理想的なシミュレーションを行う「プロダクション・エンジニアリング支援システム」(CAPE：Computer-Aided Production Engineering) が積極的に活用されていることである（以下の内容は，主に日本テクノマティックス社の資料に基づいている）。

　CAPE は，生産技術エンジニアが製造システム，オペレーション，品質工程などを製品設計と関連して設計，解析，最適化するのを支援するソフトウェア群である（上にのべた DYNAMO, VALISYS, ROBCAD がそれにあたる）。

　DYNAMO（ダイナモ）は，製品パッケージングと組立工程計画，および解体整備方法の検討を行うためのデジタル・モックアップツールである。DYNAMO はコンピュータの画面上で製品の組立性と分解・解体性をみることができるようにし，その順序を検討するのに有効である。自動的に，製品とその部品の 3 次元ソリッドモデルを表示し，コンピュータの画面上で組立性，および分解性のための最適な方法を分析することができる。DYNAMO による検討結果は，設計者にフィードバックされ，組み立てやすい設計（DFA：Design for Assembly）を促し，またサービス技術者にアニメーションで組立方法，解体方法を教えることを可能にした。

　VALISYS（バリシス）は，製造プロセスを通して製品公差を指定し，累積公差解析，測定・検査，公差の管理を行うエンジニアリング・ソフトウェア製品である。VALISYS は製品設計の段階で公差の指定が，正しく行われているか検証し，製造プロセスや組立工程に公差情報を正確に伝達し工程能力を検証する。

　ROBCAD（ロボキャド）は，自動化と人間による作業の混合ラインの設計，シミュレーション，最適化，そしてオフライン・プログラミングを行う CAPE ツールである。ROBCAD によって次の点が可能になった。生産技術業務の標

準化の促進，標準的な製造部品の再利用。ロボット，生産設備，および作業者のモデルの3次元化，マニュファクチャリング・セル（作業現場）のシミュレーション，およびロボットと人間作業の検証による，ロボットの配置の最適化。ロボットや他の専用機械の教示プログラムのオフラインでの作成である。さらに，これらのソフトウェアは，主要な CAD システムとデータ変換することなく，シームレス（継ぎ目なく）にデータの共有化が実現されているために，データの重複管理とデータ交換にまつわる諸問題が解決された。

　CAPE は，独自の製造シミュレーション技術に基づき開発されており，コンピュータ利用化率が低かった生産技術部門に，画期的なイノベーションを引き起こすとともに，上流の設計部門，また下流の製造部門にも大きな影響を及ぼした。CAPE を使用することにより，生産エンジニアが，仮想マシンや仮想生産機器のモデルを作成し，これらを対話的に仮想生産ラインに配置，操作して画面上で製造活動を行うことが可能になった。つまり，詳細設計を行う前に，製品設計者と生産技術者が製品の組立と生産コストの予測を行い，最適な工程設計計画を立案し，実際の工場ラインを疑似制御できる。それにより，製品設計と製造エンジニアリング，製造部門間のより大規模な協同が行えるようになった。たとえば，製造，組立のための製品設計 DFMA（Design for Manufactue and Assembly）を実現し，新規設計された製品の設計意図や，設計変更情報を早期に製造部門にフィードバックできる。

　以上で，自動車企業における情報技術の新展開について，主にバーチャル技術とその活用に焦点をあてて，マツダの MDI を事例に検討してきた。そこで，明らかになったのは次の諸点である。

　第1は，自動車企業において，情報技術は，生販統合，柔軟な工程づくり，開発・生産準備期間の短縮に活用されてきた。そして，効率的な SE 活動，バーチャル化によって，試作を1回ですませるなど，大幅な費用削減，開発期間の短縮がなされつつあったが，各プロセス，業務（とくに開発から量産までのプロセス）の一元的な統合化という点では，問題点も多く残されていた。

　第2に，それらを解決し，いっそうの効率化をはかるために，各プロセス，

第12章　情報技術の新展開による生産革新

▶▶ *Column 12* ◀◀

デジタルという用語とデジタル化

デジタルという用語は，今日，デジタルビデオ，デジタル・メディア，デジタル・エコノミーなど個別製品から，現在の経済社会の状況を示す言葉まで広範囲に使用されている。デジタル（digital）の本来の意味は，英語の digit（アラビア数字という意味）の形容詞であり，「数字で表せる」という意味である。現在のコンピュータにおいて扱われる情報は，全て bit（binary digit：2進数字の略，2進数を表す数字であり，0と1の2つが用いられる）に収束している。それゆえにデジタル化といわれている。そのことによって，従来には考えられなかった情報の大量処理，相互の交換，ネットワーク化（機器間の，プロセス間の，さらにグローバルな）が可能になっており（アナログ情報と違ってデジタル情報は，その信号を遠隔地に劣化なく送信することができるのが最大のメリット），製品，組織，経済など多方面にわたり，大きな影響をもたらしている。

たとえば半導体やソフトウェアなどのデジタルの世界では，開発コストが大きい割には量産コストが圧倒的に低いという特徴があり，開発した機能のコピーがアナログ時代と比べて大幅に容易になったため（「デジタル」であるため，同じ機能を大量かつ安価に複製することができる），開発，製造，販売の方法などに画期的な変革をもたらしている。

アナログ製品は部品と組み立てが一体化していないと機能を正確に量産できなかったが，デジタル製品では，ソフトウェアや半導体などのデジタル部品が製品の重要な機能を担っていることから，いわゆる「すり合わせ」や長期取引の部品企業なしに完成品をつくれるようになった。アナログからデジタルへのシフトは，パソコン，携帯電話，テレビ，ビデオデッキなど日本企業が得意としていた分野において，世界シェアを取れない結果につながっている。さらに，デジタル化が進む中で，イノベーションのあり方が急激に変化している。デジタル技術にはいろいろな製品を結合させる働きがあり（たとえば携帯電話に音楽や地図のコンテンツが入る），その特性を活かして，複数の企業が各々の優位性を活かしてネットワークを組み，Win-Win の関係をつくる，いわゆる「オープン・イノベーション」の動きも活発になってきている。

業務の見直しとともに，デジタル化，バーチャル化が，さらに進められた。仮想モデリングとシミュレーション技術の開発・応用，制御・運転管理ソフトウェア・ツールの共有化と標準化，それに対応したプロセス制御機器および機械装置の開発，さらにそれらを統合・調和させる情報ネットワークの構築である。

　第3に，それらの情報技術の展開において，マツダでは，「MDI（マツダ・デジタル・イノベーション）」として先進的に取り組まれている。MDI では，開発期間，工数，費用，品質などで，従来とは画する高い目標が掲げられ，その実現のためにバーチャル技術など情報技術が積極的に活用された。

　多様な活動の支援のために，MDI では，自社開発をやめ，世界最先端の市販ソフトウェア群を統合する方式が採用された。それによって，開発費用の削減，部門間のシームレスな統合がはかられた。とくに，これまで，統合上，問題のあった生産技術部門の機能に注目し，生産技術業務全体を目標にした生産ラインの理想的なシミュレーションを行う，CAPE が積極的に活用された。

　組織・マネジメントの変革がなく，生産技術の蓄積の少ないところで情報技術を導入しても，その効果は少ない。組織・マネジメントの革新とともに，熟練技術者・技能者が保有している，未整理の知識・技能を抽出，体系化・システム化し，それによって，共有化される知識に支援されて，いっそう創造的な（付加価値の高い）活動に取り組む方向が追求されるべきであろう。この点は，情報技術の展開と経営環境，生産技術力の関連をみるうえで銘記すべき点であり，本章で考察したマツダの MDI は多くの示唆を与えてくれる。

注
(1) 情報技術という用語は，きわめて多義的に使用されているが，本書では次の内容で用いている。コンピュータなど情報処理・通信機能をもった情報機器，ソフトウェア，それらを相互に接続する情報通信手段である。

　これまでは，主に，生産の自動化・連続化とその空間的拡大という点から，ME 技術革新の一環として，情報技術を考察してきた。ME 技術は，ロボットや NC 工作機，あるいはさまざまな電気製品など生産・消費手段のあらゆる製品と結合して，その機能を拡大している。さらに，コンピュータ制御によるロボットや加工機

械の導入という，ハードウェア優先の第 1 世代から，コンピュータ・シミュレーション，情報・通信ネットワークを主体とするソフトウェア優先の第 2 世代に入っており，今日では，ME 技術という用語だけでは，範囲が広すぎるために，情報技術，情報ネットワーク技術など，研究対象を正確に示す用語を用いることが，重要と考え，本章では，情報技術という語を前面にだして考察している。

(2) 仮想生産（VM：Virtual Manufacturing）とは，仮想空間内で成形加工現象を仮想実現することであり，仮想生産は，仮想工場で実現される創造的シミュレーションの範疇にある。仮想工場（VF：Virtual Factory）では，設計，生産準備，製造，検査など生産プロセス全体が最適化するように，仮想空間上で制御行為がなされる。

バーチャル・ファクトリーについては，次の文献を参照。

仲町，1994；野口，1996。

(3) 本章の MDI については，1998年 2 月に聞き取り調査を行った。まず，会社役員と技術本部の方から，MDI の概要の説明をいただいた後，最先端の情報技術が実際に使われている状況を見学，また現地で説明をうけることができた。内容は，しぼり成形の 3 次元設計と金型製作，工程設計，要具・設備設計と製作などについてである。MDI 支援システムを提供した日本テクノマティックス社からも，貴重なご意見，資料をいただいた。

(4) 開発段階でも，仕様書部品メーカー，製作図部品メーカーとの SE 活動がなされ，部品メーカーからの製品，生産要件を入れて，DPA が実施された。

たとえば，仕様書部品は，仮仕様書から 2 カ月，正式仕様書から 1 カ月以内に製品，製作要件を返してもらい，マツダが 1 カ月で DPA を行う。製作図部品は，ワイヤーフレームから 1 カ月で，生産要件を返してもらい，マツダが 1 カ月で DPA を行っていた。

参考文献

仲町英治編著，1994，『バーチャル・ファクトリー——未来工場への挑戦』工業調査会
野口恒，1996，『バーチャル・ファクトリー——超収益企業への革新』日刊工業新聞社

第13章
新技術開発と「モノ造り革新」
――マツダ・SKYACTIVE 技術開発――

　マツダは，中長期の経営，技術開発計画の下で，革新的な新世代技術の開発をすすめ，その技術を結実した新商品の投入によって新たな事業モデルを展開しています。本章では，この動向を，次の点について明らかにします。①この5年ほどのマツダの経営計画と技術開発ビジョンの概要，②SKYACTIV（スカイアクティブ）技術といわれる新技術と新製品，③従来の製品開発の進め方とは異なる革新的な方法＝「モノ造り革新」。

　Keywords：SKYACTIV 技術，次世代自動車，「モノ造り革新」，「CA：Common Architecture　コモンアーキテクチャー）構想」

1　マツダの経営計画

1　新中期計画と技術開発ビジョン

　マツダは2007年3月に，2007年度から2010年度までの4年間を対象とする新中期計画「マツダ・アドバンスメント・プラン（MAP：Mazda Advancement Plan）」を策定した。この計画は，ブランド価値の向上とビジネス効率を追求し，世界販売160万台以上，営業利益2000億円以上，営業利益率6％を目指したものである。ブランド価値については，ブランドメッセージ"Zoom-Zoom"に体現されるブランドをさらに進化させるために，「商品」「品質」「顧客ロイヤリティーの向上」に重点をおき，ビジネス効率については，開発・製造・購買領域一体となって商品の競争力と製造の効率性を飛躍的に向上させる「モノ造り革新」が提起された。この計画の下，マツダは2007年3月，技術開発の長期ビジョン「サステイナブル"Zoom-Zoom"宣言」を発表し，研究開発の長期戦略をスタートさせた。

第13章 新技術開発と「モノ造り革新」

図13-1 「ビルディングブロック戦略」

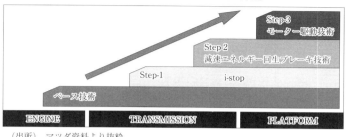

（出所）マツダ資料より抜粋。

　2020年時点でも，グローバル市場における自動車の主要なエネルギーは石油資源であり，動力技術は内燃機関が主流であると予測し，ガソリン車がこれからも大きな比重を占める，内燃機関については多くの改良の余地があるという認識で，一貫して内燃機関を重視し，そこに研究開発資源を集中的に投入し，内燃機関技術を基盤に必要に応じてハイブリッド車などへの展開をはかろうとしている。こうした展望から，2015年までに，グローバルで販売するマツダ車の平均燃費を2008年比で30％向上させるという計画を掲げ，商品に織り込むユニット（エンジンや変速機やシャシーなど）の技術レベルについて，2015年に世界一の水準に到達させるとの高い目標を定め，全車種を新しい技術に基づく画期的な新車種とすることを決めた。そして「ビルディングブロック戦略」[3]に基づく革新的な新世代技術，SKYACTIV 技術の開発をすすめ，その技術が結実した新商品（ニュー・デミオ，ニュー・アクセラ，CX-5）が2011年から順次市場に投入されている。

　「ビルディングブロック戦略」とは，自動車の基本性能である「ベース技術」（エンジン，トランスミッションなどパワートレインの技術と，ボディおよびシャシーの基本性能を向上させながら軽量化する総合的軽量化技術）を優先的に改良したうえで，段階的に，i-stop（アイ・ストップ：マツダ独自のアイドリングストップ＆スタート技術），減速エネルギー回生技術やモーター駆動技術（ハイブリッドシステム）などの電気デバイスを導入する戦略であり（図13-1参照），一部の環境対応車に大きく依存することなく，「走行性・快適な乗り心地」と「優れた環境・安全性能」を両立させ，効果的に環境規制をクリアするアプローチである。

ベースとなる内燃機関の効率を向上させることにより，たとえば，ハイブリッド化する際も，付加するモーターやバッテリーなどの電気デバイスは小さくて済むことになる。

2 「中長期施策の枠組み」とその強化

2008年の金融危機以降，需要の急減や新興国への需要シフト，環境対応車の普及など経営環境の大きな変化を踏まえ，2010年4月には，「中長期施策の枠組み」が公表された。この枠組みは，「マツダ・アドバンスメント・プラン」の主要施策を引き継ぎ，さらに発展させた「5つの柱」を中心としている。5つの柱とは具体的には次の内容である。

①ブランド価値：ブランド価値向上プロジェクトをグローバルに推進，②「モノ造り革新」：開発効率化と投資抑制，性能アップとコスト改善の両立，③環境・安全技術：ビルディングブロック戦略に基づく環境・安全対応の着実な進展，④新興市場：参入新興市場における生産・販売体制の拡大・強化，⑤フォードシナジー：さらなるシナジー効果の追求。(4)

しかし，実際は，急速な円高や販売競争の激化で，2012年3月期の純損益は，1077億円の赤字（前期は赤字6000億円）となった。この国内生産比率が7割と，円高影響を受けやすい，そして低収益の企業構造を転換するために，2012年2月，上述の「中長期施策の枠組み」を強化する次の内容の構造改革プランが発表された。(5)

①SKYACTIV技術によるビジネス革新，②「モノ造り革新」によるさらなるコスト改善の加速，③新興国事業強化とグローバル生産体制の再構築，④グローバルアライアンスの推進。

この計画で，特徴的なことは，円高に対応するために海外生産の比重を拡大するとともに（グローバル販売台数170万台，2016年3月までに海外生産50％目標），構造改革の中心に，SKYACTIV技術と「モノ造り革新」が位置づけられ，従来のドル：90円，ユーロ：125円からドル：77円，ユーロ：100円の為替前提でも利益のでる企業構造（営業利益1500億円，営業利益率6％以上）への転換がはかられた。SKYACTIV技術は，単に技術面の変革ではなく，今後5年間で8車

種の SKYACTIV 搭載車をグローバルに投入，2016年3月期までに SKYAC-TIV 搭載車の販売比率を80％に拡大して，マツダのビジネスそのものの構造改革を牽引するものとして重視された。さらに，「モノ造り革新」によって開発・生産効率を高め収益構造の大幅な改善が計画された。

2　SKYACTIV 技術の開発と展開

1　包括的な技術革新

　SKYACTIV 技術[6]は，エンジン，トランスミッションを始め，ボディ，シャシーを含めたマツダの次世代技術の総称である。SKYACTIV 技術は，世界一の圧縮比を達成したガソリン，ディーゼルエンジンを中核にして，新世代高効率オートマチック・トランスミッション（自動変速器），大幅な軽量・小型化を実現した，新世代マニュアル・トランスミッション（手動変速機），高い剛性と軽量化を両立した車体，大幅な軽量化をはかりながら，操縦安定性と乗り心地を高度にバランスさせた新世代シャシーといった要素技術で構成されている（**表13-1** 参照）。個々の技術だけではなく，エンジン，変速機，車体，シャシーといったクルマの基本部分全体が包括的に一斉に革新されたことが最大の特徴で，そのことによって，モーターによる補助なしに10・15モード燃費30 km/ℓ，ガソリンエンジンでもディーゼルエンジンでも圧縮比14.0，車体質量の100 kg 軽量化など，画期的な数字が達成されている。

2　SKYACTIV 技術を可能にした「モデルベース開発」

　SKYACTIV 技術は，短期間でしかも車両全体にわたる総合的な技術開発であるが，それを可能にした技術として，マツダでは「モデルベース開発」（MBD：Model Base Development）が強調されている。
　一般的に MBD は，車載ソフトウェアの制御系のソフト開発技術として取り扱われることが多く，ソフト開発の初期段階で実現すべき機能をモデルで作成し，開発の上流工程から下流工程において，これを検証しながら開発プロセスをすすめていく開発手法である。その開発過程は，よくV字型で説明される

第Ⅳ部 新技術開発と生産・事業革新

表13-1 SKYACTIV技術の概要

項 目	名称と内容
エンジン	新世代高効率直噴ガソリンエンジン「SKYACTIV-G」 世界一の高圧縮比（14.0）を達成 燃費と低中速トルクを従来比で15％改善 モータによるアシストなしに30km/ℓの燃費を実現
	新世代高効率クリーンディーゼルエンジン「SKYACTIV-D」 世界一の低圧縮比（14.0）を達成 従来比約20％の燃費改善を実現 高価なNOx（窒素酸化物）後処理装置なしで，各国の排ガス規制をクリア
トランスミッション	新世代高効率オートマチックトランスミッション「SKYACTIV-Drive」 すべてのトランスミッションの利点を集約 全域ロックアップによる高いトルク伝達効率を実現 従来比，4〜7％燃費向上
	新世代マニュアルトランスミッション「SKYACTIV-Mt」 軽快なシフトフィールと大幅な軽量・コンパクト化を実現
ボディ＆シャシー	「SKYACTIV-Body」 高い剛性と軽量化の両立 各国の衝突安全評価を最高レベルでクリアできる衝突安全性
	「SKYACTIV-Chassis」 「走る歓び」を実現すると同時に，快適性，安心感を高めた軽量シャシー

（出所） 主にMATUDA ANNUAL REPORT, 2011, 16-17より筆者作成。

が（Vサイクル），このVサイクルの基本型は，まず左上の要件定義（要求分析）から開発工程がはじまり，システム仕様設計，コンポーネント設計と下に進み，最下のプログラム開発（コーディング）に至る。その後，右側の検証工程がはじまる。下から順番にコンポーネント検証，システム検証，実機検証が行われ完成品となる（図13-2参照）。MBDでは，このソフトウェア要件定義，アーキテクチャー設計，ユニットの設計と実装といったフェーズが一体化しており，モデリング（制御ロジックおよび制御対象を数式であらわすこと）されたモデルとシミュレーションを活用して，試作機にソフトウェアを実装する前にさまざまな機能をシミュレートすることで，非常に整合性が高い効率的な開発（コスト・工数低減，不良削減，開発期間の短縮）が行われるようになった。

第13章　新技術開発と「モノ造り革新」

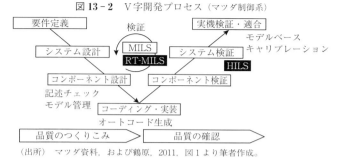

図13-2　V字開発プロセス（マツダ制御系）

（出所）マツダ資料，および鶴原，2011，図1より筆者作成。

　マツダでは，このソフトウェアの開発プロセスにおいて，検証部分で従来から活用してきた HILS（Hardware in the Loop Simulation）に加え，モデルの段階でシミュレーション技術を用いて検証する「RT-MILS（Real Time Model in the Loop Simulation）」を取り入れている（図13-2．参照）[7]。このことによって従来の実機ベース開発に対して，実機検証前に2回の検証機会があり，設計開始から実車検証前まで，プロセスごとの検証が容易になされ，短期間での対策が可能となっている[8]。さらに，制御開発のみならず，CAE（Computer Aided Engineering）[9] を使った開発などを含め，シミュレーションを使った開発全般を MBD と捉えて，他社より先駆けて技術開発が行われてきている。

　早くも1987年にはスポーツ車 RX-7 のエンジン制御開発に MILS を活用，1990年代に入るとエンジン技術開発に MILS，HILS を活用して数々の新技術開発を行い，1994年には電子制御 AT（自動変速機）を開発している。さらに，1996年以降は，新車の企画から開発・生産準備・購買，製造までの全プロセスと業務を最先端の情報技術（CAD，CAM，CAE など）と設備を使い全プロセスと業務を抜本的に見直す MDI をすすめ，大きな成果を上げてきている（MDI については第12章を参照）。MDI の中で計算ワークステーション増強，解析手法の標準化，解析期間の短縮化，解析結果の高精度化が推進された。それを基に今回の SKYACTIV-G の開発では多くの CAE が開発され，その活用によって，燃費，出力の大幅改善に加え，シリンダーヘッドやシリンダー・ブロックなど構造系の一新で大幅な摩擦損失低減，軽量化がはかられた。

第Ⅳ部　新技術開発と生産・事業革新

3　SKYACTIV 技術と新製品

　これまでに述べた SKYACTIV 技術とその技術が結集した新製品（ニュー・デミオ，ニュー・アクセラ，CX-5）は2011年からに順次市場に投入されている。とりわけマツダが2012年2月に発売した新型SUV，CX-5 は，これまで，パワートレインのみの採用にとどまっていた SKYACTIV 技術をガソリンエンジン，ディーゼルエンジン，変速機，車体，シャシーの全てで採用した最初の車種で，アテンザ，アクセラ，デミオに次ぐ第4の世界戦略車に位置づけられている。排気量2200ccのディーゼルエンジンと，排気量2000ccのガソリンエンジンを搭載したモデルが設定されている。

　4.0ℓ，V6ガソリンエンジン車をしのぐ最大トルク420N・m（ニュートン・メートル），燃料1ℓあたりの燃費は，ディーゼル車（排気量，2.2ℓ）が18.6km（JC08モード／2WD／AT車），ガソリン車（同2ℓ）が16kmである（同車種のトヨタのRAV4や日産のエクストレイル〔燃費は14.2km/ℓ〕，ホンダのCRVなどより2～3割燃費がすぐれている）。価格は，ディーゼル車が258万円から，ガソリン車が205万円からとし，他社と同程度か，数十万円安くなっている。このすぐれた性能と低価格化は，SKYACTIV 技術をフル採用しただけでなく，マツダが取り組んできた「モノ造り革新」の成果である。CX-5は生産，開発，調達などが一体となった「モノ造り革新」によって1台あたりのコストを大幅に低減し，為替レートが1ドル＝77円，1ユーロ＝100円でも利益の出る構造になっているとのことである。

3　開発・生産が一体となった改革：「モノ造り革新」

　製品技術領域における革新的な SKYACTIV 技術の開発とともに，開発・生産領域を中心にした「モノ造り革新」も進展している。すでに述べたように，「モノ造り革新」は，開発・製造・購買領域一体となって商品の競合力と製造の効率性を飛躍的に向上させるために，2007年3月に「マツダ・アドバンスメント・プラン」で提起されたが，その内容は相互に連関する開発領域と生産（生産準備・製造）領域にわけられる。

第13章　新技術開発と「モノ造り革新」

1　開発領域における取組み：「CA 構想」に基づく「一括企画」

　開発領域における「モノ造り革新」の取組みは，車台や部品およびシステムの「CA（Common Architecture：コモンアーキテクチャー）構想」に基づく，マツダ社内で通称「一括企画」といわれている取組みと，それを活用した「生産ラインを考慮した設計」である。

　「一括企画」とは，これまでのように個別車種ごとに企画，開発，生産といったプロセスをとるのではなく，5～10年先を見通して，今後どのような商品や技術が必要かを可能な限り展望して，全ての将来導入する車種を車格やセグメント（車両寸法，全長，価格，イメージ，装備など複数要件を勘案した分類）を越えて最初に一括して企画することである。それは，これまでのセグメントでのプラットフォームや部品の共通化とは異なり，開発の源流段階から10年程度先までの商品を同時進行で開発していくという全く新しい考え方である（すでに明らかにしてきたように，SKYACTIV 技術とそれに基づく新製品の開発は，この考え方によって展開されている）。全ての車種，上級グレードから下級グレードまで，クルマ全体，システム，部品を一括企画して，多様な車台（プラットフォーム）や部品の基本骨格（アーキテクチャー）の共通化（＝「CA 構想」）を行い，ただし，共通化によって，似たり寄ったりの同じような車になるのを防ぐために，全車共通の固定部分と変動部分を特定し「固定要素と変動要素を定義した標準構造」を決めたうえで，変動部分によって車種，グレードに応じて内容を変更し区別化することもなされている[12]。そのことによって開発方法や生産プロセスも共通化し，全体でスケールメリットを得ながら，しかも多様性に対応しながら，より効率的に多品種の商品の開発・生産がはかられている。

　この「CA 構想」に基づく「一括企画」を実現するために，研究開発運営，購買活動に関する機能を集約し（開発企画部の新設，購買戦略部の統合，再編など），戦略的で機動的な取組みを強化するとともに，技術者が多面的な能力（最先端の技術を理解し，5年先，10年先でも競争力をもつ技術力，さらに生産技術，製造現場への理解と関連部門との共同開発力）を身につけるため組織の再編成がすすめられた[13]。

第Ⅳ部　新技術開発と生産・事業革新

２　生産領域での取組み：高効率のフレキシブル生産

　「CA構想」に基づく「一括企画」は生産プロセスにも大きな影響を与えている。開発の初期段階で構造と工程について生産，開発両者が，性能，加工性，コストなどの点から総合的に検討し，「固定要素と変動要素を定義した標準構造」を決定するために，全ての車種で共通となる標準工程が決められ，つくり方が統一されている。たとえば機械加工ラインでは，搬送基準や加工基準が統一され，どの車種，どのエンジン，どのトランスミッションも同じラインでの生産が可能となってきている。さらに生産ラインを構成する設備，治具，金型なども汎用化・共通化がすすめられ，大幅なコスト削減，製作期間の短縮がなされている。たとえば2007年の春に量産を開始した，大型Ｖ６エンジンのシリンダー・ブロックと中型I4エンジンを混流生産する機械加工ラインでは，これまで40工程にわけていた加工を４工程（並列）に集約することで，搬送時間を10分の１に削減し，さらに，設備故障によるライン停止を大幅に削減した。ライン全体の設備総合効率を85％から95％に高め，製造リードタイムを５分の１に短縮するとともに，設備台数を30％削減している。このフレキシブルラインは，現在，エンジンの機械加工だけにとどまらず，トランスミッション，溶接，塗装などに拡大されている。

　以上の開発，生産領域での取組みの結果，開発効率は大幅に改善し，従来に比べ30％の効率化を達成する見通しであり，フレキシブルな生産の実現によって，ガソリンエンジンの生産ラインは従来の投資額の60％程度を，車両についても20％程度を抑制できる見通しとのことである。

　以上で，マツダを対象に，戦略的な技術経営について，SKYACTIV（スカイアクティブ）技術といわれる新技術に焦点をあてて考察してきた。そこで明らかになったのは，次の点である。

　第１に，マツダは2007年に新中期計画を策定するとともに，技術開発の長期ビジョンを発表し，研究開発の長期戦略をスタートさせた。2008年の金融危機以降は，需要の急減や新興国への需要シフト，環境対応車の普及など経営環境の大きな変化を踏まえ，国内生産比率が７割と，円高影響を受けやすい，低収

益の企業構造を転換するために，構造改革プランを展開している。この計画で，特徴的なことは，円高に対応するために海外生産の比重を拡大するとともに，構造改革の中心に，SKYACTIV 技術と「モノ造り革新」が位置づけられ，利益のでる企業構造への転換がはかられていることである。SKYACTIV 技術は，単に技術面の変革ではなく，マツダの事業そのものの構造改革を牽引するものとして重視されている。さらに，「モノ造り革新」によって開発・生産効率を高め収益構造の大幅な改善が計画，実施されている。

第2に，SKYACTIV 技術は，エンジン，トランスミッションを始め，ボディ，シャシーを含めたマツダの次世代技術の総称である。個々の技術だけでなく，エンジン，変速機，車体，シャシーといったクルマの基本部分全体が包括的に一斉に革新されたことが最大の特徴で，そのことによって，ハイブリッド車と同等の燃費など，画期的な数字が達成されている。この短期間でしかも車両全体にわたる総合的な技術開発を可能にしたのは，MBD（「モデルベース開発」）技術であり，マツダでは，制御開発のみならず，CAE を使った開発などを含め，シミュレーションを使った開発全般を MBD と捉えて，先駆的な技術開発をすすめている。SKYACTIV 技術とその技術が結集した高性能・低価格新製品が2011年からに順次市場に投入され，好調な販売状況となっている。

第3に，このすぐれた性能と低価格化は，SKYACTIV 技術をフル採用しただけでなく，マツダが取り組んできた「モノ造り革新」の成果である。「モノ造り革新」は，開発・製造・購買領域一体となって商品の競合力と製造の効率性を飛躍的に向上させ，画期的なコスト削減をはかるための取組みで，これまでの開発プロセスを大きく変革した「一括企画」，高効率のフレキシブル生産が行われている。

事業モデルは一般的に，技術力を収益に結びつける事業構造といわれているが，SKYACTIV 技術を核とするマツダの新たな事業モデルの本格的な展開は，始まったばかりである。CX-5 などの新製品の販売好調などはみられるが，「技術を活用しての企業利益を長期的に獲得しうる事業モデルの構築」という点では，まだ予断が許されない状況である。今後，アライアンスなども含めたグローバル戦略の展開とともに注目する必要がある。

第Ⅳ部　新技術開発と生産・事業革新

▶▶ *Column 13* ◀◀

新たな開発手法の展開：「トヨタ TNGA」「日産 CMF」

　新しい開発手法はマツダだけでなく，他社でも開発されている。トヨタは，2012年4月に新しい自動車開発手法，「トヨタ TNGA（Toyota New Global Architecture）」を導入すると発表した。開発段階から部品やユニットを共通化し，基本部品を複数の車種で活用する。TNGA は，3種類の FF 系プラットフォームから取り組む方針。この3種のプラットフォームを採用する車両の合計生産台数は，トヨタの総生産台数の約5割をカバーするとのことである（トヨタニュース，2012年4月9日）。

　日産は，2012年2月に新世代車両設計技術である「日産 CMF（Common Module Family）」を，2013年以降発売する新型車の車両開発に導入すると発表。「日産 CMF」は，車両構成をエンジン・コンパートメント，コックピット，フロントアンダーボディ，リヤアンダーボディを4つのモジュールとし，さらに，電子部品をまとめる電子アーキテクチャーを加えて，それぞれのモジュールに適切なバリエーションを用意，これらのモジュールの組み合わせを変えることで，製品を設計する技術である（下図参照）。これらの動向は，これまでの開発，生産準備，製造の流れを大きく変えるものであり，生産システムの研究にとっても重要な課題である。今後も VW 社など外国企業の動向にも注目して研究を進める必要がある。

「日産 CMF」の概要

（出所）　日産ニュースリリース，2012年2月27日より筆者作成（英文を日本語に）。

第**13**章 新技術開発と「モノ造り革新」

注

(1) 新中期計画「マツダ・アドバンスメント・プラン」の詳細については，「マツダ・ニュースリリース」2007年3月22日を参照。
(2) この"Zoom-Zoom"は，2002年からグローバルにブランドメッセージとして使用されている。「子どもの頃に感じた動くことへの感動」を示唆しており，マツダのクルマづくりの姿勢を象徴している（MAZUDA ANNUAL REPORT 2008, 25）。"Zoom-Zoom"の基本ポリシーは，「走る歓び」と「優れた環境安全性能」を提供するということである。
(3) 「ビルディングブロック戦略」とSKYACTIV技術の概要については，次の文献を参照。
　石野・伊藤，2011；MAZDA ANNUAL REPORT, 2011, 13～17, 26～28。
　また，SKYACTIV技術を中心にマツダ本社にて，パワートレイン部署の方への聞き取り調査と工場見学を行った（2012年3月9日）。本章の内容は，そこでの聞き取り内容，掲示いただいた資料に多く基づいている。
(4) MAZDA ANNUAL REPORT, 2010, 15。
　ただしフォードとの資本提携は2015年に解消している。
(5) マツダHP「経営方針」を参照（http://www.mazda.co.jp/corporate/investors/policy/mid_term.html，2012年5月11日アクセス）
(6) 「SKYACTIV（スカイアクティブ）」は，SKYという言葉のもつ「環境」のイメージと，ACTIVEという言葉のもつ「走る歓び」のイメージとを組み合わせ，独自の価値を提供するマツダの姿勢を表現している。マツダのSKYコンセプトについては，鈴木他，2010, 34, 参照。
(7) HILSとは，エンジンのメカニズムなどをモデル化して，実際のエンジンと同等の動きをさせて，ECU（Electronic Control Unit：電子制御装置）の検査を行うシミュレーションである。ハードウェア（インターフェース）を介してシミュレーションを行うことから，Hardware in the Loop Simulationと呼ばれている。MILSはモデルのみで実行するシミュレーションである。制御ソフトと制御対象の両方がモデルの状態でシミュレーションできる。今回，マツダは実行速度を上げるために制御ソフトと制御対象の両方のモデルを，C言語のコードに変換してWindows上で高速に実行する「高速MILS」の手法を独自に開発して活用している。詳細は，鶴原，2012を参照。
(8) マツダのエンジン制御に関するMBDの実践については，江角他，2011を参照。MBDについては，SESSAME WG2, 2006を参照。また聞き取り調査でも多くのご教示をいただいた。

第Ⅳ部　新技術開発と生産・事業革新

(9) CAE は，設計・開発工程，工程設計などにおいて，製品の設計から性能試験，製造までの作業を支援するツールである。具体的には，設計支援システムや，製品に要求される性能の解析システム，製品の機能や性能，製造での作業性を確認するためのシミュレーションシステムなどである。CAE によって，開発から製造までのリードタイムの短縮，試作・実験費削減などによるコストの低減が可能となる。

(10) この点については次のように報道されている。

「……低コストは，今後 5〜10 年先に出す車と基本的な構造やつくり方を共通化することで可能にした。設計のやり直しを省き，設備投資を抑え，車両コストを 2〜3 割減らせるという。マツダは CX-5 を本社工場（広島市など）で年16万台生産。国内販売は 1 万 2 千台を見込み，そのほかの 9 割以上を欧米や中国などに輸出する。山内社長は為替が 1 ドル＝77円，1 ユーロ＝100円でも利益が出るとし，『すべての通貨で利益が出るような車づくりをした』と強調した。」（『朝日新聞』2012年 2 月17日付）

CX-5 は好調な売れ行きとなっており2013年 3 月決算からの黒字化に大きく貢献した。

(11) 「モノ造り革新」については次の資料を参照。

MAZDA ANNUAL REPORT, 2010, 17 ; MAZDA ANNUAL REPORT, 2008, 17-23。

「モノ造り革新」という用語はマツダの用語なのでそのまま使用。「モノ造り」については，本章以外では「ものづくり」に統一している。

(12) MAZDA ANNUAL REPORT, 2008, 20 を参照。

この CA 構想については，次のようにのべられている。

「激変する市場環境下において，SKYACTIV-G に代表される優れた商品をかつてないスピードと効率で開発してゆくことが必須である。これを実現するために，我々は『CA 構想』に基づく『一括開発』という新しいプロセスを導入した。これは，将来の機種展開スコープを見据えたビジョンの下，各機能システムごとに，機種によらず共通のコンセプトを定め，高めるべき機能を明確化する。その機能を安定して実現する仕様（＝固定要素）を選定する。その後，機種ごとに商品性・生産性・レイアウト等の要求にミートするハード（＝変動要素）を選定するアプローチである。すなわち，CA とは部品の共通化ではなく，排気量等が異なっても狙いの機能が揃う（機能の転写）よう，必要な部分は構造や部品の諸元を作り分けること。そのために，目標とする機能および機能目標群をあらためて定義しなおした。この定義により，機能限界と製造トレランスをリンクさせた新しい開発のアプローチが可能になり，機能と品質，コストを同時に造りこむ開発革新が実現した。」（増田他，

第**13**章　新技術開発と「モノ造り革新」

2011, 42)

　　ここで特筆すべきは, 車台や部品などの共通化だけでなく, 制御システムなどの共通化も行われていることである。たとえば, エンジン開発では, キャリブレーション (燃焼 〔筒内状態量〕 と体積効率を制御して要求性能を実現すること) 開発やプログラム間, ユニット間の性能開発の共通化をはかり, 大幅な開発工数の削減が実現されている (同, 45)。

⒀　この点は, 次のようにのべられている。「2006年 6 月, マツダは研究開発部門の組織改革を断行しました。その改革でコンピュータによる設計を担当する『車両レイアウト・CAD 部』とシミュレーションや分析を専門とする『CAE 部』を解体し, モノ造りの現場への配置換えを行いました。この改革の目的は, 一人で何でもこなせる幅広い知識と経験, モノ造りの現場を理解し, 現場との合意形成の中で設計・開発を行えるエンジニアのマルチ思考化により, 将来に向けたマツダの商品開発力を強化することにあります。」(MAZDA ANNUAL REPORT, 2008, 20)

⒁　MAZDA ANNUAL REPORT, 2008, 23。

⒂　MAZDA ANNUAL REPORT, 2008, 17。

参考文献

石野勅雄・伊藤あずさ, 2011,「新世代技術「SKYACTIV　パワートレイン」」『マツダ技法』No. 29

江角圭太郎・佃厚典・今村友之・遠藤孝次・上野隆司・小森賢, 2011,「SKYAC-TIV-G 制御技術の紹介」『マツダ技法』No. 29

笠間太介, 2012,「次世代自動車戦略について」『自動車技術』第66巻第 4 号

佐藤圭峰・植木義治・和田好隆・本郷均・宮内勇馬・横畑英明, 2011,「SKYAC-TIV-G における CAE の活用」『マツダ技法』No. 29

鈴木敬・石野勅雄・伊藤あずさ, 2010,「次世代パワートレイン開発コンセプト――マツダ SKY コンセプト」『マツダ技法』No. 28

SESSAME WG 2, 2006,『組込みソフトウェア開発のための構造化モデリング』翔泳社

鶴原吉郎, 2011,「dSPACE の最新シミュレーション活用事例」『Automotive Technology』2011.9

鶴原吉郎, 2012,「標準化と再利用で工数を削減――多様なモデルベース開発手法を駆使」『Automotive Technology』2012.5

増田幸男・渡辺友巳・荒川博之・松尾直也・杉浦博昭・富澤和廣, 2011,「SKYAC-TIV-G における開発プロセス変革」『マツダ技法』No. 29

第Ⅳ部　新技術開発と生産・事業革新

　マツダ株式会社,『MAZDA ANNUAL REPORT 2008』
　マツダ株式会社,『MAZDA ANNUAL REPORT 2010』
　マツダ株式会社,『MAZDA ANNUAL REPORT 2011』

第14章
新技術開発と事業モデル革新
―― ダイハツ・イース技術開発 ――

　本章では，ダイハツの経営理念・方針，主要な事業内容を踏まえ，軽自動車でも高い収益の出る事業モデルの構築に向けた3つの方策について考察します。①低燃費，低コスト，省資源な商品・技術開発の推進（新型軽自動車「ミライース」とイース技術の開発），②抜本的なコスト構造改革に向けた生産，調達における取組み，③新開発体制（プロジェクト）の特色，さらにその展開と並行して進められた全社的な組織，人事制度の組織改革の概要。

Keywords：事業モデル，軽自動車，スモールカー，第3のエコカー，イース技術

1　ダイハツの事業展開と事業モデル

1　3つの主要事業の展開

　ダイハツは，1907年に設立され，スモールカーの開発・製造・販売を担う100年以上の歴史をもつ自動車メーカーであり，主要には，国内，海外，受託・OEM事業の3つの事業を展開している。

　国内事業は，軽自動車の製造，販売を主力としており，軽自動車のシェアでは，2006年から5年連続でトップを占めていた。海外事業は，中国，欧州市場からは撤退の予定で，インドネシア，マレーシアに集中をはかっている。インドネシアでは，連結子会社アストラ・ダイハツ・モーター社（ADM）が，マレーシアでは，生産・販売の現地合弁会社であるプロドゥア社が，生産・販売においても大きな比重を占めるようになっている。受託・OEM事業に関しては，ダイハツは，とくに1998年にトヨタの連結子会社になった後，トヨタグ

図14-1 連結売上高に占める各事業の割合（2011年3月期）

（出所）ダイハツ『アニュアルレポート 2011』1頁より抜粋。

表14-1 売上台数（2011年度）

（単位：台）

ダイハツ車	軽自動車	521,879
	登録車	4,638
	国内　計	526,517
	海　外	366,109
	合　計	892,626
受託車OEM車	受託車	333,939
	OEM車	55,144
	合　計	389,083
合　計		1,281,709

（出所）ダイハツ広報資料『DATA BOOK 2011』10頁より筆者作成。

ループの一員として相互の開発ノウハウを活かして協業体制を整えてきた。2011年にはトヨタへ軽自動車のOEM供給開始し，富士重工㈱にもOEM供給を行っている。国内のみならずインドネシア，マレーシアでもトヨタの受託・OEM事業を展開している（ダイハツ，2011, 1）。

連結売上高に占める各事業の割合（2011年3月期）は，国内事業50％，海外事業21％，受託・OEMは29％である（図14-1参照）。また売上台数でみると表14-1のとおりである。

ダイハツは，1907年3月の創立以来，「世界中の人々に愛されるスモールカーづくり」を使命と考え，事業を展開してきたが，次の100年についてもこの使命をさらに追求し，真のグローバル化を果たすため，2007年に3月に新グループ理念・CSR基本方針・スローガンを制定した（ダイハツ『ニュースリリース』2007年3月1日）。

全てのステークホルダーの満足を実現するため，企業活動の基本スタンスとなる「ダイハツグループCSR基本方針」を決め，同時に，新グループスローガンとして「Innovation for Tomorrow」を掲げ，あらゆる企業活動で「Innovation（変革）」に取り組んでいくとしている。これはダイハツが長い歴史の中で培ってきた軽自動車の開発・技術力を生かしながら，さらに魅力あるクルマづくり，事業展開のために，車両開発から生産，販売まで，より一層の「Innovation（変革）」を行っていくことを意味している。

２　軽自動車で高い収益が出る事業モデルの確立

　トヨタグループの中でスモールカー分野（中心は軽自動車）を担うダイハツは，軽自動車事業に適した事業モデルを確立し，低燃費，低コスト，省資源（軽自動車はボディやエンジンをはじめ主要部品が小型・軽量なため，生産に要する資源消費量を低く抑えることができる）なクルマづくりで，グローバルに通用する事業展開を目指している（ダイハツ『ニュースリリース』2009年9月25日，ダイハツ，2010, 10）。国内では，軽自動車シェアトップを維持しながら，調達，生産，販売の効率化など収益力強化を目指す。海外では，重要地域であるインドネシア，マレーシアを中心に将来の発展につながる基盤づくりを推進している。

　そのために軽自動車の特性を活かした低燃費，低コスト，省資源なクルマづくり，軽自動車でも高い収益の出る事業モデルの構築に向けた改革をあらゆる面から行ってきている。

　具体的には，第1に，日本を含め世界的な低価格小型車需要拡大に対応するために，自社の軽自動車技術をさらに発展させ，低燃費，低コスト，省資源な商品・技術開発の推進である。第2に，低価格で低燃費な小型車を投入し，軽自動車で利益が生み出せる収益基盤を早期に確立するため，生産や調達における軽自動車に特化した原価低減の推進である。第3に，組織，マネジメントの改革である。

　第1の点に関しては，2005年の「3軸ギヤトレーンCVT」，軽自動車用新エンジン「KF型」の開発など軽自動車の技術開発・向上に積極的に取り組み，2006年には主力モデルである「ムーヴ」「ミラ」をプラットフォームからエンジンまで一新した。また2007年には「タント」を，軽自動車の規格内で最大限の室内空間の"広さ"と"使いやすさ"にこだわってフルモデルチェンジしている。その結果，軽自動車の新車販売台数のシェアにおいて，2006年度には首位を獲得している。

　さらに，2011年9月に発売した新型軽自動車「ミライース」は，既存技術の見直しを徹底的に行い，JC08モードで30km/ℓを確保し，79万5000円からと

第Ⅳ部　新技術開発と生産・事業革新

いう低価格を実現し，予想を大幅に上回る販売数を示した。ダイハツは，この「低燃費」「低価格」「省資源」なクルマづくりの核となる技術として，低燃費技術「イース（e：S＝Energy Saving Technology）技術」を開発している。

　第2の点に関しては，生産や調達における原価低減を最重要課題に位置づけ，生産工場のSSC（Simple Slim Compact：「シンプル・スリム・コンパクト」）化，調達改革の推進といったコスト構造改革が展開されている。生産面では，ダイハツ九州㈱大分（中津）第2工場，久留米工場で，SSC化を推進し，その成果を他工場へ展開するなど，内製コスト低減に取り組み，さらにグループ全体でもSSC活動に取り組み，価格競争力の向上をはかっている。調達では，2009年9月に新たな調達活動方針を打ち出し，製造原価の約70％を占める購入部品の調達活動の抜本的見直しをすすめている。

　第3の点に関しては，他社にはまねできないコア技術，新製品の創造のために，従来の開発組織やマネジメント手法を否定する新体制で開発プロジェクトが展開され，その動きは全社的な組織，人事制度の改革につながっている。

2　新型軽自動車「ミライース」とイース技術の開発

1　「第3のエコカー」としての「ミライース」

　2011年9月から発売されている，新型軽乗用車「ミライース」[4]は，"エコ（エコロジー＋エコノミー）＆スマート"をコンセプトに，新開発のイース技術の採用により，ガソリン車トップの低燃費（JC08モード・30.0km/ℓ〔2WD車〕）を実現しながら，79万5000円からという低価格を実現している。さらに，デザイン性，4人がしっかり乗れる広さ，利便性，安全性を兼ね備えたクルマである。

　ハイブリッド車（HV：Hybrid Vehicle）は，軽自動車ではコストやスペースの問題から展開しづらく，ガソリンエンジンは今後も需要は多く，とくに新興市場では伸びる余地が大きい，またガソリンエンジンを徹底的に低燃費化することは世界的に貢献することで，それが軽自動車メーカーの役割であるという認識に基づき，ダイハツはガソリン車の燃費向上を，当面の現実的かつ最重要

第**14**章　新技術開発と事業モデル革新

課題として研究開発を進め,「ミライース」を,HV,電気自動車（EV：Electric Vehicle）に次ぐ「第3のエコカー」と位置づけている。

　軽自動車は,税制の優遇で購入・維持費の安さが最大の強みであるが（市町村税である軽自動車税は自家用車で年間7200円。これが1200 cc クラスの自家用の登録車なら自動車税となり,年3万4500円となる),その優位性は低燃費化,低価格化をすすめる,小型車や HV の出現で脅かされつつある。近年は環境意識の高いユーザーは HV や電気自動車にシフトし,さらに,マツダ「デミオ」などのように小型車も既存の内燃技術によって低燃費化をすすめ,HV では,ホンダの主力小型車「フィット」の HV（ガソリン1ℓあたりの走行距離は26 km,最低価格は159万円）のように,燃費,価格面でも競争力のあるエコカーも登場してきている。ダイハツがこうした厳しい競争を勝ち抜く切り札が,HV や EV に続く「第3のエコカー」と位置づける「ミライース」である。「ミライース」は,軽自動車の原点（日常の足として,やはり燃費がよくて価格が安くて使いやすい）に立ち返り,軽自動車の可能性を追求し低価格と低燃費を両立し,誰もが気軽に手にでき,乗れる「第3のエコカー」でもある。

　「ミライース」の最大の特徴は,燃費性能で,ハイブリッドシステムを使わず,ガソリン1ℓあたり30 km である。これは新基準「JC08 モード」での数値で,従来基準「10・15 モード」だと,32 km となる。軽自動車では自社「ムーヴ」を含め従来の27 km（10・15 モード）から大幅に向上している。マツダの小型車「デミオ」の30 km（同）を抜きガソリン車でトップであり,HV との比較でもホンダの「フィットハイブリッド」の30 km（同）をしのいでいた。

　ダイハツは,この低燃費,低コスト,省資源なクルマづくりの核となる技術として,エンジン・トランスミッション・ボディ構造などの既存技術に対して,あらゆる面から徹底的な検討を行い,低燃費技術「イース技術」を開発した。

2　イース技術の開発とその革新的内容

　イース技術の主な内容は,①パワートレイン（エンジン・CVT）の進化,②車両の進化,③エネルギーマネジメントに大別される（概要については表**14**-**2**を参照）。

表14-2 イース技術の概要

項 目	内 容
エンジン	・燃焼効率向上：圧縮比の向上（10.8→11.3），インジェクター噴霧微粒化 ・エネルギーロス低減：「i-EGR」システム，メカニカルロスの低減 ・制御最適化：電子スロットルによるエンジンとCVTの協調制御
CVT	・「インプットリダクション方式3軸ギヤトレーン構造」の採用・進化 ・動力伝達効率向上：高効率オイルポンプの採用，CVT制御圧の低圧化 ・変速ギア比の最適化（ハイギア化）
車 両	・約60kgの軽量化：シェルボディの骨格合理化（約30kgの軽量化） 　　　　　　　　　樹脂部品の薄肉化による内装部品の軽量化 　　　　　　　　　CVTの軽量化 ・走行抵抗の低減：空気抵抗低減（フロントのコーナー形状改善，床下流速の減速化） 　　　　　　　　　転がり抵抗低減（ベアリングブレーキの改善など）
エネルギーマネジメント	・停車前アイドリングストップ機能付の新「eco-IDLE」 ・エコ発電制御（減速エネルギー回生機能）

（出所）　注6）資料より筆者作成。

①パワートレイン（エンジン・CVT）の進化

(a)新エンジンの開発

エンジンに関しては，既存のKF型エンジンをベースに燃焼効率向上とエネルギーロス低減を極めた新エンジンを開発している。

燃焼効率向上では，圧縮比の向上（10.8→11.3）やインジェクター噴霧微粒化など改善を積み重ね燃焼効率を向上。エネルギーロス低減では，燃焼後の排気ガスの一部を取り出し，吸気側へ導き再度吸気させる従来のEGR（Exhaust Gas Recirculation：排気再循環）制御に，燃焼室内のイオンで燃焼状態を検知するイオン電流燃焼制御を組み合わせた，「i-EGRシステム」を採用，エンジン特性に合わせ緻密に制御することで，EGRガスをより大量に送り込み，ポンピングロス（吸排気損失）を大幅に低減している。

さらに，エンジン構成部品を検討し，チェーン幅細化による張力低減や，ピストンリングの低張力化，オイルシールの見直しなどによってメカニカルロスを極限まで少なくしている。また，軽量な樹脂製電子スロットルボディを採用し，電子スロットルによるエンジンとCVTを協調制御することで，速度域に

応じて最も効率の良い状態に制御している。

　(b)動力伝達効率をさらに向上させたCVT

　CVT（Continuously Variable Transmission：無段変速機）(7)においては，ダイハツ独自の世界初のユニット構造「インプットリダクション方式3軸ギヤトレーン」をさらに進化させている。高効率オイルポンプの採用や，CVT制御圧の低圧化などにより，動力伝達効率を向上。走行抵抗の低減，車両の軽量化などを踏まえた，変速ギア比の最適化（ハイギア化）により，エンジン負荷を低減。CVTケースの薄肉化などにより軽量化も実現されている。

　②車両の進化

　衝突安全ボディ「TAF（Total Advanced Functionボディの略）」を採用し，フロントサイドメンバーを高効率エネルギー吸収構造とするとともに，シェルボディ(8)の骨格構造の最適化・合理化により，軽量化をはかりつつ，コンパクトなボディサイズで衝撃吸収性能の向上や強固なキャビンを実現している。シェルボディの骨格合理化では，骨格部材の配置見直し，構成部品のストレート化による補強材の削減，高張力鋼板の効果的な配置など，配置，形状，材料選定をひとつひとつ点検し直し，部品点数・高張力鋼板使用量をともに前のミラに比べ15％削減し，約30kgの軽量化と低コスト化を実現している（図14−2参照）。

　軽量化に関しては，車体骨格の合理化が30kg，インストルメント・パネル，ドアトリムなどの樹脂部品の薄肉化などで20kg，CVTの軽量化などで15kg，パッケージの変更が10kgの順で合計75kg。燃費向上のために追加した部品が15kg増えるので，差し引きで60kgの軽量化がなされている（ダイハツ，2011，8）。さらに，走行抵抗の低減のために，デザイン段階から，CAE（Computer Aided Engineering）シミュレーションや風洞実験を実施し，フロントのコーナー形状の改善や床下流速の減速化などにより空気抵抗を低減，軽量化やベアリングブレーキの改善などにより，転がり抵抗を低減している。

　③エネルギーマネジメント

　CVT車としては世界で初めて，停車前アイドリングストップ機能付きの新「eco-IDLE」を採用。ブレーキをかけ，車速が7km/時以下になるとエンジンが停止し，アイドリングストップ時間を増加することで，さらに燃費を向上さ

第Ⅳ部　新技術開発と生産・事業革新

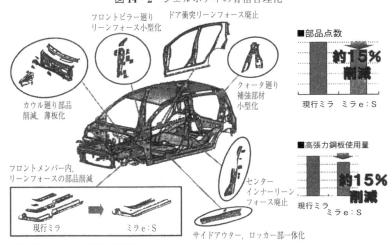

図14-2　シェルボディの骨格合理化

(出所)　ダイハツ資料より抜粋。

せている。また，減速時の運動エネルギーを最大限活用する「エコ発電制御（減速エネルギー回生機能付）」を実現している。減速時の走行する車両の運動エネルギーをオルタネーターが電気エネルギーに変換してバッテリーに回生する機能を進化させ，減速時のオルタネーターの発電量を増加させるとともに，バッテリーの受入性を向上させ蓄電量を増加することで，通常・加速走行時のオルタネーターによる発電を大幅に抑制し，エンジンの負荷を低減している（ダイハツ，2011，8，同『ニュースリリース』2011年9月20日）。

　以上の「イース技術」によって，燃費は前輪駆動車の全グレードともJC08モードで30km/ℓ，10・15モードで32km/ℓ。従来の「ミラ」に比べて40％向上している。寄与率はエンジンが14％，アイドリングストップ機構が10％，軽量化が5％，CVT（無段変速機）が4％，発電制御が3％，走行抵抗の低減ほかが3％であるとされている（図14-3参照）。

図14-3 イース技術と燃費改善寄与率

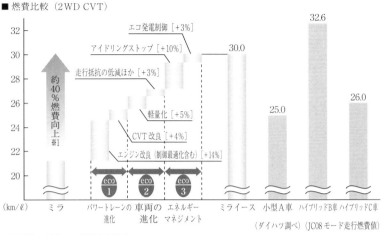

(出所) ダイハツ資料より抜粋。

3 生産工場の SSC（Simple・Slim・Compact）化

1 新工場建設での徹底した SSC 化

　ダイハツでは SSC 化をコンセプトに，コストや時間，エネルギーのムダを抑えた効率的な生産体制を構築している。

　ダイハツの生産工場は，本社（池田）工場，滋賀（竜王）工場，京都工場そして子会社のダイハツ九州㈱の大分（中津）工場，久留米工場であるが，ダイハツは老朽化がすすんでいた本社工場（大阪府池田市）などでは生産効率化に限界があると判断し，自動車産業の集積がすすんでいた九州に新たな生産拠点を設け，大分第１工場が稼働したのは2004年である。

　九州での新工場建設（大分〔中津〕第２工場）にあたっては徹底的な SSC 化がすすめられた。2007年11月に稼働したダイハツ九州・大分（中津）第２工場は，国内の既存工場で行った SSC 化の活動を集約したもので，大分第１工場と同規模の生産能力でありながら，建屋面積，設備投資額（**表14-3**参照），工程数を大幅に削減し，グローバルに通用する低コスト・高品質な車づくりを実

表14-3　大分第2工場と第1工場の比較

項　目	第2工場	第1工場
設立年月	2007年11月	2004年11月
生産能力	23万台	23万台
設備投資	235億円	400億円
建屋面積	5万㎡	11万㎡

（出所）ダイハツ資料より筆者作成。

現する軽自動車専用の工場である。

　2008年8月に完成したダイハツ九州の新エンジン工場，久留米工場も大分（中津）第2工場で培ったSSC化のノウハウを最大限活用し，軽自動車専用エンジン工場に特化することで，工場容積・設備投資などを大幅に削減しながら，省資源と高い生産性を実現している。さらに久留米工場の稼働により，大分（中津）工場へのエンジン納入に要する時間は，滋賀工場から船便を利用しての3日から150分に短縮され，輸送コストも約75％削減されている（ダイハツ，2010，11）。

2　新しい生産方式の導入

　大分第2工場では，設備，スペース節減の基になるさまざまな新しい生産方式が導入されている。「大分第2工場でなければミライースを製造できなかった」といわれるほど，車のつくり方を徹底的に効率化することで生産コストを大幅に引き下げ，低価格を実現した。

　プレス工程でみると，第1工場では，タンデムプレスと高速搬送ラインであったものが，第2工場では，サーボプレスとロボット搬送ラインとなっている。ボディ溶接工程では，世界初の固定治具を排除した工程とし，固定治具を用いずにロボットで位置決めして溶接を行い，プログラムの変更だけで車種変更に対応している。このことによって治具費，治具搬送設備・スペースが大幅に節減された。また，塗装工程では車体の横送り搬送が採用され，コンベアの長さが短縮されている。組立工程では，助け合い工程（工程担当をグループ化し助け合いができるようにした）を増やし，また複数の部品をあらかじめ組み合わ

せたモジュール部品を多用することで，メインライン工程数を削減し，工程間ピッチの短縮によってラインの長さを短くしている。これらの取組みによって，組立メインライン工程数は，大分第 1 工場に比べ約40％少なく，生産ラインの長さは半分弱になっている（ダイハツ，2010，11）。

4　調達活動の革新

1　新たな調達活動方針の策定

ダイハツは，グローバルな低コスト・低燃費化の競争に生き残るため，抜本的なコスト構造改革に向けた，次の内容の調達活動方針を2009年 9 月に策定した。

環境変化に素早く適応し，軽自動車に最適な，廉価で，より良い車を，サプライヤーとともに創造するために，①オープン＆フェアを徹底し，従来の取引に捉われない新たな廉価調達基盤を構築する。②サプライヤーと一体となった低コスト化の徹底により，お互いに成長し，信頼関係を構築する。③経営トップ自ら現地現物を徹底し，製品・ものづくりとコストを熟知した価値のわかる調達プロ集団へ進化する。

具体的な活動内容として，①グローバルに，あらゆるサプライヤーから，「軽自動車に特化した」情報を発掘し，採用を促進することで，さらなるオープン＆フェアな調達活動を徹底する。②無駄を徹底的に排除したシンプル・スリムなサプライチェーンを構築し，付加価値のダイレクト化（最大化）をはかる。③サプライヤーと一体となって，低燃費・省資源に貢献する低コストでつくりやすく，運びやすい「素質の良い部品」の開発を行い，さらなる部品共通化・種類削減を徹底し，量産メリットを創出する。④調達改革を全社活動に位置づけ，全社横断的な委員会組織を設置するとともに，調達部を取引状況に最適な組織形態とし，役割の明確化と各々の機能を強化する（ダイハツ，2010，10，同『ニュースリリース』2009年 9 月25日）。

この調達方針に沿って，2012年 3 月までに車両コストを 3 割低減する「調達改革」に本格的に着手した。サプライヤー選択の世界規模での見直し，それと

同時に，ダイハツだけでなくサプライヤーと一体となった物流の簡素化やコストダウンの取組みであり，この方針に沿って，調達先や物流手法，設計段階からの部品の使い方が徹底的に見直された。

2 軽自動車に最適な調達基盤の構築と低コスト化の徹底

まず，従来の取引に捉われない軽自動車に最適な新たな調達基盤の構築がすすめられている。従来はグループ企業を重視するために，軽自動車にふさわしくない部品もグループから仕入れていたが，その点を見直し，軽自動車に最適な新たなサプライヤーを広く募集している。

その一例として，大阪府の東大阪市で東大阪コラボレーションセンターが2011年に設立され，ものづくりの街と一体となった部品開発がすすめられ，新規取引先も開拓されている。

また，これまでダイハツ九州で生産する車両やエンジンに使う部品は，親会社のダイハツが調達権を有していたが，2011年1月，ダイハツはダイハツ九州に部品の調達権限を委譲した。当初はプレス部品やボディ部品，樹脂成形部品の計300点を対象に調達を開始。その後，順次対象となる部品を拡大し，最終的には全部品を自己調達させる計画である。広島や岡山，愛知県などからの部品調達を九州に切り替え，現地（九州）調達率を65％にまで高めている。部品会社から部品を引き取るための輸送経路も徹底的に効率化し，これにより部品購入費用を従来車に比べ3割削減したとされている（『日経産業新聞』2011年9月21日付）。

さらに，海外からの部品調達も始めている。2011年3月には，中国上海市に部品調達を目的とした完全子会社のDAIHATSU MOTOR（SHANGHAI）を設立した。ダイハツは日本において輸出モデルだけでなく，国内向けモデルにも海外製部品の採用を増やす方針で，2011年8月，韓国の部品メーカーであるS&T大宇とも部品供給契約を結んでいる。S&T大宇からショックアブソーバーを調達し，日本国内で生産する車両に採用する予定である。この取引先拡大の取組みについて，ダイハツは，加入条件を緩和し系列外や海外からも参加企業を募り，部品協会の会員社（現在，290社）を500～600社と2倍に増やす

計画であり,他の自動車メーカーとの資本関係などにこだわらず,ダイハツと取引を希望する部品会社を積極的に受け入れようとしている。

　新たな調達方針では,単に調達基盤を拡大するだけでなく,協力会社の競争を促し,各社のノウハウを発掘して品質改善と原価低減を一層進める。サプライヤー,ダイハツの調達部門,技術・管理・工場部門が連携し,三位一体となった低コスト化の徹底がはかられている点も大きな特徴である。専門分野目線,調達分野目線からの原価低減の提案とともに,材料,工法,物流を知り,お互いのムダを省く活動がなされ,低燃費・省資源に貢献する,低コストでつくりやすく,運びやすい部品の開発,さらに部品共通化・種類削減が徹底され,量産メリットが追求されている。

5　組織・マネジメントの改革

1　「ミライース」の開発体制

　既存技術で飛躍的な低燃費化,低価格化という非常に高い目標を短期(実質17カ月)に達成するために,「ミライース」の開発では,ダイハツは新たな開発体制を設けた。人事権ももつ車両開発担当役員が中心となって各分野のスペシャリストを集めたチームを編成,このチームが車両の設計から開発,調達,生産,販売までを一元管理する体制を構築した。エンジンやシャーシーなど各設計者,原価企画,調達,デザイナー,生産技術,実験,営業,さらに広報などから,約30人を集めてチームがつくられたが,メンバーを所属部署からプロジェクトチームに移籍させ,メンバーの人事権もチーフエンジニアが掌握した。車両開発担当役員の責任のもと,チーフエンジニアをトップに,各機能のエキスパートを集約した1つのチームが,プロジェクトを一元管理し,企画から開発・生産・販売にいたる全プロセスで自己完結できる体制を採用したのである(ダイハツ,2011,『技術広報資料』,1,参照)。

　この部門横断チームによる開発のやり方は,関係する担当部門と調整しながらプロジェクトを進めていくという従来行われていた開発方法とは大きく異なっており,その特色は次の点である。

まず、スピードを重視し、組織のセクショナリズムを排した体制がとられている。従来の方式では、各メンバーが元の自分の部署所属のため、提案なども部門の次長、部長、さらに担当役員からそれぞれに承認を受けたあとで、初めて開発プロジェクトに提出できるというプロセスであったが、このプロセスが廃止され、大幅な開発時間短縮がなされた。また、ともすれば部門の「利害代表者」となり、「全体最適」というより、部門の視点重視となりがちであったが、今回の体制では、逆にプロジェクトを代表して部門を説得し協力を仰ぐこととなり、セクショナリズムの解消につながっている。

さらに重要なことは、各部門の専門技術をもったメンバーを集め、チームをつくり知識共有の体制を整えた点である。各部門から少数の技術者を集めて自己完結型でメンバーだけで車両設計全体がわかるチームをつくることによって、各部門への要求が全体との関連で、なぜそのような性能要求がされているのかが明確に理解できるようになった。そして、部門間の壁を取り払って、各人がその場で議論し、相手の主張や状況、問題点などをその場で把握して、自分の専門の分野を検証し、改善するといった、短期間で集中的に作業がすすめられるシステムがつくられている。新開発車のあるべき姿を共有し、自分が担当している役割を果たすだけではなく、互いに協力し、連携しながら、トータルとして目標を達成していくスタイルの確立である。注目すべきは、横のつながりは開発チーム内だけではなく、社内他部門にも広がった点である。チーム内だけではアイデアはすぐに枯渇してしまうため、今回のプロジェクトでは、チームが取り組んでいることをガラス張りにして、外部からも情報が入りやすいようにしたため、プロジェクト以外のメンバー、組織からもさまざまなノウハウの提供がなされた。

「ミライース」の開発プロジェクトは、従来の開発組織やマネジメント手法を否定することで、開発組織のみならず、全社的な組織、マネジメントの改革にもつながっている。

2 組織の統合化と人事制度の見直し

「ミライース」の開発プロジェクトの展開と機を同じくして、ダイハツでは、

第14章　新技術開発と事業モデル革新

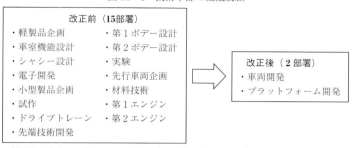

図14-4　技術本部の組織改正

（出所）ダイハツ『ニュースリリース』2011年5月31日より筆者作成。

組織の統合化が大きくすすめられた。

　まず，経営企画から販売に至る全部門にわたって組織改正（主に組織の統合）が実施された（2011年6月1日付，2012年4月1日付で実施。詳細は，ダイハツ『ニュースリリース』2011年5月31日，2012年3月29日参照）。その概要は，次のとおりである。①管理本部をコーポレート本部と名称変更し，経営課題への対応をスピードアップさせるための経営計画機能と，全社維持機能に分離した部組織に再編。②調達本部では，ASEANにおける調達基盤の構築，シンプル・スリムな商物流の構築のため，アジア調達部を新設。③商品企画本部では，効率的な業務遂行と組織のスリム化をはかるため，第1デザイン部と第2デザイン部を統合しデザイン部に。④技術本部では，クルマの基本性能を左右するプラットフォーム開発と，プラットフォームをベースに商品開発する領域にわけ，各々「プラットフォーム開発部」「車両開発部」に再編。改正前の15部署から改正後は2部署に（図14-4参照）（2012年4月1日付でプラットフォーム開発部は，製品企画部に，車両開発部は開発部に変更）。⑤生産本部では，効率的な業務遂行と組織のスリム化をはかるため，生産企画部と生産管理部を統合。さらに生産技術機能の強化をねらいとしてユニット生技部と車両生技部を「生産技術部」として統合（2012年4月1日付）。⑥営業本部（国内）では，メーカー政策の立案機能と，販売会社サポートおよび地域統括機能を強化するとともに，組織のスリム化をはかるため，バリューチェーン推進部を解消し，国内企画部・地域統括部に再編。

この組織改正の目的は，機能の縦割りを廃止し，領域拡大により多方面で活躍できる人材育成と組織のスリム化である。これまでの専門や機能別組織の中での業務の効率的達成という職種系統に捉われていた仕事のすすめ方まで大きく変革しようとするものであり，人事制度の改革を伴ったものである。

まず，事技系統，技能系統，特務系統といった職種系統が廃止され，工場技能以外を対象に統合（2012年），さらに工場技能まで含めて一本化がはかられている（2013年より）。それに応じて，職能ランクの大括り化，職種系統別の昇格運用の廃止（昇格プロセスの一本化），属人・年功部分を縮小し評価を重視した賃金制度の導入などがすすめられつつある。(11)

以上で，技術マネジメント，イノベーション，事業モデルという視点から，ダイハツを対象に，イース技術といわれる新技術とそれを基にした新型軽自動車「ミライース」の開発に焦点をあてて，新技術開発と生産・事業モデル革新について考察してきた。そこで明らかになったのは次の点である。

第1に，ダイハツは，主要には，国内，海外，受託・OEM事業の3つの事業を展開しているが，トヨタグループの中でスモールカー分野（中心は軽自動車）を担うダイハツは，軽自動車でも高い収益の出る事業モデルを確立し，低燃費，低コスト，省資源なクルマづくりで，グローバルに通用する事業展開を目指し改革をすすめている。具体的には，低燃費，低コスト，省資源な商品・技術開発の推進，生産や調達における軽自動車に特化した原価低減の推進，さらに，組織，マネジメントの改革である。

第2に，新型軽乗用車「ミライース」は，ガソリン車トップの低燃費，79万5000円からという低価格を実現し，デザイン性，利便性，安全性を兼ね備えたクルマとして，革新的な内容をもつ軽自動車である。この車の核となる技術として，イース技術が開発された。イース技術では，パワートレイン（エンジン・CVT），車両の軽量化，エネルギーマネジメントといった自動車の基本部分全体が包括的に革新された点に大きな特徴がある。

第3に，「適切なコストでの価値提供，そしてその事業による長期的な利益確保」のために，生産，調達面でも大きな改革がすすんだ。生産工場のSSC

第14章　新技術開発と事業モデル革新

▶▶ *Column* 14 ◀◀

次世代自動車と内燃機関自動車

　次世代自動車とは，ハイブリッド自動車（HV），電気自動車（EV），プラグイン・ハイブリッド自動車（PHV／PHEV：家庭用電源から電池に充電することが可能なハイブリッド車），燃料電池自動車（FCV／FCEV），クリーンディーゼル自動車（CDV：粒子状物質〔PM〕や窒素酸化物〔NOx〕などの排出量が少ないディーゼル車），圧縮天然ガス自動車（CNGV）のことである。政府機関は，次世代自動車は2020年で世界の新車販売台数の約10〜20％程度を占めると予測している（『次世代自動車戦略2010』次世代自動車戦略研究会，9頁）。ただ，次世代自動車の比率がそのまま高まり，内燃機関の従来車が終焉するということではない。

　次世代自動車の普及見通しには大きな幅があり，最大普及しても2020年時点では世界で20％，先進国で40％程度といわれており，従来車の比重は大きい。さらに内燃機関という面でみると，ハイブリッド自動車，プラグイン・ハイブリッド自動車，クリーンディーゼル自動車は内燃機関を必要とし，内燃機関は環境性能面での改善もすすんでおり，その重要性は変わっていない。次世代自動車の比率は増大するが，内燃機関をもたない電気自動車の比率は2030年においてもわずかである。たとえば，世界市場におけるパワートレイン別シェアの見通しは，IEA（国際エネルギー機関）の「エネルギー技術展望」によれば，2025年に内燃機関自動車（ハイブリッド自動車等を含む）が95.6％，電気自動車4.4％，2035年には，内燃機関自動車84.4％，電気自動車11.2％，燃料電池自動車4.4％である（『自動車産業戦略2014（経産省）』15頁）。今後，環境・エネルギー制約が強まる中で，次世代自動車は有効な解決策であり，いずれは主流になるとの見方もある。しかし世界の自動車市場の動向（新興国市場では，これからも内燃機関自動車に対する大きな需要が見込まれる）を踏まえると，次世代自動車と合わせて，内燃機関自動車についても重要性は高い。日本の自動車産業にとっては，次世代自動車と内燃機関自動車の双方を追求する姿勢が不可欠であり，次世代自動車とともに，内燃機関の技術について，その技術力を強化し，世界最高レベルの水準を維持することが求められている。

第Ⅳ部 新技術開発と生産・事業革新

化，新生産方式の導入，調達先や物流手法，設計段階からの部品の使い方の見直しであり，車のつくり方，部品の調達を徹底的に効率化することで生産コストを大幅に引き下げ，低価格を実現している。

第4に，「ミライース」の開発では，部門横断チーム型の新たな開発体制が設けられた。スピードを重視し，組織のセクショナリズムを廃止した知識共有の体制がとられ，短期間で集中的に作業が進められるシステムがつくられている。この開発体制の展開とともに，組織統合，人事制度の改革などの全社的な組織，マネジメントの改革も進展している。新技術・新製品の開発，生産・調達体制，組織革新が好循環を生む事業モデルの展開がなされている。

注

(1) ダイハツに関しては，工場見学（滋賀竜王工場，2012年6月21日，ダイハツ九州大分第1工場，2012年10月5日），聞き取り調査（ダイハツ本社，2011年12月16日，19日）を行った。聞き取り調査などでは，多くのご教示をいただき，また資料を提示，提供していただいた。本章の内容は，そこでの聞き取り内容，いただいた資料に多く基づいている。

(2) スモールカーという用語は，軽自動車とは区分された小型車に使われる場合もあるが，ここでは小型乗用車と軽自動車を含むものとして使用している。5ナンバーが与えられる小型乗用車は，排気量が2000 cc以下，全幅が1700 mm以下，全長が4700 mm以下，全高が2000 mm以下とされている。日本独自規格となる軽自動車（四輪車）は，道路運送車両法施行規則で定められており，現在の規格（1998年10月に規格改定）は，全長・3400 mm（3.40 m）以下，全幅・1480 mm（1.48 m）以下，全高・2000 mm（2.00 m）以下，排気量・660 cc以下，定員・4名以下，貨物積載量・350 kg以下となっている。

(3) 国土交通省が定めた，自動車の燃料消費を測定する方法のこと。さまざまな走行パターンを設定して燃費を測定するという点では，従来の，10・15モードと同じだが，JC08モードは，より実際の走行パターンに近い方法で行われる。走行距離，最高速度，平均速度，走行時間，加減速などの設定も，より厳しいものとなっている。JC08モードの大きな特徴は，スタート直後のエンジンが冷えた状態，いわゆる「コールドスタート」の測定が加えられたことである。2011年4月1日以降に型式認定を受ける自動車については，このJC08モード燃費値の表示が義務づけられている。

第14章　新技術開発と事業モデル革新

　　10・15モードは，都市内走行の平均的走行パターンをもとに，アイドリング，加速，減速，定速走行などを組み合わせた最高速度70 km/hのエンジン暖機状態の走行モードである。市街地の10項目の走行パターンを想定した10モード燃費，そして郊外の15項目の走行パターンを加えた燃費モードである。
(4)　「ミライース」のイースはe：S（イース）のことで，「e：S」はエコ＆スマートの略である。エコにはecologyとeconomyの意味をもたせ，環境意識が高く，シンプルでスマートなライフスタイルを過ごす人に向けたクルマであることを表現している。なお，ミラ（Mira）は初代モデルが1980年に販売されているが，イタリア語で「美望」の意味である。
(5)　マツダの低燃費技術については，第13章参照。
　　ガソリンエンジンの革新を中心とした低燃費化は，各社で特徴をもちながら強められている。たとえば，日産は小型車「ノート」を全面改良し，2012年9月3日に発売したが，新型ノートは，エンジン排気量が従来の1500 ccから1200 ccとなる。1200 cc・直列3気筒の「HR12DE」エンジン，および同エンジンに直噴技術とミラーサイクルを組み合わせ，スーパーチャージャを搭載した新開発の「HR12DDR」エンジンを搭載し，エンジン排気量のダウンサイジングにより燃費を向上させている。アイドリングストップ機構の採用，副変速機付きCVT（無段変速機）の採用，空力特性の向上，車体の軽量化なども相まって，HR12DDRエンジン搭載の「S・DIG-S」（2輪駆動仕様）でJC08モード燃費25.2 km/ℓと，従来よりも燃費を40％向上させている（日産資料による）。
　　このダウンサイジング・エンジンと呼ばれる低燃費ガソリン技術は，ヨーロッパはじめ諸外国でも展開されており，エンジンの排気量を小さくして燃費効率を高め，過給器を組み合わせて出力を補う。ハイブリッド車（HV）に比べ燃費性能は劣るが，電池やモーターなど電動化する部品が少ないため低コストになる。
(6)　イース技術については，次の文献・資料を参照した。
　　山岡，2011；熊倉他，2011；ダイハツ『ニュースリリース』2011年7月19日；同9月20日；同『技術広報資料』2012年7月4日；『アニュアルレポート2011』
(7)　CVTは，変速ギヤを使用せず，無段階での変速を可能にしたトランスミッション。2つのプーリー（滑車）にベルトを通し，プーリーの径を変化させることで連続的な変速を可能にするベルト式が，CVTの主流となっている。
(8)　人の乗降のためのドア，エンジン点検のために開けるボンネット，リヤのトランクリッドなど，開閉する部分を除く外面部分を総称してシェルボディと呼んでいる。したがってフェンダーやルーフもシェルボディに含まれる。これを大別すると，フロントボディ・アンダーボディ・サイドボディ・リアボディとなる。

(9) ダイハツではこれを設計素質という用語で説明している。設計素質から見直すということは，強度や安全性能などの基本要件を満たしながら，つくりやすく，軽くかつ低コストにできるように，部品の構造や点数，素材について，設計を原点から見直し，素材やその量も含め設計を最適化することである。前述した車体骨格を例に取ると，設計の見直しで部品点数を大きく減らすことができ，その結果，軽量化＝燃費向上だけでなく，加工工数や素材コストの低減ももたらされた。

(10) この状況は次のように報道されている。

「ダイハツ工業は取引先の部品メーカーで構成する部品協力会の会員社数を近く500〜600社と2倍に増やす。加入条件を緩和し系列外や海外からも参加企業を募る。ダイハツは3年前から取り組んでいる調達改革で取引先を増やしている。協力会社の競争を促し，各社のノウハウを発掘して品質改善と原価低減を一層進める。10日，大阪市内で新体制発足に伴う会合を開いた。他の自動車メーカーとの資本関係などにこだわらずダイハツと取引を希望する部品会社を積極的に受け入れる。ダイハツは2009年秋から抜本的な調達改革に着手。低価格の新型車などで成果が表れている。従来の協力会には約290社が加入していたが，すでに200社超の新たな取引先が会員となることが確実とみられ，さらに加入社を広げる。

自動車業界では日産自動車の部品協力会に中国の部品大手，敏実集団が加入。トヨタ自動車は部品協力会に韓国鉄鋼大手ポスコの日本法人の加入を認めた。新興国市場へのシフトで現地調達を拡大していることが背景にある。」(『日本経済新聞』2012年9月11日付)

(11) 人事制度の改革については，主に聞き取りと「ダイハツ提示資料」による。また，『日刊自動車新聞』2012年5月9日付でも一部報道されている。

参考文献

川上正直，2011，『ビジネスモデルのグランドデザイン――顧客価値と利益の共創』中央経済社

熊倉重春他，2011，「ダイハツ，ミライースのすべて」『モーターファン別冊』三栄書房，第455号

國領二郎，1999，『オープン・アーキテクチャ戦略――ネットワーク時代の協働モデル』ダイヤモンド社

ダイハツ工業株式会社，2011，『アニュアルレポート2011』

ダイハツ工業株式会社，2010，『アニュアルレポート2010』

なお，『アニュアルレポート』『ニュースリリース』『技術広報資料』に関しては，ダイハツ工業株式会社，公式ホームページ（http://www.daihatsu.co.jp/　2012年12

月20日アクセス）から閲覧することができる。
根来龍介，木村誠，1999，『ネットビジネスの経営戦略――知識交換とバリューチェーン』日科技連出版社
野中郁次郎・徳岡晃一郎編著，2012，『ビジネスモデル・イノベーション――知を価値に転換する賢慮の戦略論』東洋経済新報社
山岡丈夫，2011，「ダイハツ・ミラ e：S のすべて」『自動車工学』，鉄道日本社，2011年12月号

索　引

あ　行

アセアン経済共同体（AEC）　153
アライアンス　79, 81, 99, 110
暗黙知　140
イース（e:S＝Energy Saving）技術　174, 246, 247
一括企画　235
イノベーション　22
イノベーションのジレンマ　28
インストルメント・パネル　175
エルゴノミクス　89
エントリーカー　81

か　行

階層的分業構造　60, 61
開発　83, 180
開発購買　67
開発品質　202
「かんばん」方式　41, 61, 62, 65
技術　7
技術経営（MOT）　20, 23-25
技能　8
規模の経済　78, 129
キャッチアップ型　21
共同購買　101, 107
共同購買会社（RNPO）　101
協力会　56, 58, 59
クリステンセン，クレイトン　28
グローバル・リンク生産体制（リンク生産）　128
軽自動車　247
原価管理　7

現地化　96, 132, 180
現地現物　140
現地生産　83, 96
現地調達　96, 152, 175, 180
現地調達化　175
現地部品・材料の調達　83
工程設計　118
工程管理　7
購買（調達）活動　53, 253
購買（調達）管理　7, 56
購買（調達）組織　54, 253
5S　65
国家自動車産業政策（NAP）　160

さ　行

サイクルタイム　47
作業管理　7
サーボプレス　177
三現主義　170
事業モデル　26, 27
治具　67
次世代自動車　259
自動化　34
自働化　43, 44
自動車生産工程　33
シミュレーション　210
ジャスト・イン・タイム生産　42
柔軟性　96
シュンペーター，J.　22
少人化　45
情報技術　208
深層の現地化　180

265

スモールカー　243
3D-CAD　197-199
生産　3
生産管理　7, 38
生産技術部門　113, 114
生産システム　5
生産準備　6
生産戦略　6
生産の同期化　196
生産の平準化　46
生産方式　49
製造　6
製品企画　5
製造技術　9
製品開発　5
製品技術　9
製品設計　118
世界最適調達　66, 67
世界戦略車　135
セグメント　144
設計　6
設備管理　7
ゼロ・エミッション　81

た　行

第3のエコカー　247
ダイハツ　243
大量生産体制　34
タクト　47
多車種混流生産　189, 193, 194, 203
多能工化　45, 46
段取替え　47
調達　180, 253
調達活動　253
調達組織　253
データ試作　200, 201
デジタル・エンジニアリング技術　138

デジタル化　225
同期化　47
同期生産　90, 92, 97
トヨタ・インスティテュート　128, 140
トヨタウェイ2001　127, 140
トヨタ生産システム　43, 49
トヨタ生産方式　49
トヨタTNGA　238
トランスファー・マシン　34

な　行

日産CMF　238
日産車体　185, 186
日産リバイバルプラン　102
日産180　102, 119

は　行

バーチャル（Virtual：仮想）技術　210, 211
バーチャル・マニュファクチャリング（仮想生産）　210
ビルディングブロック戦略　229
品質管理　7
4G戦略　86, 97
プラットフォーム　123
プラットフォームの共通化　101, 120, 121, 131-133
プル方式　42, 43
フロントランナー型　21
フロント・ローディング　219
平準化　196
ベストプラクティス　102

ま　行

メカトロニクス　36
モータリゼーション　158, 161, 166
モジュール化　89, 196

索　引

モデリング　210
モデルベース開発　231
ものづくり　16
モノ造り革新　230, 231, 234

ら　行

ライン生産方式　41
レイアウト　63
労働のフレキシビリティ　44
ロット生産方式　41

欧　文

ABS　152
AFTA　154
AICO　154
ALC　39
ASEAN　75, 152, 153, 158
BBC　154
BRICs　76
CA（Common Architecture：コモンアーキテクチャー）構想　235
CAD　37, 209
CAE　199, 209
CAM　4, 209
CAPE　195, 223, 224
CEPT　154
CIM　4, 209
CVT　249
DPA　218
Eco Car 政策　159
FA　36

FBL　36, 136
FF　36
FMS　4, 36, 209
FTA　153
FTL　36, 37
GBL　136, 137, 139
GPC　128, 140
IBS　191-194
IE　63
IMV　128, 135, 155
JIT 生産　42, 43
KD 生産　79
LCC　79, 81, 82
LCGC（Low Cost Green Car）政策　168, 171
MBD　231
MDI　208, 215, 222
ME 化　3
NC　4
NIMS　86, 88, 89
NPW　75, 90, 97
NRP　102
OEM　171, 243
QC　63
QCD　10
SE（同時開発）　10, 114, 119, 197, 212
SKYACTIV 技術　230
SQC　118
TPM　118
VA　55
VE　55

《著者紹介》

今田　治（いまだ・おさむ）

　1949年　生まれ
　　　　　大阪市立大学大学院経営学研究科博士課程単位取得
　現　在　立命館大学経営学部特任教授（経営学博士）
　専門分野　生産システム論，技術経営論
　主　著　『現代自動車企業の技術・管理・労働』税務経理協会，1998年
　　　　　「技術経営と生産システム」『立命館経営学』第43巻第5号，2005年
　　　　　「新技術開発と生産・事業モデル革新――マツダ・SKYACTIV 技術開発を事例にして」
　　　　　『ビジネスの発見と創造――企業・社会の発展と経営学』（編著）ミネルヴァ書房，
　　　　　2012年

	入門　生産システム論
	――自動車企業の発展にみる生産革新――

2016年4月20日　初版第1刷発行　　　　〈検印省略〉
2019年3月30日　初版第3刷発行
　　　　　　　　　　　　　　　　　　　定価はカバーに
　　　　　　　　　　　　　　　　　　　表示しています

　　　　　著　者　　今　田　　　治
　　　　　発行者　　杉　田　啓　三
　　　　　印刷者　　坂　本　喜　杏

　　　　発行所　株式会社　ミネルヴァ書房
　　　　　　607-8494　京都市山科区日ノ岡堤谷町1
　　　　　　　　　　　電話代表　(075)581-5191
　　　　　　　　　　　振替口座　01020-0-8076

　　ⓒ今田　治，2016　　　冨山房インターナショナル・清水製本
　　　　　　ISBN 978-4-623-07649-9
　　　　　　　　Printed in Japan

アジア経営論
———— 陳　晋 著　Ａ５判　274頁　本体2800円

●ダイナミックな市場環境と企業戦略　各国主要企業の発展形態と躍進する現状を詳解し，今後のアジアの市場構造と企業経営の展開を捉える。

はじめの一歩　経営学［第２版］
———— 近藤宏一／守屋貴司 編著　Ａ５判　256頁　本体2400円

●入門へのウォーミングアップ　「知ってる」と「わかる」のギャップを埋める　学んで疑問をもって議論できる入門書。

経営学入門キーコンセプト
———— 井原久光 編著　Ａ５判　296頁　本体2500円

基本的な用語と概念をわかりやすくていねいに解説。豊富で便利なキーワード集を収録。学生，ビジネスマン必携，座右の一冊。

よくわかる経営管理
———— 高橋伸夫 編著　Ｂ５判　239頁　本体2800円

組織をどう統制し，他の組織と連携させるか？　戦略はどう策定するか？　経営組織の理論と実際を平易かつ網羅的に解説。

よくわかる組織論
———— 田尾雅夫 編著　Ｂ５判　240頁　2800円

経営学，社会学，社会心理学など幅広い分野を含む「組織論」の基礎概念や理論，現代的課題などを，初学者から理解できる教科書。

―――― ミネルヴァ書房 ――――
http://www.minervashobo.co.jp/